校级课题：《抗战初期中央大学知识分子建国意识研究——以〈新民族〉周刊为中心》（编号：qzxy201303）

《新民族》周刊研究

宁波 著

XINMINZU ZHOUKAN YANJIU

江西高校出版社
JIANGXI UNIVERSITIES AND COLLEGES PRESS

图书在版编目(CIP)数据

《新民族》周刊研究/宁波著. --南昌:江西高校出版社,2018.5(2022.2重印)
ISBN 978-7-5493-7075-7

Ⅰ.①新… Ⅱ.①宁… Ⅲ.①期刊—研究—中国—1938-1939 Ⅳ.①G239.296

中国版本图书馆CIP数据核字(2018)第081938号

出版发行	江西高校出版社
社　　址	江西省南昌市洪都北大道96号
总编室电话	(0791)88504319
销售电话	(0791)88592590
网　　址	www.juacp.com
印　　刷	天津画中画印刷有限公司
经　　销	全国新华书店
开　　本	700mm×1000mm　1/16
印　　张	15.75
字　　数	287千字
版　　次	2018年5月第1版
	2022年2月第2次印刷
书　　号	ISBN 978-7-5493-7075-7
定　　价	55.00元

赣版权登字-07-2018-382

目录

导论 《新民族》及相关研究概述

一、《新民族》的基本情况

（一）《新民族》的诞生

《新民族》（周刊）是由著名的教育家、思想家、社会活动家及时任国立中央大学校长罗家伦（1897—1969）先生于1938年2月在国民政府战时首都重庆创办的一份时政评论刊物。

众所周知，罗家伦早年求学于北京大学，是“五四”运动的风云人物。“五四”运动中，北京大学的学生在集会和游行中散发的便是事先由他起草的《北京学界全体宣言》。《宣言》痛称：“现在日本在万国和会要求并吞青岛，管理山东一切权利，就要成功了！他们的外交大胜利了！我们的外交大失败了！山东大势一去，就是破坏中国的领土！中国的领土破坏，中国就亡了！”罗家伦鼓动学界“排队到各公使馆去，要求各国出来维持公理”，并呼吁：“全国工、商各界，一律起来设法开国民大会，外争主权，内除国贼，中国存亡，就在此一举了！”他还与全国同胞立下两信条：“中国的土地可以征服而不可以断送！中国的人民可以杀戮而不可以低头！”[1]从这些饱含爱国情怀的文字中，我们可以看到罗家伦那一代知识分子对于帝国主义的强烈憎恨和对于祖国的深情热爱。

《新民族》创刊之时正值抗日战争由战略防御阶段向相持阶段转化的关键时期，日本帝国主义强推殖民地教育以奴化国人，“强令废止或焚烧‘三民主义、党义及其他与新国家建国精神相反的教科书或教材’，以此消除我国固有之文化和民族意识”[2]以及焚烧书籍、轰炸文化出版机构，妄图全面破坏我国文化教育事业，这些无耻行为激起了我国思想界、文化教育界和知识界的激愤抗议，爱国志士们无不拍

---

① 《北京学界全体宣言》，《每周评论》第21期，转引自王桧林编：《中国现代史参考资料》，高等教育出版社1988年版，第8页。

② 昆明市社会科学界联合会、云南省中国近代史研究会编：《中华民族伟大复兴的历史转折——纪念中国人民抗日战争胜利60周年理论研讨会论文集》，云南大学出版社2006年版，第339页。

案而起。以时任中央大学校长罗家伦为首的中央大学教授们对处于国难之中的民族苦难有着较之于常人更为深切的感受,倭寇的恣意侵略更是激起了他们追求民族新生的希望和决心。一俟中央大学成功西迁重庆、完整保存大学元气并为民族的复兴打造人才救国的现代的"诺亚方舟"之后,罗家伦遂集合方冬美、朱偰等共守"整个国家民族利益的立场"、共有"在抗战中同时建国的意识"的"一群大学教书的人",商议采用此前北大师长创办的《每周评论》的模式,"办了一个周刊……名叫《新民族》",冀望它能成为"新中华民族降临前的一个小小号兵",从而唤起民族的觉醒,其用意不言自明①。正因如此,《新民族》创办之初便以"合于建设新民族的主张与否"为标准取舍文稿,讨论"现实的政治、社会、国际、教育等问题",并冀望于"有充满了生机的充满了真理的伟大文艺""去烧起民族同情的烈焰,去掀起民族精诚的爱潮"②,并以"发扬民族精神,树立建国意识,增进抗敌力量"③为宗旨,奏响了"抗战建国"和"民族复兴"的时代强音。

(二)《新民族》撰稿人情况

《新民族》,由罗家伦担纲主编,并在重庆国立中央大学校园内设立了国立中央大学《新民族》周刊社编辑部。该编辑部依托于国立中央大学,其构成人员也以国立中央大学教授为主导。据我们对《新民族》的发文情况和稿源的统计,为《新民族》撰稿的各方人士共计 95 人,除去来源不详的,中央大学的师生(以教授和兼职教授为核心)一共有 63 名④,占作者总人数的 66.3%。我们也已经注意到,"罗家伦不仅是杂志的创刊人和主编,也是杂志最为重要的撰稿人。他在《新民族》上共发表文章 42 篇,文章篇数远远超过其他作者。罗家伦所发文章多为连载,实际上,在每期的《新民族》几乎都能看到他的文字,甚至有时一期数篇。而从他发表文章

① 罗家伦:《〈新民族〉的前奏曲》,《新民族》1938 年第 1 卷第 1 期。

② 罗家伦:《〈新民族〉的前奏曲》,《新民族》1938 年第 1 卷第 1 期。

③ 《征稿启事》,《新民族》1938 年第 1 卷第 1 期。

④ 这 63 人分别为:国立中央大学校长罗家伦;国立中央大学文学院的方东美、宗白华、范存忠、徐仲年、商承祖、张月超、张沅长、张贵永、缪凤林、金静庵教授和李长之、潘重规;国立中央大学理学院的胡焕庸、丁骕、李承三、黄厦千、李学清、杜长明、袁翰青、朱晓寰、欧阳翥教授以及徐近之、何景、朱启承;国立中央大学法学院的陈耀东、褚葆一、李子欣、张庆桢、吴学义、朱偰、黄正铭、孙本文、刘南溟、孟云桥、王季高、杭立武教授;国立中央大学教育学院的艾伟、常道直、许恪士、潘菽、萧孝嵘、王书林、赵廷为、徐苏恩、吕斯百教授;国立中央大学工学院的杨家瑜、陈章、原素欣、沈百先、余仲奎、李寿同教授;国立中央大学农学院的邹树文、李寅恭、孙醒东教授;国立中央大学医学院的赵敏学、郑集、张查理教授;国民政府财政部川康直接税局局长、国立中央大学兼职教授崔敬伯,中央研究院气象研究所代理所长、国立中央大学兼职教授吕炯;国立中央大学文书主任唐诚、国立中央大学实验学校校长杨希震、国立中央大学法学院学生宓超群。

的类型来看，罗家伦在《新民族》上不仅有严谨的学术论文，还有大量随性而发的诗作，他每周一在中大纪念周大会上向全校师生所做的讲演也多整理成为文字在杂志上陆续发表。这些都展示了罗家伦对《新民族》的主导性和影响力"[①]。正因为校长罗家伦积极倡导，所以《新民族》带有鲜明的校方色彩。《新民族》的中央大学作者来自其文学院、理学院、法学院、教育学院、工学院、农学院和医学院，几乎覆盖了中央大学所有学院，而且各学院的人数还相对平均。不仅如此，其中除了校长罗家伦，还有艾伟（国立中央大学教育学院院长）、杨家瑜（国立中央大学工学院院长）、邹树文（国立中央大学农学院院长）三位院长，一位训导长——张庆桢（法学院教授兼司法组主任），以及范存忠（国立中央大学文学院外国文学系系主任）、胡焕庸（国立中央大学理学院地理系系主任）、李学清（国立中央大学理学院地质学系系主任）、杜长明（国立中央大学理学院化学工程系系主任）、孙本文（国立中央大学法学院社会学系系主任）、常道直（国立中央大学教育学院教育学系系主任）、萧孝嵘（国立中央大学教育学院心理学系系主任）、陈章（国立中央大学工学院电机工程系系主任）、原素欣（国立中央大学工学院水工系系主任）9位系主任和唐诚这位国立中央大学文书主任。再加上缪凤林、朱偰、杭立武等中大"老人"，足见《新民族》周刊撰稿人水准之高、阵营之强大。从发表文章的数目来看，中央大学学者的人均发文量也远远高于其他作者，上述63人共计发表了文章181篇，人均发表文章2.87篇，发文数量几乎是其余32人（共计刊发46篇）的四倍。

同样值得关注的是，在《新民族》的撰稿人士中，国立中央大学、国立武汉大学、西南联合大学等高校的教授占了大多数；其中更有国立武汉大学教授兼教务长周鲠生、国立武汉大学法学院政治系系主任刘乃诚、国立武汉大学教授杨端六、西南联合大学工学院院长顾一樵、国立中央政治大学教授兼新闻系系主任马星野等知名学者参与刊物的撰稿工作，可见撰稿人队伍文化层次之高。此外，"除政、教界人员及作家等社会名流为刊物做支撑，亦有青年学生怀抱满腔热情或忧愤一抒胸臆者"，《新民族》之作者群"所任教/专攻的学科亦是复杂多样，涵盖了理、工、医、文、史、哲、政、经、法等诸多方向"。[②]

（三）《新民族》的影响

需要强调的是，《新民族》是抗日战争进入相持阶段这一关键时期，国统区出版

① 牛力著：《罗家伦与国立中央大学》，南京大学出版社2015年版，第193页。

② 蔡文熙：《国难下的民族主义理论与教育：以〈新民族〉周刊为中心之考察》，华中师范大学硕士论文2014年，第30～32页。

界为数不多的一大亮点，并对当时的知识青年产生了重要的影响。一方面，正如有人所感叹的，在当时国民政府战时首都重庆，“因为这地方出版事业一向落后，加以目前纸贵如金，殊无刊物可言（近有《新民族》出现，系中大校长罗家伦主编。内容不脱教授气，颇似以前的《独立评论》）”①。问题在于，1932 年由胡适等人创办的著名政论时评周刊《独立评论》，到 1937 年就停刊了，共出版了 243 期。另一方面，《新民族》“由当时在中央大学执教的第一流专家学者执笔，因此在当时的学术水平来说是国内第一流的”②。作为《新民族》的主编和刊物的灵魂人物，罗家伦在《新民族》的创办历程中，不仅“为了他创办的《新民族》经常向好友邀稿”③，更是亲自为其撰写了 42 篇文章，如《建立新的人生观》《民族与民族性》《民族的国家》《道德的勇气》《抗战的国力与文化的整个性》《民族与种族》《民族与人口》《民族与语言文字及文学》等重要文章，此外还有全部“短评”以及多首忧慨时事的诗歌等。尤为值得一提的是，罗家伦在重庆沙坪坝中央大学校园内面对学生每周一次的演讲，由杨希震及韩德培做笔记，经其审阅后在《新民族》发表，如《建立新人生观》《道德的勇气》《知识的责任》《弱是罪恶，强而不暴是美》《恢复唐以前形体美的标准》《侠出于伟大的同情》《荣誉与爱荣誉》《目的与手段》等，后来“不但当时极为流行，印行三十余版，而且‘对青年思想有正确的指示与莫大的启发’”④的《新人生观》便是在《新民族》所刊文章基础之上，稍有增加而成的。毫无疑问，这些文章对引导青年、激励抗战民心并促进民族复兴都是有实质性意义的。正因如此，《新民族》甫一刊发，便受到了热烈欢迎，“当时印重庆、武汉两版，不一月而销数逾万”⑤。

《新民族》自 1938 年 2 月 23 日在重庆和武汉两地出版创刊号，至 1939 年 6 月 12 日刊发第 4 卷第 4 期后最终停刊，历时一年四个月，共刊出 4 卷 64 期。鉴于《新民族》的主编选稿相对宽容，而其稿源又极其多元，故“《新民族》所刊文中既不乏人文科学研究、考察报告、杂谈，乃至文学作品（以新体诗为主）、文学批评，亦包含

① 施康强编：《四川的凸现》，中央编译出版社 2001 年版，第 7 页。

② 宓超群：《怀念罗家伦校长》，见高澎编：《永恒的魅力——校友回忆文集》，南京大学出版社 2002 年版，第 69 页。

③ 罗久芳编：《五四飞鸿——罗家伦珍藏师友书简集》，百花文艺出版社 2010 年版，第 110 页。

④ 冯沪祥编著：《罗家伦论人生》，北京大学出版社 2010 年版，第 46 页。

⑤ 罗家伦著：《黑云暴雨到明霞》，商务印书馆 1943 年版，第 18 页。

了地理、工程、水利、林业、航天等诸多理工学科的科普或研究文章”[①]。

正如《新民族》编辑在该刊物创办周年的纪念文章中所强调的,《新民族》这一刊物坚定不移地努力的方向有如下五点:第一,坚定地拥护抗战建国的国策,为此,《新民族》重心不在情感的激励上,而致力于“从理智的判断和客观事实的分析里面,去树立深信”;第二,注重与抗战建国有关的实际问题的研究,尤其是相关的科学问题,罗家伦坚信,《新民族》中“有些专家研究的意见和结果,可以供解决这些重大问题的参考”,客观上也确有可圈可点之处;第三,对于国际形势的注意,通过短评文章,“不断地在做扼要的叙述与客观的分析”;第四,对思想问题的关注,为此,《新民族》在文艺和思想方面均主张“发挥积极的、进取的,能恢复民族生力的人生观”,反对“萎靡、颓废、狡猾、奸诈、懦怯、卑鄙、自私”并将其视为毒害民族的大烟;第五,《新民族》的立场是基于引导的,而非斗争。在回顾一年来办刊经验的基础上,罗家伦先生将《新民族》再度定位为“学术界公开讨论研究”“为大家发表具体而有建设性意见”的刊物。[②]

我们不可忽视《新民族》这一“新中华民族降临前的一个小小号兵”的重要角色及其对于“抗战建国”和“民族复兴”的重要贡献。下文我们将着力证明这一点。

二、《新民族》研究的意义

正所谓“读史使人明智”“以史为鉴,可以知兴替”。回顾近现代世界历史发展进程,西方自 17 世纪以后就开始建立现代国家,相比之下,我国民众因为受到长达数千年的封建社会的影响,素来缺乏现代国家观念,正如近代著名学者严复所言,“中国自秦以来,无所谓天下也,无所谓国也,皆家而已。一姓之兴,则亿兆为之臣妾。其兴也,此一家之兴也;其亡也,此一家之亡也”。即便在今天,缺乏现代国家观念这种情形还在一定程度上存在着。问题的严重性在于,缺乏现代国家观念所导致的是莫大的灾难。就像孙中山先生所讲的,正因为近代中国四万万中国人只是一盘散沙,才会导致一系列的战败和屈辱。也正是因为看到了我国民众的国家意识淡薄,日本军国主义的战争贩子们才敢于在士兵数量上处于绝对劣势的情况下悍然发动“九一八”事变并妄图吞并中国,以至于其中一个元凶石原莞尔竟敢公

① 蔡文熙:《国难下的民族主义理论与教育:以〈新民族〉周刊为中心之考察》,华中师范大学硕士论文 2014 年,第 32 页。

② 《〈新民族〉的周岁》,《新民族》1939 年第 3 卷第 12 期。

然叫嚣:“我不用拔剑,只用竹刀就足以吓退张学良。”而整个抗战期间,我们的国家和民族无疑做出了极其巨大的牺牲,并付出了极其惨重的代价,“全国军民死伤3500万人,有形财产损失6000多亿美元,无形财产损失不计其数”。当然,必须看到,“1937年的全民抗战,才是中华民族真正的全民族觉醒”,正是在这一饱受苦难的进程中,“民众觉悟程度和组织程度的进步,达到了前所未有的历史高度”,我们对现代国家的认识才得以大大地强化。尤其是在1938年3月在武汉召开的国民党临时全国代表大会通过了《中国国民党抗战建国纲领》之后,抗战建国便成为强大的主流意识形态,整个中华民族“第一次真正超越了阶级,超越了民族,超越了地域,超越了统治与被统治,结成利益共同体、命运共同体”,勠力同心,共同担负起抗战建国和民族复兴的重任,并最终赢得了中国人民抗日战争暨反法西斯战争的伟大胜利,进而“开辟了中华民族伟大复兴的光明前景,开启了古老中国凤凰涅槃、浴火重生的新征程”(习近平总书记在纪念中国人民抗日战争暨世界反法西斯战争胜利70周年大会上的讲话)。毫无疑问,抗战时期的民众的国家观念尤其是知识分子的建国意识足以引起近代史研究者的注意。

在此,有必要简要回顾自“七七”事变以来抗战建国的形势。1938年3月29日,蒋介石在武昌召开国民党临时全国代表大会。会议最重要的一项内容便是制定和通过了《中国国民党抗战建国纲领》,确定了抗战救国的总方针,“确定三民主义暨总理遗教为一般抗战行动及建国之最高准绳”,会议选举蒋介石为国民党总裁,规定“全国抗战力量,应在本党及蒋委员长领导之下,集中全力,奋励迈进”。抗战建国的大政方针一俟确定,便得到了当时各党派团体的一致拥护,中国共产党、国家青年党的代表,以及蒙古、新疆及各省区各党派各方面代表,明确表示拥护政府实施《抗战建国纲领》。对此,我们可从1938年7月12日国民参政会第一届第一次大会第七次会议的决议中窥见一斑:“国民参政会成立于抗战周年之日,目击全国军民浴血苦战,壮烈牺牲,忠愤满腔,如焚如裂,深感吾民族存亡,系于目前之奋斗,成则俱生,败则俱亡。吾整个民族,不分党派,不分职业,惟有精诚团结,坚苦奋斗,一面抗战,一面建国,始能免沦于奴隶灭亡之境,而跻于自由平等之域。还郑重决议,拥护民国二十七年四月中国国民党临时全国代表大会所通过之《抗战建国纲领》。切望国民政府制定实施办法,督促各级政府,切实施行。同人当随全国国民之后,依据此项纲领,在最高统帅蒋委员长领导之下努力奋斗,以取得抗战最后之胜利,而达到建国之成功。”自此,抗战建国便成为当时中华民族的主流意识形态。

当然,我们还应看到,尽管当时南京国民政府在较短的时间内便制定通过了《抗战建国纲领》,并规定了外交、政治、军事、经济、民众运动及教育各项原则,制定出详明具体的实施办法,公之于众。然而,学术界关于如何抗战建国也出现了几种具有代表性的声音。如著名历史学家吕思勉先生曾著文《抗战和建国》,强调资本主义与封建主义相结合的日本帝国主义“妄欲争霸世界,就不得不先图并吞中国”,故而“中国欲建国,就决不能不和日本一战”,这里谈的主要是武力抗战然后建国的问题。又如,著名教学家任鸿隽先生,就高度重视科学教育在抗战建国中的任务,在他看来,抗战建国所需的人力、物力“非经过科学的陶铸,不能发生最大的效用”,“要以教育的力量诱导民智,培养民力,而后将民力、民智集中于抗战建国事业之中,去促其成功”,这种任务除非由科学教育入手,否则难以完成,就此而言,科学教育“最利于普及科学精神、方法与知识,最利于产生新进高等技术人员,最利于提高科学文化水准”,科学教育自然应当在抗战建国中发挥其独特的功能。这里谈的是科学教育与建国的问题。再如著名学者贺麟先生也曾撰文谈学术建国。在他看来,幸而中国一改过去南京国民政府执迷于“攘外必先安内”的“武力建国”的政策,武力建国的实质乃是“内战建国”,那无异于一条内战亡国之路。在简单梳理了我们的文化根基及近代化的成就之后,他指出:“我们现在的抗战建国运动,乃是有深厚的精神背景和普遍的学术文化基础的抗战建国运动,不是义和团式不学无术的抗战,不是袁世凯式的不学无术的建国。由此看来,我们抗战的真正最后胜利,必是文化学术的胜利,我们真正完成的建国,必是建立在对新文化、新学术各方面、各部门的研究、把握、创造、发展、应用上的。换言之,必应是学术的建国,必定要在世界文化学术上取得一等国的地位,我们在政治上建立自由、平等、独立的一等国的意图,才算是有坚实永久的基础。”鉴于此,贺麟先生提出“学治”或“学术治国”的观念用以代替迷信武力、军权高于一切的“力治”主义。这些具有代表性的抗战建国主张不可谓不深刻。然而,相比之下,《新民族》中的抗战建国思想可谓蔚为大观,以国立中央大学教授为主体的《新民族》撰稿人在政治建国、经济建国、军事建国、教育建国、文化建国、艺术建国以及民族理论建构等方面均有深刻的阐述。就此而言,《新民族》无疑是颇为值得关注的。

在中国抗战大后方的全部出版物中,《新民族》也是十分值得关注的。自创刊之日起,《新民族》便以宣扬民族性、发扬民族精神、树立建国意识、增进抗敌力量为宗旨,刊有抗战战况报道评论,论述战时政治建设、社会建设、文化建设、经济建设等方面的论文,有欧洲战局报道评论和鼓舞抗战、宣扬民族精神的文艺作品。

虽然《新民族》只刊出4卷64期，数量并不多。但是在中国全面抗战大后方出版界中，《新民族》无论在办刊宗旨、内容题材，还是在学术水准上均有突出的地位和较大的影响。在办刊宗旨和内容题材上，《新民族》既坚定地拥护抗战建国的国策，注重与抗战建国有关的实际问题（尤其是相关的科学问题）的研究，以便于"为大家发表具体而有建设性意见"，又主张"发挥积极的、进取的，能恢复民族生力的人生观"，反对"萎靡、颓废、狡猾、奸诈、懦怯、卑鄙、自私"等毒害民族的"鸦片"，高扬民族复兴大旗。这是同时期包括《民意周刊》《战斗周刊》《黄埔月刊》《时事月刊》在内的其他刊物所不具备的。而在学术水准上，《新民族》更因其撰稿人中学者占了绝大多数且多为当时国内重要大学的知名教授，加之主要"由当时在中央大学执教的第一流专家学者执笔，因此在当时的学术水平来说是国内第一流的"。因此之故，在出版事业一向落后的重庆，在抗日战争进入相持阶段纸贵如金的情况下，《新民族》周刊便成为当时国统区出版界为数不多的一大亮点，对于引导青年、激励抗战民心并促进民族复兴都产生了重要的影响。

以中央大学教授为主体的《新民族》周刊撰稿人，依据自己的文化趣味、政治倾向、信仰立场，在传道授业之同时不忘中华民族的伟大复兴，面对日本帝国主义的残暴侵略，不负匹夫之责而担天下之大任。他们从自己的学术专长出发，在爱国主义精神的指引下，以学术服务国家建设，探究国家问题、民族问题、社会问题、经济问题、军事问题、文化问题、教育问题等事关抗战前途和民族命运的重大问题，所以也就更具研究的价值。正如研究者所言："中国现代意义上的知识分子从其产生的第一天起，就不是作为一个具有高度同质性的整体登上近现代中国的社会政治和思想文化舞台的。"①正因如此，对抗战时期大学知识分子群体进行或整体性或分类分层或个案式的研究，是"对于20世纪中国历史包括政治史、经济史、文化史、社会史进行全面解剖和整体透视的一个不可或缺的横切面呈现"②。而在"我们比历史上任何时期都更接近中华民族伟大复兴的目标，比历史上任何时期都更有信心、有能力实现这个目标"（习近平总书记在参观《复兴之路》展览时的讲话）的今天，以《新民族》周刊为中心深入探讨抗战时期大学知识分子关于抗战建国的思考，对于当前强化知识分子的责任担当、增强国人的国家观念、建立一个强大的现代民族

---

① 张晓京：《近代中国的"歧路人"——对罗家伦生平与思想的再认识》，《湖南科技大学学报》（社会科学版）2008年第2期。

② 许纪霖编：《20世纪中国知识分子史论》，新星出版社2005年版。

国家,进而为全面建成小康社会创造良好的环境和条件、为实现伟大的民族复兴提供可靠安全保障等无疑都是有着重要的意义和价值的。

三、《新民族》研究的现状

尽管《新民族》周刊既有珍贵的史料价值,又有重要的研究意义,但遗憾的是,学术界尚未给予应有的关注。通过查阅检索 CNKI、万方、维普与(TSSCI)台湾社会科学引文索引资料库四大学术论文检索系统以及硕博论文检索库(ETDS),我们发现专门研究《新民族》的仅有拙文《〈新民族〉周刊之抗战建国教育思想探微》及蔡文熙的《国难下的民族主义理论与教育:以〈新民族〉周刊为中心之考察》两篇。蔡文熙结合 20 世纪 30 年代国难下民族主义高涨的历史背景,以《新民族》民族主义理论为中心进行分析,探讨国难下民族主义复兴的特点、《新民族》创办的背景、《新民族》对民族主义问题的讨论以及《新民族》"为未来计""为国家计"的教育思想,最后总结《新民族》的思想特性,认为:它的民族主义理论以民族性为中心,对教育的思考则强调其民族性、持续性、系统性,这些思考不仅有国难时代之特征,还包含了刊物编辑的独立求索;故考察《新民族》的民族主义理论与教育,既可以了解国难时代中央大学教授群体之思想,也能对这一时期的民族主义相关研究做出补充。①

当然,笔者还注意到,有研究者关注国立中央大学,并探究了中央大学在抗战期间的学术救国取向,其中就谈到了《新民族》:

> 随着国家民族危机进一步加深,中大的知识精英们时刻关注着国家命运,为国家发展献计献策。他们通过著书立说表达对国家建设事业的构想,其中尤以"国难"时期学术研究如何与国家命运相连的内容为多。正是因为中大学人有着炽热的爱国热忱和高度的历史责任感,促使学者为国家和民族献身学术,他们把爱国的热情转化为学术工作的动力,孜孜不倦于自己的研究,在历史上留下了丰硕感人的学术成果。中大在重庆期间创办的刊物多达上百种,诸如《新民族》《文史哲》《史学述林》《中大化工》《机工》《化学通讯》《民主与科学》《社会学科季刊》《地理学报》《教

---

① 详见蔡文熙:《国难下的民族主义理论与教育:以〈新民族〉周刊为中心之考察》,华中师范大学硕士论文 2014 年。

育通讯研究》《理想与文化》等。这些报刊的共同点是以抗战为中心，围绕抗战这一大主题，大造抗战、团结、进步舆论，号召人们为打败日本侵略者、挽救民族危亡而战斗。在国防与安全上，中大教授孙醒东教授就有多篇文章，如《粮食自给与国防》《粮食节约之基础理论》《长期抗战中之军民粮食自给策》《国防科学与科学教育》等。中大教授还创办周刊《新民族》作为宣传抗战的主要场所，学校的主要教授都以此为阵地，发表了众多抗战文章。这些文章涉及民族、工业、教育、社会，当然最多的还是有关国防与军需的问题。这说明中大的教授们在教书育人的同时，勇于担当社会责任，具有强烈的社会责任感和使命感。①

当然，该文只是把《新民族》作为佐证来论及当时的中央大学抗战期间的学术救国取向，其中说《新民族》只是被作为宣传抗战的主场所、主阵地，而没有专门阐述《新民族》作为中央大学的校报，在史学界和学术界的价值。但该文已经算是较多地谈及《新民族》的文章了。

笔者还注意到，尽管探讨研究《新民族》的论文或著述鲜见，但是，确有一些聚焦《新民族》主编罗家伦的研究成果。譬如，在台湾出版的唯一一本罗家伦的传记也曾经对其一生做过如下一番总结："纵观罗家伦先生的一生，吾人发现，他已经把所有的生命贡献给多难的国家。他从青年时代领导'五四'运动开始，历经参加北伐战役，主持大学教育，著述演说，培养建国人才，以至担任新疆监察使，战后出使印度和主持党史会及国史馆，他毫无保留将他的心血浇灌在中华民国的土地上，对中国今日政治、经济、教育、社会各种建设，都产生了深远的影响！后辈青年而关心国事者，对这样一位无私无我的爱国先贤，怎能没有认识呢？"②曾为国民党中央党史委员会主任委员的李云汉在为《罗家伦先生年谱》所作的序言中，对其前辈罗家伦的一生做出了如下的评价：

罗家伦先生，是一位不平凡时代的不平凡人物……"五四"运动发生时，已崭露头角，大放光芒，成为新思潮的热烈鼓吹者。他所生长的年代，是中国有史以来变动最剧烈的时代，他以一位站在时代巨流前端的新知识分子的形象，凸显出不平凡的才华、品格、识见和事业……思想上，志希

---

① 罗玲：《国立中央大学抗战救亡运动刍议》，《重庆师范大学学报》（哲学社会科学版）2011 年第 4 期。

② 陈春生著：《新文化的旗手》，（台湾）近代中国出版社 1985 年版，第 2 页。

先生是一位爱国者、改革者、自由主义者、人道主义者，最后的归趋则是孙中山先生的三民主义。学问上，兼通东西方的文史哲，兴趣甚为广泛，涉猎尤其开阔，故其著作中，涉及文学、史学、哲学、政治、教育、外交、边政、地理，甚至科学，可以称之为博学之士。事业上，曾从事于教育、政治、外交、边政、国际文化活动及史学研究与史政管理，各方面都有极不寻常的建树。①

鉴于此，有学者强调，对罗家伦生平与思想的再认识，对重新审视以自己的学术背景和文化人身份进入"体制内"并被"体制化"了的，成为"技术官僚"或"专家型官僚"的中国近代知识分子群体，具有典型意义。② 这些都是在为罗家伦正名，倡导要公正、实事求是地对罗家伦进行评价，其目的是要学术界正确看待中国近代知识分子群体在国家、民族、政治、文化转变中的角色，也为笔者研究抗战时期大学知识分子这一群体的抗战建国的思考提供了依据。

1938年3月，国民党临时全国代表大会通过的《抗战建国纲领》得到了全国各正义力量的积极响应和拥护。各党派的态度，可于此后不久召开的国民参政会第一届第一次大会的决议中窥见一斑："国民参政会成立于抗战周年之日，目击全国军民浴血苦战，壮烈牺牲，忠愤满腔，如焚如裂，深感吾民族存亡，系于目前之奋斗，成则俱生，败则俱亡。吾整个民族，不分党派，不分职业，惟有精诚团结，艰苦奋斗，一面抗战，一面建国，始能免沦于奴隶灭亡之境，而跻于自由平等之域。还郑重决议，拥护民国二十七年四月中国国民党临时全国代表大会所通过之《抗战建国纲领》，切望国民政府制定实施办法，督促各级政府，切实施行。"③国内出现了宣传抗战建国纲领的高潮。据不完全统计，1938年到1939年，国统区出版了近150部主旨为抗战建国的图书，其中，仅国民党与国民政府各级官方机构出版的就达60部。④ 同时，学术界关于如何落实《抗战建国纲领》、建立现代民族国家也展开了热烈的讨论。历史学家吕思勉著文《抗战和建国》，指出资本主义与封建主义相结合的日本帝国主义"妄欲争霸世界，就不得不先图并吞中国"，故而"中国欲建国，就

① 张晓京：《近代中国的"歧路人"——对罗家伦生平与思想的再认识》，《湖南科技大学学报》（社会科学版）2008年第2期。

② 许纪霖编：《20世纪中国知识分子史论》，新星出版社2005年版。

③ 重庆市政协文史资料研究委员会、中共重庆市委党校编：《国民参政会纪实1938—1948》（上卷），重庆出版社2016年版，第99页。

④ 依据"读秀"数据库统计。

决不能不和日本一战”[①]。他强调抗战是建国的前提，只有战胜日本帝国主义，才可能建立起真正的现代国家。数学家任鸿隽高度重视科学教育在抗战建国中的作用，在他看来，抗战建国所需的人力、物力“非经科学的陶铸，不能发生最大的效用”，“要以教育的力量诱导民智，培养民力，而后将民力、民智集中于抗战建国事业之中，去促其成功。这种任务非由科学教育入手是不易完成的”，因为教育“最利于普及科学精神、方法与知识，最利于产生新进高等技术人员，最利于提高科学文化水准”，“抗战需要科学，建国亦需要科学”[②]。哲学家贺麟则提出“学术建国”主张，他认为“我们现在的抗战建国之路，乃是有深厚的精神背景和普遍的学术文化基础的抗战建国运动。不是义和团式不学无术的抗战，不是袁世凯式的不学无术的建国。由此看来，我们抗战的真正最后胜利，必是文化学术的胜利，我们真正完成的建国，必须建立在对于新文化、新学术各方面、各部门的研究、把握、创造、发展、应用上的。换言之，必应是学术的建国，必定要在世界文化学术上取得一等国的地位，我们在政治上建立自由、平等、独立的一等国的意图，才算是有坚实永久的基础”[③]。这些具有代表性的主张与《新民族》所展示的关于抗战建国思想交映成辉，构成了一股颇具声势的进步思想潮流，现实中给予全民抗战以有力的推动，又随着岁月流逝而成为思想史上的一股清流。

我国大陆学者对于抗战建国思想的研究，则开始得比较晚。新中国成立之后至20世纪80年代初，由于特殊的政治环境和国共两党关系的曲折往复，大陆研究这一主题的人鲜见，倒是台湾的学者与“官方机构”在这方面做了较多的工作。1981年，台湾“中华民国建国史讨论集编辑委员会”编辑出版了《中华民国建国史讨论集》第4册《抗战建国史》（台北，中国国民党党史会1981年版）；1983年，“台北中央文物供应社”出版了时任台北“故宫博物院”管理委员会常委兼院长秦孝仪主编的《革命文献》第96辑《抗战建国史料：社会建设1》和《革命文献》第97辑《抗战建国史料：社会建设2》；1984年，“中央文物供应社”将余下的4册，即《抗战建国史料：社会建设3》到《抗战建国史料：社会建设6》分别出版；1985年到1986年，“中央文物供应社”出版了《革命文献》第102辑《抗战建国史料：农林建设1》、第

---

① 吕思勉著：《中国近代史（经典珍藏版）》，群言出版社2015年版，第198页。
② 任鸿隽：《科学教育与救国》，《广播周报》第一百九十一期，1940年12月。
③ 贺麟著：《文化与人生》，商务印书馆2005年版，第18～21页。

103辑《抗战建国史料:农林建设2》、第104辑《抗战建国史料:农林建设3》、第105辑《抗战建国史料:农林建设4》;1987年到1989年,秦孝仪主编的《革命文献》第110辑到第117辑——《抗战建国史料:粮政方面》和《抗战建国史料:田赋征实》各4册完全出齐。当然,《抗战建国史料》所收录的多为政府颁发的相关文件,抗战时期重要刊物上的文章未获收入。尽管如此,它也与秦孝仪主编的另一套史料集——《中华民国重要史料初编:对日抗战时期》第4编《战时建设(1—4)》(“中国国民党中央委员会党史委员会”1988年10月初版)一道为我国学者提供了研究抗战建国的重要史料。此外,还有1985年台湾出版的两本论文集。一是《抗战建国史研讨会论文集1937—1945》(上、下)(台北,“台北中央研究院近代史研究所”1985年版)。该论文集的文章主要是中央研究院近代史研究所召集的十余次“抗战建国史研讨会”的成果,其中引起笔者关注的有第三次研讨会由侯家驹教授提交的《抗战期间我国交通建设》和第五次研讨会上庄焜明提交的《抗战时期中国高等教育的兴革》。二是许倬云、丘宏达主编的《抗战胜利的代价——抗战胜利四十周年学术论文集》(台北,台北联经出版事业公司1985年版)。该论文集中最令笔者感兴趣的是论文部分收录的齐锡生的《抗战中的军事》和刘遐龄的《战时中国的教育》这两篇文章,因为它们与《新民族》中相关文章可以构成“对话”关系。此外,1990年,台北的“国立编译馆”出版了台湾“教育部”主编的3卷本《中华民国建国史》第4篇《抗战建国》,其资料主要依据“国民馆”“中央研究院近代史研究所”及“国民党党史会”所藏史料,并动员了台湾近现代史研究权威专家学者参与编撰,故能汇集数十年来研究之大成,这当然可以视为关于抗战建国方面研究的重要成果。当然,胡平生的《台湾抗日战争史研究论著举要》一文①为我们了解台湾抗战史研究提供了便利。但台湾学者的研究,由于受特定的政治环境的影响,“党化”的色彩比较突出,关注的更多的是抗战建国的相关“官方文件”、政策纲领及国统区的实践活动,对民间特别是知识精英的抗战建国思想关注不足。

从20世纪80年代后期开始,大陆学界有探讨抗战建国问题的学术论文出现,主要探讨国民党《抗战建国纲领》(杜世伟,《史学月刊》1986年第5期),作者通过对国民党临时全国代表大会通过的主要决议案《抗战建国纲领》进行研究,力图较

① 详见中国人民抗日战争纪念馆编:《中国人民抗日战争纪念馆文丛》(第三辑),北京燕山出版社1992年版,第240~249页。

客观地评价国民党在抗日战争中的地位。此后还出现了几篇类似的论文，均以分析和评价国民党《抗战建国纲领》为论旨（张劲，《信阳师范学院学报》1993 年第 2 期；何云庵、时广东，《西南民族学院学报》1995 年第 5 期）。亦有研究国民党临时全国代表大会的论文（汪朝光，《抗日战争研究》2015 年第 3 期）。20 世纪八九十年代的研究现在看起来较为粗糙，但就思想史的意义而言，把握住了《抗战建国纲领》和国民党临时全国代表大会这个抗战建国思想的起点，给予客观的评价，还是具有破冰意义的。此外，还出现了探讨抗战胜利前后国共两党围绕建国问题的斗争（赵景峰，《党史研究与教学》1991 年第 4 期）、抗战时期国共两党的建国主张（郭学旺，《西南师范大学学报》1992 年第 4 期；刘长明、王兆宇，《文史博览》2012 年第 2 期）、抗战胜利前后国共两党及其他政治团体的建国方略的论文（梁琴、洪传玉，《江汉论坛》1995 年第 5 期；陈标，《党史研究与教学》1996 年第 6 期；常成，《党史文苑》2014 年第 6 期），也有研究国共合作与抗战建国成果的（王维礼、潘佩孟，《史学集刊》1987 年第 1 期）。著名政治历史人物的主张也迅速进入了研究者的视野。其中，研究抗战时期毛泽东的建国思想和建国方案的论文最多（李亮，《中共南京市委党校南京行政学院学报》2002 年第 2 期；宋俭，《党的文献》2005 年第 1 期；高巍祥，《华中农业大学学报》社会科学版 2006 年第 2 期；施爱平，《法制与社会》2007 年第 2 版；张煦、袁鑫，《党史博采》2012 年第 6 版），其次是关于陶行知抗战建国教育思想的（廖其发、周昆，《河北师范大学学报》教育版 2007 年第 4 期；吴怡、贾鹏敏，2016），再次是研究蒋介石的抗战建国方略（张凯，《广东社会科学》2015 年第 1 期；潘晓霞，《兰州学刊》2016 年第 7 期）、梁漱溟的抗战建国理论（石培玲，《唐都学刊》1995 年第 4 期）、贺麟的儒家复兴和抗战建国思想（张祥龙，《云南大学学报》2014 年第 7 期）、朱光潜的美学建国思想（金浪，《当代文坛》2015 年第 10 期）等方面的论文。还有研究重要社团机构等对抗战建国的贡献的文章，如西南联合大学对抗战建国的贡献（杨立德，《云南师范大学学报》1995 年第 8 期）、延安新哲学会对抗战建国胜利的推助（常改香，《理论导刊》2013 年第 3 期）等。

此外，还有若干有关抗战建国思想与文化的专题性的研究，如探讨抗战建国与民族复兴的关系、研究歌咏宣传对“抗战建国”的推动、研究抗战时期的“学术建国”思想、研究“抗战建国”与方志文化、研究抗战时期的建国教育等。

硕士和博士学位论文是现时科研的主要方面军之一。但在抗战建国思想的研究方面，这支生力军似乎表现得不够令人满意，以抗战建国为论旨的博硕论文为数寥寥,为数不多的以之为论旨的学位论文,研究重点一般为抗战时期国内重要党派的建国思想或建国纲领之间的比较,如对中共、国民党及民盟在抗战建国问题上的异同及其实践中相互关系的研究(李广明,华中师范大学,1996;高晶巍,东北师范大学,2010),对中国青年党的抗战建国思想的分析(李献礼,湖南师范大学,2007),对抗战胜利前后建国纲领的比较研究(游博,湖北大学,1999),对抗战胜利前后中间势力建国方案的研究(张盈盈,四川大学,2007)。此外,还有考察抗战时期戏剧运动与"抗战建国"主流意识形态的互动关系的博士论文(傅学敏,四川大学,2008)以及研究抗战时期国统区报刊舆论宣传与抗战建国关系的硕士论文(祝杰,安徽大学,2017)。

迄今为止,尚未有专论抗战建国的著作问世。相关的论述往往包含在《中国现代政治思想史》之类的著作中。较有影响的30余部思想史著作,对抗战建国思想的处理并不相同,有些干脆略过不提,无视其存在①。提及者给予的文字,分量也少得可怜。往往只有数百字,而且只讲《抗战建国纲领》,对这一思想的其他表现,则置之不谈。这样的处理是和论者对《抗战建国纲领》的较低评价连在一起的,不少论者简单认为,《抗战建国纲领》是国民党片面抗战路线的正式文件,虽然与中共的《抗日救国十大纲领》在抗日的精神上有一致之处,但在如何抗日、如何建国上分歧明显。也有人认为这个纲领有两面性,国民党利用它来包办抗战,维护大地主大资产阶级的统治②。更有甚者,竟然将抗战建国思想置于"中国的法西斯主义"题目之下。从这样的评价可以看出,民间的抗战建国思想自然是入不了论者法眼的。

尽管对抗战建国思想的研究初见勃兴,但不足之处依然明晰可见:在相关专著中几乎没有地位,且评价很低,遑论翔实的研究了。论文论题过分集中于国共两党的抗战建国主张,分析对比,判定优劣高下,宏大叙事有余,细节剖析缺乏。官方言论政策浓墨重彩,民间言论粗疏寡淡。对国统区里的抗战建国思想,有以官方代替民间的倾向。一些论者认为国民党有包办抗战的企图,就以为民间的相关言论思想或无影响,或无价值。其实抗战时期的国民党统治,企图和成效并非匹配的,基本的言论自由在国统区还是存在的。民间特别是知识精英的抗战建国思想,不但

---

① 如俞祖华、王国洪主编《中国现代政治思想史》(山东大学出版社1999年版),刘继清、王振亚主编《中国现代政治思想史》(南开大学出版社1993年版)。

② 李世平著《中国现代政治思想史》(四川人民出版社1985年版),林茂生等编《中国现代政治思想史(1919—1949)》(黑龙江人民出版社1984年版)。

推动了抗战建国的实施,更为后来中国政治的发展留下了宝贵的财富。其他层面的研究又集中在几个人人皆知的人物上,没有群体性的研究,现有成果呈现为互不相干的点,连不成片,无法展现这一思想的全貌。诸种不足表明,对抗战建国思想的研究还有相当大的空间,应从多个角度、多个层面进行分析,尤当重视知识精英的观点主张。对于已有的评价,似乎也有斟酌的必要。这就是本人的立意所在。当然仅仅一部专著并不一定能够完成这样的使命。尽管如此,本人仍愿以一己之微薄学术能力,力争向目标迈进,哪怕只能前进一步,亦遂所愿。

第一章　抗战建国之民族意识

日本帝国主义侵略者的血腥残暴带给民众不可名状的苦难：自从1937年“八一三”事变至1939年4月，八个月间，“敌人陷我华北，占我江南，毁我首都，沦亡于敌人铁骑之下有十个省区之广，敌人竟发表宣言否认我中央政府，一个国家，一个民族受的耻辱，还有胜过这样的吗？”[①]正是日本帝国主义所发动的妄图灭亡中国的惨绝人寰的侵略战争，不断地唤醒了学者们对中华民族、中华民族的民族性及我中华民族建立的统一国家——中国的前途与命运的全新思考。聚集在《新民族》周围的一群共守“整个国家民族利益的立场”、共有“在抗战中同时建国的意识”、共同期待“中华民国的领土上有一个新的中华民族降临”[②]的大学知识分子，秉承了《新民族》初创时的价值追求，以民族复兴为己任，以抗战建国为标的，期冀通过手中的笔、笔下的字来唤醒民众的爱国意识，重塑国民的民族精神，从而迎接一个新民族的到来。毫无疑问，《新民族》所汇集的正是中国知识分子共同的心声。

第一节　《新民族》的现代民族理论建构

一、对“民族”“民族性”和“民族的国家”的新省思

对于民族、民族性和民族的国家的重新省思，一直占据了《新民族》的核心地位。

（一）对“民族”的新省思

一般而言，民族是指“历史上形成的一个有共同语言、共同地域、共同经济生活以及表现于共同文化上的共同心理素质的人的共同体”[③]，这里语言、地域、经济生

---

① 商承祖：《一个民族的复兴》，《新民族》1938年第1卷第7期，第13页。

② 罗家伦：《〈新民族〉的前奏曲》，《新民族》1938年第1卷第1期，第1页。

③ 斯大林著：《斯大林全集》第2卷，人民出版社1953年版，第294～295页。

活和文化便成为构成民族的重要因素。罗家伦先生在此基础上，进一步从与民族相关的种族、语言、宗教、领土等诸项因素入手，着重强调民族不单指的是这些因素，而且是“几种基本的因素经长时期的自然演化而形成的一种产物”①，这里便包含了种族、自然环境、经济生活的方式、法律和政治社会的组织、宗教、语言文字和根据语言文字而产生的文学、教育、历史等诸多因素，民族实际上就是以上诸多因素形成的人类集团②。为了更加详细地阐释民族的概念，以及民族与上述因素之间的关系，罗家伦先生在《新民族》发表了系列文章，文章重点关注如下几个问题，但是无论哪个问题，为抗日呐喊均是罗家伦先生所撰述的灵魂。

1. 民族与地理环境

之所以强调民族与地理环境的关系，是因为此问题所涉及的核心内容是民族与领土的关系。事实上，若一个民族没有一个固定的地域作为生存的依托，这个民族必然要动荡不安，甚至颠沛流离，进而最终走向分崩离析，因此“生聚教养安身托命的一块领土，实在是一个民族最重要的条件。”③而以这份领土为依托，与之相关的领土的土壤、地质、物产、气候、边境等因素便构成了相应的地理环境，这些因素又成为一个民族之性质、生活及文化等得以形成的关键，这便是强调民族与地理环境之关系的原因。民族与地理环境既相互依存又相互影响。首先，地质自身的运动，导致了环境自身的变化；其次，人类自身又具有创造、征服和改变地理环境的能力，事实上，一个民族的形成与发展便是征服自然、适应环境的过程，反过来地理环境又成为一个民族得以维系的根基。罗家伦先生在《新民族》期刊中再次论证“民族与地理环境”的关系，其目的是通过重申中国得天独厚的地理环境，让民众认清“要与日本人谈和平，唯一可能的和平就是他们应该回到他们日本国去”④，借此呼吁中华民族以保卫国家、领土为己任。

2. 民族与人口

人口作为民族的数量根基，往往关系到整个民族及国家的稳定。具体说来，人口数量的多寡与分布区域的大小构成了不同民族的求生方式——或依托于天然物产而易居，或因为物产不足而形成激烈的竞争，这便直接影响到了相应民族的稳定。与求生方式密切相关的职业选择所体现出来的行为标准直接影响到这个民族

---

① 罗家伦：《民族与民族性》，《新民族》1938 年第 1 卷第 2 期，第 3 页。
② 罗家伦：《民族与民族性》，《新民族》1938 年第 1 卷第 2 期，第 5 页。
③ 罗家伦：《民族与地理环境》，《新民族》1938 年第 1 卷第 15 期，第 2 页。
④ 罗家伦：《民族与地理环境》，《新民族》1938 年第 1 卷第 15 期，第 8 页。

的行为标准，最明显的例证便是以工业为主的民族与以农业为主的民族所体现出来的行为标准及民族性便截然不同。从历史发展而言，人口问题往往与民族的治乱和民族的盛衰及世界的安危密切相关。就中国国情而言，人口问题主要涉及如下几个方面：人口与土地的分配、土地的有效利用问题；人口分布的合理化问题；人口工业化与农业化关系问题；人口质量问题、人口过剩及移民问题。正因为这些问题“对于整个的社会秩序、国家治安、粮食分配、兵役制度、文化发展、民族生产甚至于世界和平”①都至关重要，所以，知识分子在抗战时期再提人口问题，根本上是希望重视因人口问题而带来的民族问题，探讨有效的解决方式，寄希望于培养出一个新生的健全的中华民族。

3. 民族与种族

民族与种族的关系，大体上存在两种情况：种族是构成民族的重要因素之一；有许多民族问题是由于种族问题而发生的②。就种族的优劣程度而言，由于受到历史、文化、教育等因素的影响，种族往往呈现出不同的优势与劣势，可以说民族本身的优劣是无法判别的。纵然因种族问题复杂，甚至种族问题会引发激烈的民族矛盾，但就近代中国而言，中华民族经历了长时间多时段的民族混合过程，在这一过程中，以汉族为主体的中华民族呈现出强大的同化力。例如从种族构成来讲蒙古人、满洲人、突厥人、鲜卑人等均曾一度掌控领导权，但均未抵过汉族的强大的凝聚力和同化力量，以至相当部分的少数民族后裔都融入了汉族，时至近代时期，此四族总人数也未超过一千万人，相对于四亿汉人而言，可以说不同种族之间所存在的问题并不明显，我们仍是以一个汉族为主体的团结的民族。有了这样的种族基础，中华民族在军事、文化、建设以及抗战时期的生存等问题上，均体现出了中华民族的优越性与稳定性。

4. 民族与语言文字及文学

罗家伦先生之所以用大量篇幅系统地讨论民族与语言文字及文学的关系，是因为日本对我东北地区推行奴化教育，试图通过对东北百姓语言、文字等精神层面的控制，破坏他们原有的一切民俗、习惯与信仰，消除被殖民者的仇恨，并使其侵略合法化。事实上，用消除或控制语言的方式达到侵略的目的，这一殖民方式历来有之，例如德国曾剥夺法国阿尔萨斯地区说法语的权利，以德语取而代之，阿尔丰斯

① 罗家伦：《民族与人口（二）》，《新民族》1938 年第 2 卷第 2 期，第 24 页。
② 罗家伦：《民族与种族（一）》，《新民族》1938 年第 2 卷第 6 期，第 2 页。

·都德的短篇小说《最后一课》成为侵略者妄图用语言消灭一个民族的经典写照；日据台湾时期日本殖民主义者为了同化“蕃人”，对原住民开展“皇民化教育”，使其被迫失去自己的语言文化与信仰，还酿成了著名的“雾社事件”。此外，在俄普奥瓜分波兰、英国殖民印度、日本殖民朝鲜等事件中，殖民者均采取了禁止原住民族使用本族语言，以入侵民族之语言取而代之的方式进行文化侵略，以达到殖民者控制殖民地、同化被殖民者的目的，而中华民族的切身经历更让我们清醒地认识到语言对一个民族的重要性。抗战时期，学者们再次重申民族与语言的关系，便是基于上述事实，以此畅言汉语之于中华民族的重要性，也警醒民众保有语言的重要性。在厘清语言之重要性的基础上，罗家伦先生进一步强调了文字、文学与语言、民族的关系："文字是思想的符号，没有文字，思想就不易表达出来，而因为有了某一种文字，也才能够表现出某一种的思想……文字不仅是表达思想的符号，而且是文学建筑的原料，有了完整的文字，才能产生完好的文学……各国的文学，都有他特殊的风味，这种特殊的风味，就是那蕴蓄在一个国家或民族生活当中的特质，从文学里面透射出来的。所以我们可以说文学是民族生活的总表现，或是民族精神的总寄托。"[①]从罗先生的这段表述中，我们可以看出，在知识分子眼中语言固然是维系与发扬民族精神的根基，但更高层次的文字以及由文字整合而来的文学才是表现一个民族精神或民族性的根本，从精神建筑层面来讲，文字以及文学无疑是保有民族精神甚至是唤醒新的民族及民族性的最有力的武器。但不容忽视的是，中国的文学经过长时间的积累却呈现出了“忧乱伤离”“颓废”“形式主义”“山林主义”“个人主义”[②]等特质，显然这些特质已经不再适合也不再适用于因外敌入侵而陷入悲惨境地的中国。因此，只有具备建立“民族的文学”“人生的文学”，并且“打破形式主义”“打破颓废主义”“打破怨恨主义”，倡导“锻造伟大的作品”“历史专记文学”，注重“文学与音乐的关系”等特质的新的文学体系，才能成为抗战时期乃至日后长时间内中华民族的牢固的精神建筑。

（二）对“民族性”的新省思

民族性是“构成民族的种种因素之总和，反射在集团人类生活上面，成为他们

① 罗家伦：《民族与语言文字及文学》，《新民族》1938 年第 3 卷第 3 期，第 4 页。

② 罗家伦：《民族与语言文字及文学（二）》，《新民族》1938 年第 3 卷第 4 期，第 2～4 页。

的理想、愿望、风格等项特点的结晶"[①],"它是一个民族的灵魂"[②],它"也可说是一个国家的'国魂'"[③]。与此同时,学者们关注的是民族性伴随民族而来的特性,在种族、自然环境、语言、经济生活、宗教、文学、教育、法律、历史、教育等因素长时间作用下而形成民族的同时,民族性也随之体现出来,这往往铸就了一个国家或民族的特色,一旦铸成,就不容易毁灭。例如罗家伦先生以印度教与佛教的关系加以举例:"凡到印度的,一定可以感到佛教必然要在印度发生,不会在俄国出现。因为印度人在很热的天气中生活,从早到晚滴着汗,精力不断地被流散,时时感到生命力的疲乏和脆弱;而自然界的食料又极丰满而容易获得;所以使印度民族习于闲逸的生活,产生闲逸的意见。"[④]这里罗先生将佛教作为印度的典型的民族性进行解读,使我们清楚地认识到,民族性的形成实际上与民族的形成相依相存,所代表的是一个民族所特有的思想、生活、文化等意识层面的形态,因此,这些民族性也必然受到上述所列诸多因素的影响。此外,罗家伦先生还试图将中国人的民族性具体化、形象化,用"夹谷之会的孔子"来代表中国人的民族性,所突出的正是孔子在齐鲁夹谷之盟会上屈强国、正典仪的不屈事迹,齐人为孔子的大义凛然所折服,归还了郓、讙、龟阴等汶阳之田,暗喻的是在中华民族存亡之际,我们不需要科举之下的文人和书生,需要的实是"夹谷之会孔子"般的文武全才。作者之所以提出这样的观点,是因为中华民族长期在萎靡颓废、散漫松懈的状态之下,致使中国人的民族性也日益堕落,因此"我们应感谢日本人给我们这样一个严重的打击,把我们萎靡颓废的民族打得振作起来,把我们散漫松懈的民族打得团结起来"[⑤]。实际上,通过罗家伦先生的解读,我们可以清楚地认识到:日本侵华为古老的中国剔除衰老、颓废、堕落的民族性提供了新的契机,中国要利用这个契机,在抗击外来侵略的过程中缔造一个崭新的中华民族,形成崭新的中华民族性!

关于民族、民族性以及二者之间的关系,在《新民族》创刊之初,学者们便进行了详细解读,其中尤以罗家伦先生的系列文章为代表。再提民族与民族性的原因是"我们的民族目前正处于一个严重的时期",而这个严重的时期无疑是1937年以来日本全面侵华,中华民族正处于迫切抗战的关键期。中央大学的知识分子将迫

---

① 罗家伦:《民族与民族性》,《新民族》1938年第1卷第2期,第5页。
② 罗家伦:《民族与民族性》,《新民族》1938年第1卷第2期,第5页。
③ 罗家伦:《民族与民族性》,《新民族》1938年第1卷第2期,第6页。
④ 罗家伦:《民族与民族性》,《新民族》1938年第1卷第2期,第3页。
⑤ 罗家伦:《民族与民族性》,《新民族》1938年第1卷第2期,第7页。

在眉睫的时事作为重新解读民族与民族性的根本，以期达到坚定民族精诚抗日的决心、唤起民族坚决抗日的热潮的目的。有了前文讨论的基础，我们便不难理解民族与民族性的关系，显然，二者相依相存，其中民族是一个国家的基础，而民族性则是建立国家和民族的灵魂。没有民族也就没有民族性；如果丢失了民族性，也失掉了民族或国家凝聚的信念。

（三）对“民族的国家”的新省思

这里学者们所关注的概念是“民族的国家”（National State），无论从中文还是外文的词语构成来看，这里民族和国家的关系均可理解为国家是为了维护民族或保有民族利益而存在的组织形式[①]，故而偏重于“民族的”国家。民族和国家的关系究竟如何，《新民族》的学者们在通过对民族与民族性的讨论之后，再次提及“民族的国家”这一概念的原因，以及对中国而言“民族的国家”所代表的含义是什么，均是我们本节关注的重点。

1. 民族和国家的关系

民族和国家的关系实际上是一个动态的过程。罗家伦先生在其文章《民族的国家》中引用人类学社会的研究，指出：“在初民演化的过程中，往往先有国家，后有民族。初民时代，人类相聚而成社会，自然就产生所谓的‘权威’。”[②]其后，随着权威的稳定，国民共有的风俗、习惯、生活、文化等日渐成熟，一个国家便慢慢地形成了一个民族。这是罗家伦先生所指出的初民时代的国家与民族的关系，即先有国家后有民族。不过，这一形成路径不再适用于近代社会，恰恰相反，由于“各民族在演化的过程中，发展的情形不同，文化的表现不同，于是逐渐形成各个单位更坚强的团结，而最后乃成为一个民族的国家”[③]。这便引出了我们关注的主体概念——“民族的国家”。“民族的国家”形成后，这个民族将更稳固，将更长久地保有本民族的民族性。

2. 近代“民族的国家”的意义

由前文可知，“民族的国家”是建立在一个更稳定与团结的民族的基础之上的。由于有了“民族”这一核心基础，根据现有民族的状态，近代的民族与国家往往呈现

---

① 罗家伦先生在其文章《民族的国家》（《新民族》1938 年第 1 卷第 3 期）中这样解释“民族的国家”的意义：一个民族“若只有共同的种族、生活、文化等等，尚不足以维护整个民族的利益，保持整个民族的生存，发挥整个民族的能力。要达到前项维护，保持发挥的目的，还必须有一种国家的组织存在”。

② 罗家伦：《民族的国家》，《新民族》1938 年第 1 卷第 3 期，第 2 页。

③ 罗家伦：《民族的国家》，《新民族》1938 年第 1 卷第 3 期，第 2 页。

出如下三种关系:无国家的民族、多民族的国家和民族的国家,这是罗家伦先生根据当时的社会局势得出的结论。就无国家的民族而言,以犹太民族、南斯拉夫民族最为突出,由于没有稳定的国家,他们均在追求复国或在多政府统治的苦难下挣扎;就多民族的国家而言,第一次世界大战验证了这些国家的不稳定性,而俄罗斯帝国、奥斯曼帝国、奥匈帝国和德意志帝国的解体,更进一步说明多民族的国家是不稳定的;就民族的国家而言,罗家伦先生以当时的法、意、英国本部为例,认为"凡是以民族为本位而形成的国家,才是坚不可拔牢不可破的国家"①。近代"民族的国家"的意义便为我们处理民族问题提供了宝贵的经验:英国的成功经验在于其对待殖民地的混合而开明的态度,通过其殖民地政治、军事、财政和外交的独立与开放,使英国本部和这些殖民地同立于相对平等的地位;苏俄的成功经验在于适时地把拉脱维亚、波兰、立陶宛、芬兰和爱沙尼亚分割出去,在苏联共产党的支配下,苏联国内的七个单位仍有一定的自治权利,只要苏联不再侵略他国或发动自身的革命,苏俄便是一个稳定的民族。以上两国民族问题的解决、民族国家的成立均为正处于民族存亡之际的中国的发展提供了宝贵的经验,这便是当时知识分子倡导"民族的国家"的意义。

3. 近代中国建立"民族的国家"的条件

就近代中国而言,我们本身便是一个"现成的民族国家"②,即便是近代中国存在满族、汉族、蒙古族、回族、藏族五族,各民族之间的不同仅仅是"风俗习惯、宗教信仰"上的不同,这也并不能成为建立单独民族的基本条件;同时,中国拥有自身的疆界,本身又是一个独立的国家,孙中山先生更是针对当时中国五族的状况,提出"国内民族政策的规定是'扶植之使之能自决自治'",这便是奠定我们民族国家基础的政策;再加上我们长久以来国家的组织政治机构,这些均说明近代中国已经具备了建立"民族的国家"的基础。

另外,罗家伦先生进一步详述建立"民族的国家"的理论,主要是基于对当时中国所面临的民族问题的认识,以及对相应解决方式的讨论。尽管罗家伦先生详细叙述了英国和苏俄处理民族问题的成功经验,但两国与中国国情的不同,中国的民族问题不在于内部民族的冲突,而集中于对日本侵略者的抗击之上。实际上,中国民族问题的解决便是抗击日本侵略者的有效途径。就当时中国与世界的局势来

① 罗家伦:《民族的国家》,《新民族》1938 年第 1 卷第 3 期,第 4 页。
② 罗家伦:《民族的国家》,《新民族》1938 年第 1 卷第 3 期,第 6 页。

看，中国所面临的民族问题包括朝鲜问题、台湾问题和东北四省的问题，这才是近代学者为什么在《新民族》创刊的初期重申民族、民族性和民族的国家之概念与理论的根本原因。

综上所述，在抗战时期，加强对“民族”“民族性”和“民族的国家”的论述，对于唤醒中国人的民族与国家意识具有重要意义。这不仅仅是抗战的需要，这些观念与意识的形成及成熟亦将为战时教育、政治、经济与文化等的建设奠定牢固的思想基础，这是一个国家得以发展壮大的核心的凝聚力，也是一个民族兴旺腾飞、一个国家发展壮大的重要推力。而正是在此基础上，《新民族》的创办者和撰稿人共同完成了他们的现代民族理论建构。

二、《新民族》的现代民族理论建构

《新民族》创刊的1938年2月到其停刊的1939年6月，既是世界大战濒临爆发之际，又是中华民族进入全面抗战的关键时期，日益深重的民族危机直接催生了抗战时期民族复兴思潮的兴起，而“全面抗战时期的民族复兴思潮是中华民族爱国主义精神的新爆发，也是民族意识的新觉醒”①。《新民族》创办可谓正当其时。

在我们看来，《新民族》之所以取名“新民族”，主要有两大方面的原因。一方面是因为抗战的爆发在为中国带来空前的民族危机的同时，也蕴含着不可错失的良机，一则日本帝国主义的野蛮侵略“把我们散漫的民族，轰炸成铁的团结；把我们沉迷的大众，轰炸得如梦方醒；把我们衰弱颓废的思想，轰炸得烟消云散”，同时还使得民族“不免太松懈，太颓唐，太苟安，太脆弱，太无机构，太少丰富进取的生命”的弱点一齐暴露出来，在周刊创办者看来，这恰恰是我中华民族新生之契机，也为“建设新民族”和战后建设指出了方向，正因如此，《新民族》“不但应当讨论战时有用的问题，并且应该讨论战后建设的问题”；再则也提出了“重作人生哲学的检讨，重新省察我们的思想行动，重新估定我们生命的价值表”的课题并提出其为中华民族重建“新的人生态度”之必需②，正因如此，周刊创办者明确倡导能够“把握住时代演进的潮流”的一种新的人生哲学，在当时国难深重、不少民众极度消极甚至对未来失去了信心与希望的背景下，这是具有重大意义的。另一方面，以罗家伦、方冬美、朱偰等中央大学教授为核心的《新民族》知识群体不仅以理性的态度，助力国

---

① 张可荣：《试论全面抗战时期的民族复兴思潮》，《长沙理工大学学报》（社会科学版）2008年第4期。

② 罗家伦：《〈新民族〉的前奏曲》，《新民族》1938年第1卷第1期。

人树立起对于中华民族和国家未来的信心，而且还探索了具有现代意义的民族理论建构。这是颇为值得学术界关注的。

应该承认，早在《新民族》创刊之前的20世纪初，我国就出现了第一部近代意义上的中国民族史著作，那就是近人刘师培（署名光汉子）的《中国民族志》（1903年11月上海中国青年会刊行）。该书详叙了中国历史上诸民族之分布、兴衰及其同化的历史，作者依据"物竞天择"的进化观点，"强调中国民族若不自振，将有亡国灭种之祸，激励人民反清和反对外来侵略"①。至20世纪30年代，著名学者吕思勉（著有《中国民族史》《中国民族演进史》等）、林惠祥（著有《中国民族史》上、下等）、宋文炳（著有《中国民族史》）都在民族史研究方面颇有建树。尽管如此，在民族理论的研究和开拓方面，进展却并不大。换言之，《新民族》创刊之前，现代意义上的中国民族史建构已然成熟，而现代意义上的民族理论建构尚未完成，这是一个事实。而这恰恰是《新民族》创办者们着力甚多并有所成就之处。应该指出，《新民族》创办者不仅对于民族、民族性、民族国家等现代民族理论的核心概念有着鲜明的反思意识，而且对帮助国人科学地认识民族、了解中华民族，进而建立强烈的民族意识、积极地弘扬民族精神等有着强烈的自觉。为此，《新民族》刊载了《民族与民族性》《民族的国家》《民族与地理环境》《民族与人口》《民族与种族》《民族与语言文字及文学》以及《新民族与新文字》《瓦解与复兴》《中国人种优秀之科学根据》《中华民族之威力》等多篇论及民族、民族性、民族国家、中华民族的文章。正如研究者所指出的，"在战事愈加激烈的刊物发行后期，《新民族》甚至在目录页下方加上了一行小字：'阅后请转送前方将士'，其民族热忱，可见一斑"。毫无疑问，"《新民族》话语的核心是民族，其内容包含了对中华民族的塑造、对民族文化教育的宣扬等诸多方面。这样的核心话语，又因其身处救亡图存的时代，在被唤起了社会责任感与忧患意识的知识群体中产生了更加强烈与广泛的认同，成为时代的一大主题，也无可非议地成了日后学界一直密切关注的问题"。②

在我们看来，《新民族》的民族理论建构具有以下鲜明特色。

第一，《新民族》的民族理论建构，具有世界历史的眼光。罗家伦在1945年9月9日暨日本投降日为其《新民族观》（上）结集出版时所写的序言中明确表示，建

---

① 明文书局编：《中国史学史辞典》，（台湾）明文书局1986年版，第62页。

② 蔡文熙：《国难下的民族主义理论与教育：以〈新民族〉周刊为中心之考察》，华中师范大学硕士论文2014年，第1、第27页。

设新民族要求“我们不但要认识自己民族,还要认识世界新的环境、新的问题,才能在新的世界中生存和发展”①。毫无疑问,这显示了《新民族》创办者具有世界历史的眼光。值得强调的是,不仅是周刊主编罗家伦,其他的撰稿人也同样有此眼光,他们是在对世界历史发展的考察的基础上思考民族复兴和新民族建设的问题的。试举正反两例以说明之。中央大学商承祖教授首先反思了普鲁士复兴这段历史,然后指出:普鲁士宰相史太恩接受政权后,奋勇直前,着手政治改革,推行“普鲁士自治”政策,在财政上实行聚养生息政策,使政府与人民团结一心,为祖国“奠定复兴民族的基石”;在此基础上改革军制,实行普遍的兵役法,废除了权贵的特殊利益;而在政治及军事方面打下基础的同时,在思想方面也完成了“鼓励民气,统一意志,使全国人民敌忾同仇”的使命,使得统一德意志民族成为民族自觉的表现,批评家、哲学家纷纷为此振臂高呼,德意志民族经过思想上的熏陶,“遂变成一个尚忠义,重信念,英勇卫国的热血民族”,并最终通过战争击败了拿破仑,达到了“领土恢复,全国雪耻及复兴民族”的愿望。著者强调,对此,我们应有这样的认识:日本帝国主义军队侵略我国土,杀戮我国人,令我中华民族蒙受奇耻大辱,举国上下“隐忍自重”,粉碎了“敌人灭亡我国的迷梦”,“我们潜伏的民族意识在此次为民族争生存的抗战中已蓬蓬勃勃地发扬出来”,而普鲁士在拿破仑时代的经历已经很好地证明了:一旦中华民族自我觉醒,“无论外力如何的强暴,如何的去欺凌它,敌人已绝无能力去根本消灭它,压迫它越甚,反而促成它民族的自意识发展得越快,表现得也越坚强,发扬得越伟大,越壮烈,而这个民族复兴得也越快”。当然,在这一点上,我们应当用政治清明促成政府与人民勠力同心,激发复兴意识,提振国民精神,凝聚举国力量,最终必将赢得抗战的胜利,实现“领土恢复,全国雪耻及复兴民族”的愿望。② 同样关注普鲁士,中央大学历史学系张贵永教授更多地强调了德意志的民族解放战争的教训:德意志曾因世界主义的大同思想盛行,加之对民族主义未予以足够重视,终于导致在拿破仑战争中普鲁士战败,而后浪漫主义派及德意志民族主义兴起,“我只有一个祖国那是德国”的民族意识得以重塑,从而成就德意志民族的复兴。他冀望于以此警示国人并给中华民族一支“国难时期的兴奋剂”③。这一正一反两种世界历史的经验教训对于国人无疑是具有重要启示的。

---

① 罗家伦著:《新民族观(上)》,商务印书馆 1946 年版,“自序”第 1 页。
② 商承祖:《一个民族的复兴》,《新民族》1938 年第 1 卷第 7 期。
③ 张贵永:《瓦解与复兴》,《新民族》1938 年第 1 卷第 3 期。

第二,《新民族》的民族理论建构,基于中国本土的经验。正如研究者所指出的,"《新民族》积极地弘扬民族主义,意图帮助中华儿女建立强烈的民族意识,让他们了解民族是什么、中华民族是什么,为此,《新民族》刊载了多篇论及民族及中华民族的文章,或宏观辨析其概念,或解析中华民族之种族、文化、意识,或论及世界上其他民族之历史,给予中华民族以经验或教训。"[1]《新民族》的民族理论建构,正是以民族性为核心并基于中国本土的经验。在这一点上,罗家伦的《民族与民族性》便是很好的说明。在罗家伦看来,民族性是"构成民族的种种因素之总和,反射在集团人类生活上面,成为他们的理想、愿望、风格等特点的结晶","它是一个民族的灵魂","也可说是一个国家的'国魂'"[2]。其实,早在1899年12月23日,梁启超便在《清议报》第33册发表短文《中国魂安在乎》,第一次明确提出"中国魂"这一概念:"吾因之以求我所谓中国魂者,皇皇然大索之于四百余州,而杳不可得。吁嗟乎伤哉,天下岂有无魂之国哉?吾为此惧……今日所最要者,则制造中国魂是也。"[3]而后,尚有沈介人编译的《中国民族性之检讨:一个外国人观察的》(大华书局1924年版)、王桐龄《中国史》第一编中的"汉民族性论"(1926年版)、傅绍曾的《中国民族性之研究》(北平文化学社1929年版)、张厉生的《中国之民族精神》("中国国民党中央执行委员会组织部"1936年版)、穆超的《中国民族性》(正义文化社1936年版)、庄泽宣的《民族性教育》(1938年版)等著述对中国之民族性和民族精神进行过探讨。而罗家伦不仅善用世界眼光看待这一问题,更是将民族性划分为"民族情感""民族意识""民族风格"三个阶段。在"民族风格"方面,罗家伦尝试将中国人的民族性具体化、形象化,认为中华民族民族性之代表非"夹谷之会的孔子"莫属,用夹谷之会的孔子来表征中国民族,罗家伦所突出的正是孔子"文事武备兼于一身""身通六艺""威仪抑抑,德音秩秩""威仪皇皇,剑配铿铿"的形象以及"刚毅、宽裕的风格",并且强调,"以这样的标准人物陶铸成的民族,才是最理想的民族",这种"君子"风格建立起来,中国才有前途。此外,国民政府教育部编审处编审、教育部编译馆专任编译兼人文组主任郑鹤声也基于中国民族战争的历史经验,突出强调了"中华民族之威力",明确指出:"盖中国之历史,实六大民族相竞争相融合之历史,汉族以文化胜,他族以武力胜,他族以武力压倒汉族者,汉族以文

---

① 蔡文熙:《国难下的民族主义理论与教育:以〈新民族〉周刊为中心之考察》,华中师范大学硕士论文2014年,第27页。

② 罗家伦:《民族与民族性》,《新民族》1938年第1卷第2期。

③ 梁启超著:《梁启超散文》,上海科学技术文献出版社2013年版,第111~112页。

化制服之。"正因如此，根据以往的经验，"外族虽侵陵于一时，未有不消灭于无形，最后胜利，终属于我。且敌人虽利用汉奸，实行伪组织之计划，然忠义之气，是非之心，人皆有之，如能坚持抗战之决心，势必有群起而击之者，敌人号令，将不能再行于中原"，故此，他得出"复兴之业，可立而待"的结论。①

第三，《新民族》的民族理论建构是具有现代意义的建构。正如《新民族》主编罗家伦先生后来明确强调过的，他在中央大学以授课的方式对中华民族与民族性问题做过系统演讲，绝大部分演讲记录均在《新民族》上发表过，它们实际上是"将人生问题扩大到民族问题"的"一种广泛式的民族哲学"②，足见这是一种意识明确的建构。在民族理论建构过程中，罗家伦首先承认民族构成的因素是复杂的，并强调对于民族问题要求全盘而正确地认识，还得先将有作用的偏见扫除。在他看来，我们必须认识到：民族一不等于种族，二不等于语言系统，三不等于宗教，四不等于领土范围。对此，罗家伦强调，他并非无视种族、语言文字、宗教与领土范围对于民族的构成和发展的重要性。他认为民族乃是"人类进化到某一阶段的高级集团"，"民族好像一个有机体的组织，包含各种生命的元素，同时也吸收各种生命的养料"，"民族的形成，绝非一朝一夕之故"，"毫无疑义的，民族形成以文化的、社会的、政治的溶解力为最多"。在此基础上，罗家伦选择九种构成民族的因素，加以研究，最后得出基本结论："民族这个东西，既不是人力勉强所能造出，也不是在短时间内所能形成。民族乃是由几种基本的因素经长时期的自然演化而形成的一种产物"，"民族即是这九种重要因素影响的综合体"，具体地说，就是由种族、地理环境、人口、经济、政治、宗教、语言文字、教育文化、历史九个重要因素"互相摩荡，互相渗透，互相熔铸的结果"。简言之，民族实际上就是由以上诸多因素形成的人类集团。③ 值得注意的是，罗家伦并未给民族下一个确定的定义，除罗家伦外的《新民族》诸作者也是如此，他们都放弃了对民族下定义。这种做法即便在今天，仍不失为高明之举。诚如霍布斯鲍姆所言："无论这些客观标准是什么。它们显然都无法成立，因为符合这类定义的诸多群体。只有少部分不管在何时都可被称之为'民族'，反倒是例外情形不时可见。不是符合标准者根本不是'民族'或不具民族精神，就是百分之百的'民族'却不符合这些标准。事实上。民族根本不可能具有恒

① 郑鹤声：《中华民族之威力》，《新民族》1939 年第 3 卷第 8 期。
② 罗家伦著：《新民族观（上）》，商务印书馆 1946 年版，"自序"第 1 页。
③ 罗家伦：《民族与民族性》，《新民族》1938 年第 1 卷第 2 期。

久不变、放之四海而皆准的客观定义,因为这个历史新生儿才刚诞生,正在不断变化,且至今仍非举世皆然的实体。更有甚者,就像我们已经了解的,前述所谓的客观标准,如语言、族群特性等,其实都非常含糊不清,想用它们来判断民族,无异缘木求鱼,就像旅行者想借助云朵的形状而非路标来指引方向一般。"[①]正是在拒绝界定民族的单一标准和客观化标准的前提下,在大致总结中华民族融合、成型的历史的基础上,罗家伦对民族与民族性、民族的国家、民族与种族、民族与地理环境、民族与人口、民族与经济六大核心问题一一进行了阐述,并形成了其关于民族、民族性和民族国家等相对系统的见解。正如研究者指出的,与顾颉刚、傅斯年迥异,他是在中国民族血统不断混合的基础上建立中华民族一元性之基础并完成了普遍性民族主义建构的[②]。毫无疑问,这是一种现代意义上的民族理论建构。此外,值得关注的是,中央大学教授、生物学家欧阳翥的专论《中国人种优秀之科学根据》(《新民族》1938 年第 2 卷第 10、11、12 期连载)还根据国外生物界对脑部研究的科学成果和研究数据,一方面表明中国人脑的纤维构造、大脑皮层之细胞构造,均与白人无异,西人根本无法据此否认中国人种之优秀。与此同时,他还对西人以所谓考古学成果"未见古代史迹"而妄图抹杀中国固有文化,动摇中国文化之地位,实则是在玩弄一种"以破坏国人对于固有文化之信仰,使之数典忘祖,从而堕其民族自信之心,沦于万劫不复之境"的伎俩予以坚决反驳。在此基础上,他还强调国人恢复对于我国固有文化之自信、重塑民族自信的重大意义。这当然是基于现代科学而对民族自信的重新建构。

第四,《新民族》的民族理论建构,带有民族复兴的旨趣。确如研究者所言,"九一八"事变以后,中国大学教育有一个方向的转变,原因就是举国上下对于民族竞争力虚弱的担心,"共以培养国力、复兴民族为职志,国防方面、经济方面需要科学人才尤亟,而高等教育几亦完全转一方向"[③]。抗战爆发后,罗家伦先生一直致力于民族复兴。作为当时中国具有远见卓识和成就杰出的校长和教育家,他深谙大学教育对于民族复兴的巨大意义。1932 年 10 月 11 日,他在国立中央大学发表题为《中央大学之使命》的治校演说,以近世德国的历史为例,指出德国复兴具体化

---

① [英]霍布斯鲍姆著:《民族与民族主义》,李金梅译,上海人民出版社 2006 年版,第 5 页。

② 蔡文熙:《国难下的民族主义理论与教育:以〈新民族〉周刊为中心之考察》,华中师范大学硕士论文 2014 年,第 38 ~41 页。

③ 中国文化建设协会编:《抗战十年前之中国(1927—1936)》,(台湾)文海出版社 1991 年版,第 503 页。

的表现便是冯葆创立的柏林大学和柏林大学哲学教授费希特一帮人对于德国民族精神的再造。柏林大学“代表当时德意志民族的灵魂,使全德意志民族在柏林大学所创造的一个民族文化之下潜移默化而成为一个有机体的整个的组织”。正因如此,“在当时法军压境、内部散乱的情况之下,德国学者居然能够在危城之中讲学,以创立德意志民族文化自任”。有鉴于此,罗家伦强调:“一个民族如果没有这种有机体的民族文化,决不能确立一个中心而凝结起来;所以我特别提出创造有机体的民族文化为本大学的使命,而热烈诚恳地希望大家为民族生存前途而努力!”① 1932 年 9 月中旬,他在中央大学毕业同学会上演讲时,再次明确提出:“中国今日之危机,不仅是政治社会之窳败,其最要者,乃在缺乏一种有机体的民族文化,以振起整个的民族精神。而民族文化之所寄托,当然以国立大学为最重要……国立大学,必须担负造成民族文化之使命,为民族求生存,使国家学术得以永久发展,使民族精神得充分振发。此种使命,中央大学当然须负担起来。”②1933 年 2 月,在南京广播的讲演中罗家伦先生更明确提出,复兴中华民族应树立新风气及道德的标准。中央大学西迁之后,他效仿德国哲学家费希特围城讲学,在敌机的轰炸下,面向中央大学的学生系统讲演新人生观、新民族观,冀望于培养致力于民族复兴的强者和完人,以此来振奋民族精神。在 1938 年 3 月 5 日刊出的《民族与民族性》一文中,他更是开宗明义地指出:“经过长期英勇地抗战,我们在火的洗礼、炮的吼声之中,对于自己民族该重新认识了!以前我们潜伏的、隐约的,有时还是睡眠的民族性,现在也觉醒涌现了!”他语重心长地提醒国人:“民族是国家的基础,民族性就是国魂!我们复兴民族的工作,同时也就是改造民族的工作。民族的缺陷是可以而且应当改正的,不断地改正才有不断地进展。民族性如有病态,应当赶快使其恢复健康。民族性如衰颓腐蚀,应当奋发生力来重振。民族性在变迁的时代之中,应当采取积极适应的态度。要完成这伟大的工作,由于政府社会的领导者的努力,固然很大,但思想家的努力,也是责无旁贷的事。”最后,他特别强调:“我们不但要复兴我们的民族,并且要复兴重铸我们的民族性。③”为此,他郑重提出,要从现在教育最大的两缺陷即“体格”与“人格”方面积极改进,民族复兴才有希望。罗家伦在为中央大学所作的校歌中无疑恰切地表达了他对青年大学生的希望:“国学堂堂;多士

① 孟丹青著:《罗家伦的教育思想及实践》,江西人民出版社 2012 年版,第 283 ~ 284 页。
② 许小青著:《诚朴雄伟泱泱大风——中央大学校长罗家伦》,山东教育出版社 2012 年版,第 158 页。
③ 罗家伦:《民族与民族性》,《新民族》1938 年第 1 卷第 2 期。

跄跄；励学敦行，期副举世所属望。诚朴雄伟见学风，雍容肃穆在修养。器识为先，真理是尚；完成民族复兴大业，增加人类知识总量。进取，发扬，担负这责任在双肩上！”

应该强调的是，《新民族》的现代民族理论建构，有着丰富、深刻的内容。譬如，主编罗家伦曾发文着意强调：“弱是罪恶，强而不暴是美”，故应恢复中国传统固有的“自强不息”精神；另外，要“恢复唐以前形体美的标准”，才能雄健进取，不要萎靡衰软；“侠出于伟大的同情”，故应要恢复中国固有的侠义精神，才能伸张正义。正如研究者所言：“凡此种种，都在呼吁大家返本开新，归根复命，重新认识中华民族的伟大精神传统，然后再依据新时代的需要，再次开创新民族的风貌。这种慧见与宏愿，直到今天仍然深具重大的警世性，深深值得大家共同重视与力行！”而与此同时，《新民族》中的文章，可谓内涵丰富、意义深远。又如罗家伦在 1938 年 5 月 1 日发表的长文《抗战的国力与文化的整体性》，其内容“不但对促进抗战的精神国力，具有重大贡献，而且在今天仍对振兴中华有很大的启发性”①。

第二节　《新民族》中爱国主义之立场

作为抗战建国和民族复兴的重要话语载体，《新民族》对于“汉奸”这一关乎抗战前途与国家民族未来的大是大非问题予以了积极的关注：坚持民族大义并以复兴中华民族为己任的《新民族》编者和撰稿人不仅对“汉奸”义正词严地进行批评，而且对于抗战时期的“汉奸”现象全面、深刻地予以了剖析。

一、《新民族》对抗战时期“汉奸”的严正批评

对于“汉奸”这一称谓，《汉语称谓大词典》的解释是：“古称背叛汉朝、被视作奸贼者。现称投靠外国，出卖我国家、民族利益，充当走狗、帮凶的人……亦可指汉人派出的奸细。”②由此可见，“汉奸”的内涵有古今之异，在不断变化。“汉奸”一词，我国现今权威的《辞海》第 6 版（最新版）的解释是：“原指汉族的败类。现泛指

---

① 冯沪祥著：《罗家伦论人生》，北京大学出版社 2010 年版，第 56、50 页。
② 吉常宏主编：《汉语称谓大词典》，河北教育出版社 2001 年版，第 345 页。

中华民族中投靠外国侵略者、出卖祖国利益的人。”①另一部权威的辞书《现代汉语词典》对于“汉奸”的释义与《辞海》大同小异，只是将语序稍微进行了调整：“原指汉族的败类，后泛指投靠侵略者、出卖国家民族利益的中华民族的败类。”②可见，是否投靠侵略者、出卖国家民族利益成为界定某人是否为“汉奸”的关键。从语词结构上看，“汉奸”是一偏正词组，故此，“奸”的字义对于我们理解“汉奸”一词不无意义。《康熙字典》“奸”字条目下有相应解释：“《说文》犯也……又《集韵》居颜切，音菅。私也，伪也。又与干通。”简而言之，“奸”字有“犯”“私”之义。推而言之，“汉奸”之所以为国人所不齿，正是因为其行为之动机乃是谋一己之私而犯中华民族和国家之大义、大利。当然，这是一种现代的理解，也是现代国家意识生成过程中的产物。正如一位研究者所指出：“汉奸一词自明末产生以来，含义发生很大的变化，不同时期的汉奸问题呈现出不同的时代特点。汉奸到了现代泛指中华民族中出卖国家和民族利益的人，这一含义在清末已有所体现，抗日战争时期完全形成并取得国人的广泛认同。”③故此，“汉奸”在抗战时期成为一个不折不扣的“国骂”，一种带有道德谴责甚至咒骂性的极其严厉的“詈称”，而随着抗战胜利后国民政府《处理汉奸案件条例》（1945 年 11 月 23 日）和《惩治汉奸条例》（1945 年 12 月 6 日）的颁布，各式“汉奸”便成为相应的司法定罪的称谓。

正如一篇文章所指出的，“汉奸现象”的的确确是“抗战期间中华民族最大的‘痛点’”，数据惊人地显示，“整个抗战期间，中共抗日武装歼灭伪军将近 120 万，日本投降时尚有伪军 146 万、伪警察 40 多万，再加上伪满洲国军、伪满警察等，总数至少在 300 万，数量比侵华日军还多”④。可想而知，数量如此庞大的汉奸给国家和民族造成了多大的危害，同时又制造了多么深重的罪恶。正因如此，汉奸成为抗日战争时期颇受人关注的话题和学术议题，关于汉奸的报道和分析一度成为抗战时期报刊热烈、广泛地讨论的焦点。据“民国时期期刊全文数据库”显示，自 1932 年至 1944 年，与“汉奸”相关的新闻报道及分析文章有 2582 篇，其中包括

① 夏征农、陈至立主编：《辞海彩图本 2》，上海辞书出版社 2011 年版，第 845 页。

② 中国社会科学院语言研究所词典编辑室编：《现代汉语词典》第 7 版，商务印书馆 2016 年版，第 513 页。

③ 吴密：《汉奸考辨：兼评〈“汉奸”：想象中的单一民族国家话语〉》，“清代政治与国家认同”国际学术研讨会论文 2010 年。

④ 刘新如：《历史的拷问——抗战期间“汉奸现象”的文化透视与现实反思》，《解放军报》2015 年 7 月 13 日。

1932 年至《新民族》创刊的 1938 年的各式文章 1670 篇。

1938 年 2 月 23 日,《新民族》创刊,其后不到 1 月,1938 年 3 月 19 日出版的《新民族》第 1 卷第 4 期便刊发了题为《受过高等教育的汉奸》的短评文章;同年 7 月,《新民族》第 2 卷第 3 期刊发了著名心理学家潘菽的题为《汉奸的心理分析》的专论;同年 11 月,针对汉奸的挑拨离间之计,《新民族》第 2 卷第 18 期发表了题为《"保境安民"是汉奸思想》的短评文章;1939 年 4 月后,《新民族》第 4 卷第 2 期再度刊发短评文章《文化汉奸》;而在 1939 年 6 月 12 日,《新民族》停刊前的最后一期(第 4 卷第 4 期),仍特意向读者刊发了《汉奸榜》。毫无疑问,这些都说明《新民族》对于"汉奸"这一关乎抗战前途与国家民族未来的大是大非问题的关注。

不仅如此,坚守整个国家民族利益的立场、以复兴中华民族为己任的包括罗家伦在内的中央大学创办者们,对于汉奸,无不显示出极度痛恨之感,更是经常予以严正批评。譬如,在《新民族》第 1 卷第 4 期的《受过高等教育的汉奸》这一短评文章中,《新民族》编者对于为日寇做间谍工作的黄濬、华中伪组织的主角梁鸿志、北平伪组织的"法治委员长"董康、北平伪组织的"教育总长"汤尔和等一批受过高等教育的汉奸直接点名道姓地予以迎头痛斥。在 1939 年 6 月 12 日的《新民族》第 4 卷第 4 期,《新民族》编者更是公布他们手中所掌握的"汉奸榜",直接向国人榜示 11 名汉奸的名字及身份,其中包括北平伪组织伪行政委员会委员长王克敏、汤尔和,北平伪组织伪行政委员会秘书长祝书元、方宗鳌,北平伪组织伪议政委员会常务委员朱深、董康、齐燮元、王揖唐,北平伪组织伪议政委员会委员江朝宗、高凌蔚、马良。在公布这些"中国历史上,最卑鄙龌龊,丧绝良心,在十八层地狱以下的"畜生之时,《新民族》编者难掩对于那些"根本没有人性"的汉奸的愤怒,为此,他们甚至不愿意用"狗马春秋"来称呼那些汉奸,因为狗马忠义,将汉奸比之于狗马实则是对后者的污辱;他们甚至不愿意叫汉奸们为"衣冠禽兽",因为在他们看来,那些汉奸根本不配"加上一套人类的衣冠"。正因如此,《新民族》编者疾恶如仇地表示,那些"罪尤浮于乱臣,恶尤甚于贼子"的汉奸,人人得而诛之,一旦将来国人收复失地,"决不能让这些汉奸侥幸逃免于刑戮","纵使他们会逃到所认的干爹干妈国里去做奴仆,但总有一天他们不能逃过我们仁人志士的刀斧"①。为此,他们还呼吁对汉奸同样疾恶如仇的人,随时公布手中掌握的材料,使汉奸无所遁形。著名心理学家、我国现代心理学的奠基人之一潘菽更是在 1938 年 7 月《新民族》第 2 卷第 3

① 《汉奸榜》,《新民族》1939 年第 4 卷第 4 期。

期的《汉奸的心理分析》一文中表达了对汉奸咬牙切齿的痛恨："汉奸，唉，我们把世界上一切卑鄙、下贱、愚蠢、无耻、盗窃、奸邪合并起来都不足以代表他们的罪恶。把字典上一切要不得的字聚集起来都不足以形容他们的嘴脸。社会上杀人越货、罪列一等的大盗仍有他们的信义和鲁直这种可取的方面。当他们被绑赴刑场时，我们一方面固然觉得他们罪有应得，但一方面也觉得他们有点可怜。唯有汉奸的罪恶是绝对的，是不可宽恕的。当一个汉奸要枪毙时，我们不但痛快之至，并且恨不得多咬他几口肉下来才行。"①无疑，从这些对汉奸们畅快淋漓的批评中，我们可以看出《新民族》编者对汉奸的无比痛恨。

为了激浊扬清，《新民族》编者在毫不留情地批判汉奸的同时，还对很多深谙民族大义、高扬民族正气的代表人物予以特别赞颂。譬如，在1938年4月2日出版的《新民族》第1卷第6期的短评文章《英勇牺牲换来的乐观》中，《新民族》编者便对津浦大战中中国军人显示出来的英勇牺牲精神予以了高度赞扬，同时还对"勇于补过"、亲上火线指挥战斗并赢得三次大胜的张自忠将军表示了佩服。在1938年4月10日出版的《新民族》第1卷第7期的《鲁南大胜的由来》一文中，编者对指挥鲁南会战（即台儿庄战役）的汤恩伯、关麟征、孙连仲等抗日将领杀得关东军尸横遍野，并使得日寇遭遇其开国以来在对外作战之主力会战中最高伤亡的纪录的英雄战绩予以高度赞扬，坦言这是"抗战史上最光荣的一页"。1938年7月17日，《新民族》第2卷第1期上的《五虎防江》一文，再度颂扬了顾祝同、陈诚、薛岳、张发奎、汤恩伯等五员使敌人"心胆寒"的虎将。此外，在1938年5月9日《新民族》第1卷第11期的短评文章《新女性的产生》中，编者更是以我国近代著名的实业家南通张謇（张季直）先生的其孙女张非武小姐义勇抗敌的故事为例，大大颂扬了将生命献给了民族抗战的新女性的英勇精神。可以肯定的是，《新民族》编者这种批评汉奸的"激浊"与赞颂民族英雄的"扬清"，"这种赏罚分明的历史评论，不但树立人民心中的大是大非标准，也奠定了民族大义精神"②，在国难深重的抗战时期，自有其不可磨灭之价值。

二、《新民族》对抗战时期"汉奸"现象的分析

《新民族》的编者和撰稿人不仅对汉奸义正词严地进行了批评，还对抗战时期

① 潘菽：《汉奸的心理分析》，《新民族》1938年第2卷第3期。
② 冯沪祥著：《罗家伦论人生》，北京大学出版社2010年版，第152页。

的汉奸现象进行了全面、深刻的剖析。

在《受过高等教育的汉奸》一文中,《新民族》编者对汉奸之中有不少都是受过高等教育的留学生和大学毕业生这一惊人的现象深表痛惜,指出,虽然并不是受过高等教育的人都会变汉奸,变汉奸的还是少数,但毫无疑问,这些显著的例子都在表明,“这是新旧教育中的一种惊人的缺陷”,需要我们为国家教育前途做深刻的反省。编者进而提出:“教育本来不是专指智识的灌输”,人格的修养对于教育而言意义非常重大,“专教学生智识不教学生做人,那就像给小孩一把刀,他可拿了去自杀的。培养青年良好的习惯,鼓励青年人格的修养,无论在哪种社会,哪个民族都是必要的。这就是建立国家的基础!”与此同时,编者也指出,汉奸的产生不单是学校教育的问题,它与社会的风气也密切相关,“社会混乱,政治不修明,弄到没有公是公非,大家都敢于侥幸作恶”,加之“社会上奢靡享受的习尚”,都是催生汉奸的重要原因。①

除了从教育学和社会学角度对汉奸现象进行分析,《文化汉奸》一文还对“许多读书的人,甚至留学生和大学毕业生,会去认贼作父,为虎作伥”,亦即文人变成汉奸这一可悲的现象进行了心理分析。编者指出,“文化汉奸”的两种心理,其中之一是,他们悲观地认为,在日寇的侵略下中国已经亡国了,并认为“这次亡国,至少和上次元朝统治中国一样,起码有九十年”,而在“亡国”期间,他们毕竟还要吃饭,故而寡廉鲜耻地卖身投靠日寇;而另一种心理是,这些汉奸不要脸地认为,“教育文化事业,总是要人办的,总比由日本人来办好些”。对这些无耻的理由,编者予以了坚决驳斥,并指出,这是为虎作伥和助纣为虐,强调:“这班文化汉奸替日本人做走狗,对于中国民族的危害,比日本人还要大。老虎并不可怕,可怕的乃是虎伥!”与此同时,编者还对日寇侵略者予以了有力讽刺,因为日本人虽然成立了许多伪组织,但里面没有物色到一个具有才力学问的像样的人,“这正是日本侵略中国的大失败! 日本这次的失败,不只是军事的,而且是政治的”②。毫无疑问,这是对日本帝国主义及其汉奸走狗们的沉重一击。

最令人瞩目的是 1938 年 7 月《新民族》第 2 卷第 3 期所发表的潘菽的《汉奸的心理分析》的这篇专论。潘菽坦言自己早就想从心理学方面来考察一下为什么许多人要做汉奸,他并不认同其好友——著名教授、教育家陈剑翛所发表的《汉奸心

---

① 《受过高等教育的汉奸》,《新民族》1938 年第 1 卷第 4 期。

② 《文化汉奸》,《新民族》1939 年第 4 卷第 2 期。

理之由来》从变态心理学来“说明汉奸在心理上都是有毛病的人”的观点，坦言，“我觉得把汉奸看做心理病态的人，未免太宽待了他们。在法律上，有精神病的人可以免刑或减刑。但我们对于汉奸却应该加重十等治罪”。在潘菽看来，“一个人既能作汉奸，我们就难保他不说谎”，故此，汉奸自己的话不足为凭，而“要明白汉奸们究竟怀着怎样一肚子的鬼胎也颇非容易”。尽管如此，在充分考虑了各种情形之后，潘菽还是尝试对汉奸的心理进行了分析。

潘菽首先基于弗洛伊德的理论，分析了汉奸思想行为方面的性的动机，指出，性的动机人皆有之，虽然许多汉奸都是有东洋老婆或小老婆的，但是“一个人会不会被东洋老婆所蛊惑，仍在于他自己”，“一个人一定是先已有了汉奸的倾向，然后一切动机都变成这种倾向的助力，把你更加推向汉奸的路上走”。进而，潘菽指出，“汉奸的第二种动机是封建的陈旧思想”。他以汉奸缪斌为例，说明此人既有爱出风头、摆架子的封建思想和陋习，又有与革命精神背道而驰的行动，由此可推断，“大概因为不能克服自己的封建思想的劣根性，从革命的生活中不能得到他的反时代的欲望的满足，于是就只好向后转火走入了岔路。其结果是入了汉奸的伙”。潘菽还指出，“汉奸的第三种动机是文人们的夸大狂”。他指出，“文人因为读几本书，便自己以为已‘能知天下事’；因为能写几句像样的诗或文章而具有一点小‘才气’，便以为一切治国平天下的事就可以都由他来担当……这种自命清高而肚子里却一天到晚在那里想趋炎附势的思想在旧时代已不是正路，在新时代更容易变成反动”。他以郑孝胥和黄濬这两个变成大汉奸的旧诗人的反例来说明之。此外，潘菽还指出了几种典型的汉奸心理。在他看来，“汉奸在心理上的另一种特征是老年的昏聩”。他根据统计材料指出，“伪组织中的大汉奸都是‘老而不死’的人”，即所谓鬼模鬼样的“新鲜活死人”的汉奸。“其次一种汉奸心理是官僚心理和军阀心理”。因为官僚们只顾自己的高官厚禄、妻妾宫室而置“国家民族和民生社会”于不顾。他以一个典型的官僚和汉奸——冯道为例，说明“汉奸和官僚”“军阀和汉奸”都有必然联系。“再次一种造成汉奸的心理是只知道自己的财产利益的自私打算”，其中以许多地主、资本家和富商大贾所表现出的很强的汉奸倾向为常见。不过，潘菽也指出，“一个人一定原来是一个汉奸坯子，然后有了钱才会使他一走就走到汉奸的路上去”。“此外还有一种汉奸心理可以叫作糊涂心理。因为这一类汉奸是代表社会上最大的糊涂蛋的。他们不晓得社会国家，就连自己也莫名其妙”。在对汉奸心理进行了多角度的深入分析之后，潘菽再度强调，“汉奸们无论属于哪一种，无论他们心里动机是怎样，他们都是社会的腐臭渣滓，都是民族的毒化细胞。

他们好像我们身体里面的粪便和癌瘤一样，是余弃的废物和停止了生命以至违反生命的分子。他们是旧时代的遗留，是我们这古老的房屋所有的灰尘、垃圾和污垢。他们早就应该被排泄掉、清除掉、利用掉或是改造掉的”，不仅如此，他还指出，“汉奸和非汉奸之间也没有深广的鸿沟”，正因如此，我们每一个人都应该引以为戒，“时常检查自己有没有汉奸的倾向”。虽然潘菽在文初就自谦地声明自己对于汉奸的心理分析并没有十分把握，但是他的这篇文章还是既深刻又精彩的。此外，《新民族》编者在潘先生所列举的七八种典型的汉奸心理的基础上，还补充了几点“养成汉奸行为”的例子，并将其归纳在“习惯”之项下。“第一是挥霍惯了的人，一旦没有钱挥霍了……不但不愿，而且不惯，于是千方百计，必定要谋到一个重新挥霍的机会，趁一时之快，虽然卖身投敌，受千秋万世的唾骂，亦所甘心”，其典型的例子便是黄濬和王克敏，“第二是做惯了官的人……一旦不做，便觉浑身难过……就是卑躬屈膝，奴颜婢膝，也都愿意”，“第三是作弊惯了的人”，“第四是作伪惯了的人”，作弊作伪都是人格的破产，而人格破产的人是什么事都能做得出来的。最后，编者勉励国人：“只有大家勉励敦品做人，养成好的习惯，方才可以釜底抽薪，消灭到汉奸路上的倾向，和拒绝到汉奸路上的引诱！”①无疑，编者的评论与潘先生的文章相得益彰，共同构成了对汉奸心理的深度分析。

在日本帝国主义的侵略下，在中华民族最危险的时候，那些卖国求荣、认贼作父、变节投降、助纣为虐的汉奸们，无疑是人人唾弃的民族败类，中央大学那些有着强烈的爱国情怀与复兴民族与振兴国家之责任感的《新民族》编者和撰稿人对之予以严正批评便是十分自然的事情。这在抗日战争时期是一种主流意识。值得强调的是，即便在今天，我们仍有必要重申《新民族》对于汉奸的批判，重申《新民族》关于抗战时期汉奸现象的分析。当然，这需要一种历史唯物主义的眼光。

“九一八事变”发生之后，随着“汉奸”这一历史现象沉渣泛起，思想文化界和学术界也相应地产生了对汉奸现象的分析。早在 1932 年，著名经济学家周宪文先生便在《新社会》第 2 卷第 9 期发表了《汉奸造成之原因与其解决方法》一文。周先生针对当时流行的认为汉奸的造成是由于“生计关系与教育关系”的观点，予以了反驳，指出汉奸形成的原因，既不在生计，也不在教育，而是组织的问题，在他看来，“有了严密的组织，那么就有公正的制裁，结果无人敢做汉奸”，由此提出，“我

① 潘菽：《汉奸的心理分析》，《新民族》1938 年第 2 卷第 3 期。

们要根本铲除汉奸，除了民众严密的组织，别无他法”①。1934年，维中在《东北（北平）》第15期发表《汉奸心理的分析》一文，指出，汉奸忘却国家观念、民族意识，其背景有三：(1)失意后的军阀政客，由于其政治野心，心有不甘，于是，便有向帝国主义求援及假借外力之举；(2)无饭可吃的无产流氓，为了糊口而置国家与民族福利于不顾；(3)无事做的知识分子，因鲜能谋正当职业出路，意志薄弱者为满足一己之私，而被日寇所利用，从而走上汉奸之路。进而，作者剖析了汉奸之心理，乃有暂时合作主义、报汉主义以及纯吃饭问题。作者最后指出，唯有洞悉汉奸形成之背景并研究汉奸之心理，在此基础上，方能治标治本，从而防制汉奸活动。其后，还有王平陵的《汉奸来源的分析》一文。② 该文分析了包括北洋政府时代一部分没落的旧官僚及其走狗下属、数典忘祖的亡国奴，在上海、青岛、烟台等地工厂务工的苦力、内地的不良之民等在内的沦为汉奸的六种典型人物。毛起鵕的《汉奸之社会的分析》一文③，先是从心理分析角度指出，卖国求荣、为虎作伥的大汉奸通敌的动机大概有“官迷、昏聩、自私等心理”，此外，还有报仇泄愤的心理；而小汉奸通敌的动机则可归为“穷”“愚”二字。继而，作者从社会角度分析了有形的与无形的两类构成汉奸的原因，其中显见的原因是日寇侵华导致人民的生活日趋艰难，而名目繁多的苛捐杂税更是加重了人们的生活压力；与此同时，民族气节的败坏与社会淘汰作用，也在一定程度上为汉奸的催生准备了条件。此外，还有陈剑翛基于变态心理学而探讨《汉奸心理之由来》一文④，也对抗战时期的汉奸现象进行过探究。相形之下，《新民族》关于抗战时期汉奸现象的分析的深度和全面性是不难看出的。

从历史的角度看，从《新民族》创刊的1938年2月到其停刊的1939年6月，既是世界大战濒临爆发之际，更是中华民族由全国抗战的战略防御阶段向战略相持阶段过渡的关键时期、中华民族爱国主义精神的新爆发和民族意识的新觉醒的重要时期。《新民族》助力国人树立起对中华民族和国家未来的信心，可谓正当其时、功不可没。具体言之，《新民族》对抗战时期“汉奸”的严正批评及其对于抗战时期汉奸现象的评论与分析，对当时的“抗战救国”和“民族复兴”至少具有以下价值。

第一，那些有着强烈的爱国情怀与复兴民族、振兴国家之责任感的《新民族》编者和撰稿人对抗战时期“汉奸”的严正批评和点名道姓的痛斥，以及对国人揭发汉

---

① 周宪文：《汉奸造成之原因与其解决方法》，《新社会》1932年第9期。
② 王平陵：《汉奸来源的分析》，《文艺月刊》1937年第1卷第3期，第41～42页。
③ 毛起鵕：《汉奸之社会的分析》，《民意（汉口）》1938年第37期，第2～4页。
④ 陈剑翛：《汉奸心理之由来》，《半月文摘》1938年第6期，第179～180页。

奸的呼吁，既是对各式卖国求荣、认贼作父、变节投降、助纣为虐的汉奸的一种震慑，又是对想要成为汉奸的国人的一种警示，客观上还是对国民政府施行相关惩治汉奸条例的某种敦促。毫无疑问，这对打击日伪反动势力是有重要贡献的。

第二，《新民族》编者基于民族和国家大义对那些出卖中华民族和国家利益的各式汉奸毫不留情地进行批判，不但为国人树立了事关民族和国家大义的大是大非标准，而且也能在一定程度上唤醒国人的民族意识和爱国情怀，对于国人无疑是一种鞭策，在国难深重的抗战时期，自有其重大之价值。

第三，《新民族》是对处于"建构历史记忆的主流意识形态、动力来源、建构目标、运作制度、组成因素等等发生改变最为激烈的时期"的中国民族国家建构的一种有力推动。与此同时，《新民族》对抗战时期"汉奸"的严正批评及其对于抗战时期汉奸现象的评论与分析，也在一定程度上对日伪"通过国家机器、大众传播、教育系统、公共仪式等等来操控、转变民众的历史记忆，重塑民众的价值观念、行为准则、社会定位和身份特征，以期使之认同现有的日伪统治"①的意识形态策略构成消解。这更能彰显数十年前处于国难深重的背景下的《新民族》在建构现代意义的民族理论上的价值，同时，其对抗战时期"汉奸"的严厉抨击和对相关现象的深度剖析的相应价值更是不可估量的。

抗战时期的"汉奸"现象在一定程度上折射出当时之国民的私利与国家之大义、大利的冲突。这是特定时期的又一种"义利之辨"。毫无疑问，那些卖国求荣、认贼作父、变节投降、助纣为虐的汉奸们，无论其表现如何，抗战时期投靠日本人的各式"汉奸"所出卖的都是中华民族的利益，他们自是人人唾弃的民族败类。中央大学那些有着强烈的爱国情怀与复兴民族、振兴国家之责任感的《新民族》编者和撰稿人对之予以严正的批评便是十分自然的事情。这在整个抗日战争时期，都是一种主流意识。

当然，铲除汉奸滋生的土壤，并从根本上消除产生汉奸的根源，是同样重要的一大课题。在这方面，正如一位研究者所洞见的，从体制上说，在封建王朝乃至不健全的国家体制下，汉奸都是一个根本无法消除的命题，"只有在共和体制内，国家利益代表了绝大多数人民的利益，传统道德倡导的忠诚道德操守，才能获得完全的

---

① 黄东著：《塑造顺民——华北日伪的"国家认同"建构》，社会科学文献出版社 2013 年版，第 35 ~ 39 页。

意义体现。个人的忠诚和道德操守,才能和国家利益处于同一个层面上,目标一致"①,进而言之,只有建构真正的人民共和国,使得绝大多数人的利益、个人的忠诚和道德操守与国家利益目标一致并处于同一个层面上,才是真正消除国民之个人私利与民族国家大义的矛盾进而解决"汉奸"问题的关键。在此基础上,辅以教育、法治等方面的合力,方可能最终从根本上消除滋生汉奸的根源。

※ ※ ※

对于民族、民族性和民族的国家的重新省思,是《新民族》创办者们关注的核心。现代意义上的民族理论建构正是《新民族》创办者们所着力甚多并有所成就之处。《新民族》创办者不仅对于民族、民族性、民族国家等现代民族理论的核心概念有着鲜明的反思意识,而且对于帮助国人科学地认识民族、了解中华民族,进而确立强烈的民族意识、积极地弘扬民族精神等有着强烈的自觉。也正是在罗家伦等人的努力下,《新民族》完成了具有世界历史眼光、基于中国本土经验、具有现代意义、具有民族复兴旨趣的民族理论建构。应该指出,这种理论建构不只具有理论的意义,而且对唤醒国人的民族意识与国家意识具有重要意义,更有坚定中华民族精诚抗日的决心、唤起中华民族坚决抗日热潮的客观效果,且有助于推动现代意义上的"民族的国家"的形成,有助于筑牢抗战时期乃至日后长时间内中华民族共同的精神家园。不言而喻,《新民族》的这一贡献不仅在当时是极为突出的,即便在今天看来,也仍然具有不可磨灭的价值。

① 李家禄著:《天道》,中国广播电视出版社2006年版,第241页。

第二章　抗战建国之政治建设

随着抗战的爆发，学者们亦越来越多地将研究的视角转移到抗战与建国之阵营中，这也是因为"抗战所暴露出的各种缺点，政治的、社会的、经济的、教育的以及种种，更急切需要补救，真是兴废之事多端"①。事实上，对于抗战与救国的研究不仅仅如此，所涉猎的问题亦千头万绪。前文中我们已经对抗战建国时期的民族、种族、国家等方面进行了系统的梳理与讨论，本章我们所关注的将是战时政治建设的研究，当然，学者们对这一问题的研究自然而然地延伸至战后的政治建设。

第一节　《新民族》对战时政治建设的思考

一、对战时干部人才的培养的思考

这实际上是政治建设的核心问题，因为干部人才的培养问题直接关系到政治行政工作的效率，而无论是战时还是建国时期，行政效率的提高一直是政治建设最基本的工作。所谓干部人才，"是能负起实际执行责任的人员"，这些人往往不是最后决策者，而是执行已定政策者，避免中国传统政府机构内工作人员喜欢清谈、好奇谈论，最终流于空泛的不切实际②。这些干部人才是一群脚踏实地、老实干事的人。于是，如何培养干部人才便成政治建设以及提高行政效率的基本问题。首先，要引起政治责任者的重视。政治责任者要清楚："要完成抗战建国的使命，必须培养训练新任大批干部人才"③，认识到干部人才的难得和他们对提高行政效率的重要性。而政治责任者在培养干部人才的过程中，所担任的角色便是"多奖励有为青

① 杭立武：《政治建设的基本工作》，《新民族》1938 年第 2 卷第 17 期，第 2 页。
② 杭立武：《政治建设的基本工作》，《新民族》1938 年第 2 卷第 17 期，第 2 页。
③ 杭立武：《政治建设的基本工作》，《新民族》1938 年第 2 卷第 17 期，第 3 页。

年，慎重任用，留心提拔”[①]。其次，要明白有为青年的志向和期许。成为干部人才的前提便是热爱祖国，这些爱国的有为青年“要以干部人才自相期许，刻苦自动，以实际服务为职志”[②]。最后，举行考试、开设训练班则是培养干部人才较为普遍且重要的形式。

二、对战时行政效率的提高的思考

随着抗战与建国政治理念的不断铺开，为适应于这一时代的主题，提高行政效率成了战时政治建设的核心目的，并且取得了一定成效，例如，“行政院会曾有‘行政效率促进委员会’的创设，该会曾先后刊行《行政效率》和《行政研究》等杂志，和出版《中美人事行政之比较》和《美国行政动向》等专著。在实施方面，则在组织、人事、财务、物料等各方面的行政，均有若干具体的兴革，例如今年元旦中央行政机构的调整，过去的省则‘合署办公’，县则‘裁局改科’，省县间则有‘行政督察专员’之设置，县以下则‘分区设署’，民编保甲等，公务员训练的举办，考试制度的运用，预算、会计、审计制度的采行，及集中购置与集中分发办法的引用等等”[③]。实际上，在行政效率改革的环节中，人们已经从提倡宣传、理论研究、人事裁剪、机构调整、训练和考试制度、行政运行办法等各个方面均进行了改革，既说明无论是出于抗战还是建国之目的，人们已经充分认识到行政效率对政治建设的重要性，又表明在行政效率改革环节中，人们已经开始了初步尝试并取得了阶段性的成果。不过，除去上述已经完成及正在推行的行政效率改革外，对于此问题的研究，学者们更关注如下问题的讨论，亦将战时中国政治建设研究提升到一个新的高度。

首先，行政效率的提高在于干部人才的培养。接续前文所述，在回答干部培养的意义时，杭立武先生指出行政的准则“普遍所谓‘节约’与‘效率’，行政上两个准则，原是相辅而行，其中较积极的，尤其是效率。提高行政效率，我们知道政府是很注意这件事，更希望特别加以提倡。提倡的方法，就要一面请政府各部分负责的人，慎重任用，并尽力劝戒有才有志的青年，加以培养训练。另一方面也是要请爱国的志士，以担任干部事业为职志，愿意埋头做老实事”[④]。对干部人才的培养已

① 杭立武：《政治建设的基本工作》，《新民族》1938 年第 2 卷第 17 期，第 3 页。
② 杭立武：《政治建设的基本工作》，《新民族》1938 年第 2 卷第 17 期，第 3 页。
③ 吕学海：《行政效率的文化基础》，《新民族》1939 年第 3 卷第 7 期，第 8 页。
④ 杭立武：《政治建设的基本工作》，《新民族》1938 年第 2 卷第 17 期，第 3 页。

经成为提高行政效率的一项重要工作，亦将其纳入战时教育的范围内予以研究，根本目的在于通过系统地教育和培养，通过政府的重视，以及爱国志士的积极参与，激发有志青年踏踏实实、勤勤恳恳地投身于政治建设工作中来。

其次，行政效率问题不是一个单纯的行政问题，而是整个文化的问题①。将行政效率提升至文化层面来讨论，便不再拘泥于提高行政效率之具体措施的讨论，而是试图从以文化为核心的深层次领域来探讨行政效率高低的原因。

1. 固有文化体系对行政效率的影响

与西方行政效率迅猛提高所依赖的以经济为中心的现代化文化相比，中国所固有的文化体系“没有科学，没有机械工业，没有爱国心，没有民族观念，有的是迷信，是农业经济，是家族观念和乡土观念，是自私，而非尊重和发展个性与人格，是消极的人生观，是顽固的守旧的根性”②。这些民族文化的特性，使得中国行政工作长期处于以个人、家族甚至乡土为中心的裙带性行政关系中，自私、消极、守旧的观念造就了行政事务中蒙混、拖沓及蛮横的特点，因此，在落后的文化体系中，即便已经进行了形式上的改革，但行政效率实质性的改革尚未完成，这也是为什么我们将培养踏实肯干的行政干部人才作为提高行政效率的重要环节。

2. 科学对行政活动及行政效率的影响

谈到科学与行政活动及行政效率的关系，吕学海先生断言：“谈到科学，则一个国家的行政活动，在有科学或利用科学与在无科学或不能利用科学的两种情形之下，其结果是完全两样的，一是有效率或效率高，一是无效率或效率低。”③事实上，作为政治建设的核心环节，行政工作所涉及的领域非常广泛，也便不难理解现代科学知识以及科学技术对于行政工作的重要性或者影响。例如，现代科学化的电话、电报、汽车等通讯与交通工具必然会推动相关行政指令的上传下达与行政工作的迅速铺开；又如政府机关的宗旨是服务于民众，“民生”问题的解决一直是政府机关运行的第一要务，这便需要工程学、物理学、化学、生理学、医学、卫生学、地质学、森林学、农业学、矿业学、畜牧学等不同科学领域的相互配合，与此相关的政府机关亦设定了相应的职能部门以指导具体工作的展开，毋庸置疑，这些现代化的科学知识或技术必然有效地指导与推动相关工作的展开。因此，吕学海先生对近代科学与

① 吕学海：《行政效率的文化基础》，《新民族》1939 年第 3 卷第 7 期，第 8 页。
② 吕学海：《行政效率的文化基础》，《新民族》1939 年第 3 卷第 7 期，第 9 页。
③ 吕学海：《行政效率的文化基础》，《新民族》1939 年第 3 卷第 7 期，第 9 页。

行政之关系进行了总结:“近代尤其是二十世纪科学之昌明,使行政工作完全变更其范围和性质,空前的科学知识和专门技术之发达,使行政上之用具和设备与前者亦完全两样,科学之发明和进步,不但启示国家政府所须完成之目的,它并随之供给为完成此目的时所需用之各种适宜和有效的工具和智能。科学对行政的影响很大,不易估计,它不独影响行政人员个人的知识能力,影响行政机关的设备和管理,而且影响整个社会的行政环境。”①

3. 关于工业化建设与行政效率的提高

前文,我们在讨论战时经济建设时,学者们已经非常明确地指出要建设一个工业化国家,甚至在谈到农业、盐业等关系国计民生的产业时,均涉及其工业化、机械化或科学化的讨论。因此,工业化建国思想业已成为中国战时发展和战后建国的重要指导思想。而吕学海先生《行政效率的文化基础》一文便用大量篇幅叙述了工业化与行政效率的关系及其对行政效率的影响。简单地说,工业化的基本特征是生产方法的机械化,这便是效率提高的一个标志。一个高度工业化的国家,它的制造工业、农业、交通、运输等各个方面都是机械化或现代化的。在这已高度工业化的国家里,人们不但注重机械本身的效率,并因为人要跟着或配合机械化,亦注重人们自己的效率,影响整个文化活动都注重效率,则作为整个文化活动的一个方面,行政也注重效率。② 工业化国家对于行政效率的要求便体现在对人力、物力、财力和时间等必求最经济和最有效的利用。③ 而现代化的交通、运输、通讯、书写及科学设备等,更成为加快和提升行政效率的必要条件。我们长期身处于农业经济时期,进而养成了根深蒂固的农业思想,对行政效率的要求极其低下,因此,提高行政工作效率须适合时代的工业化建设步伐和要求。

4. 爱国心和民族观念对行政效率的影响

实际上,在当时的抗战时期和日后的建设时期,唤醒民众的爱国心、重建中华民族的民族性一直是《新民族》宣传的主要内容,学者们希望通过对民族、民族性的宣讲唤醒中国民族抗战与建设的热情,这无疑是支撑一个民族抵住压迫走向胜利的灵魂。政府机关具有强烈的指向性和服务性,支撑其每一个工作人员孜孜不倦的前提便是他们“强烈的爱国心和深刻的民族观念,因为行政工作是民族国家的公

① 吕学海:《行政效率的文化基础》,《新民族》1939 年第 3 卷第 7 期,第 9 页。
② 吕学海:《行政效率的文化基础》,《新民族》1939 年第 3 卷第 7 期,第 9 ~ 10 页。
③ 吕学海:《行政效率的文化基础》,《新民族》1939 年第 3 卷第 7 期,第 9 页。

事，而非个人的私事，故必须具有热烈的爱国心和深刻的民族观念，然后才能忠于为国，奋于从民，一切都能'公事公办'，而不致'假公济私'"[①]。有了这份报国之心和爱民之意，行政工作人员便会自发地考虑如何提高自己的工作效率，亦可以说这份爱国心和民族观念亦可称为行政效率提高的精神与心理基础。

5. 道德之于行政效率

这是对爱国心与民族观念对于行政效率的影响之问题的进一步延伸，如果说爱国心与民族观念对于战时中国而言尤其重要，那么道德层面的约束无疑更为长久。"就一个行政人员而言，假如他没有建筑在'个性'和'人格'的愿念之上的道德观念和修养，则必不能'负责任、说实话、做实事'，必不能'躬身尽瘁死而后已'地忠于职守和努力奉公，必不能把自己的公职看作专业，或终身事业。"[②]在国家危难之际，爱国心和民族观念可以作为服务于国家和民众的精神信念，但我们也担心仅仅具有爱国心和民族观念却缺乏道德观念的人是否能够全情而长久地投入工作中去。因此，道德才是让一个行政工作人员甘于长久并不计回报地服务于国家和民众的精神支柱，不论是战时救亡时期还是战后重建时期。

三、对战时民主政治建设的探讨

近年来，对民主政治的讨论较为常见，但民主政治的哲学基础到底是什么？为什么应该实行民主？研究者对这个问题的关注则并不多。实际上，让民众真正理解民主政治的含义，清楚我们所要建立的民主政治到底是什么，具有什么样的优势，有利于建立民众对当今政府的信任；对于新生的政府而言，民众对这些问题的理解，有利于新生政府的稳定和发展。不过较为遗憾的是，即便有学者已经意识到解读民主政治之含义的意义，但对此政治概念的解读尚停留在学术层面，其受众仍是有限的。

孟云桥先生在其文章《论自然人权》一文中，便特别关注对民主政治之本质问题的讨论。文中，孟先生追溯民主政治之来源，说它是"西洋十七八世纪的一种主要的革命运动"。民主政治运动的理论来源主要来自英国唯物论哲学家哈布斯，哈布斯说："在自然状态之下，人人所同有的自由平等的权利，就是近代所谓'自然人权'或'天赋人权'学说的开始。"其后，这一观点被洛克、卢梭等哲学家们继承，经过十七八世纪美国之《独立宣言》、法国之《人权宣言》等对"自然人权"学说的推行

---

① 吕学海：《行政效率的文化基础》，《新民族》1939 年第 3 卷第 7 期，第 9 页。
② 吕学海：《行政效率的文化基础》，《新民族》1939 年第 3 卷第 7 期，第 11 页。

与实践,“自然人权”逐渐成为西方政治建设的主导方向。并且,通过对美国、法国等国各种宣言的比较与解读,所谓“自然人权”可总结为平等、自由、财产和安全四种。[①]

不过,孟云桥先生对此“自然人权”进行了否认,就平等而言,不仅限于法律层面的人人平等,而劳力与财力分配受到人类的体力、智力等因素的影响,不可能做到绝对的平均;就自由而言,在社会形态中,也不存在绝对的自由;就财产而言,如果将分配财产作为一种自然权利,则可能导致一种贫富不均的状态;就安全而言,如果安全成为一种自由的权利,所带来的便可能是一个人人相互冲突的社会。[②] 有鉴于此,孟云桥先生对“自然人权”进行了重新解读:“我以为平等、自由、财产与安全的确是人类的普遍而且永久的‘自然要求’,大家(尤其是政府)应该时时顾虑到这些最普遍而永久的需求,斟酌环境上实际的情形,而予以适当的满足。”他更具体地说:“只有这一种权利似乎是凡人都有的自然人权,这就是,凡人都有权利被他人(或政府)以待人之道待之。因为凡人都是能辨善恶是非的有理性的动物,人人都是道德行为的发动者——这就是说,人人都可以向他人有道德上的要求,也都可以对他人负道德上的责任,都可以享受道德或法律上的权利,也都可以履行道德或法律上的义务。”[③]

综上所述,关于民主政治之本质的讨论实际上落实在民众所享有的权利基础上,只是否定了西方自然人权所代表的平等、自由、财富和安全的含义,取而代之的是认为自然权利应是民族在道德与法律上所承担的权利和义务,其中特别强调了政府对民众平等、自由、财富和安全等自然需求的满足。事实上,对这一问题而言,我们认可孟云桥先生对西方十七八世纪民主政治及各类人权宣言的总结,恰恰得出了令人信服的结论:西方所谈的民主政治是对平等、自由、财富和平安的追求。否定此结论的理由是社会中不存在绝对的平等、自由和对财富妄为的追求、为满足所谓的自由而颠覆平安的意义。新立观点的依据是人人在道德与法律上的权力与义务的关系。综合看来,我们认为这一结论并不能够推翻西方民主政治之“自然人权”的含义。首先,现实中不允许绝对平等、自由、财富乃至平安的存在不能是否定西方“自然人权”的理由。无论是西方哲学家还是美国、法国等国的各类宣言,得出所谓“自然人权”的依据便是国家、社会、公共权利、公共福利之下对民众平等、自

---

① 孟云桥:《论自然人权(一)》,《新民族》1939 年第 3 卷第 7 期,第 6 ~ 7 页。
② 孟云桥:《论自然人权(一)》,《新民族》1939 年第 3 卷第 7 期,第 6 页。
③ 孟云桥:《论自然人权(二)》,《新民族》1939 年第 3 卷第 8 期,第 7 页。

由、财富和平安的保证，这些并不意味着就是对扰乱社会秩序、干扰他人生活、自私妄为的绝对的平等、自由、财富及平安的追求，这并非是“自然人权”的本质。因此，以此作为否定“自然人权”的理由并不十分令人信服。其次，将“自然人权”理解为“人人都可以向他人有道德上的要求，也都可以对他人负道德上的责任，都可以享受道德或法律上的权利，也都可以履行道德或法律上的义务”，所强调的实际上是道德与法律对民众的约束，而道德与法律又常常是政府治理民众的主要工具，权利和义务就是这些工具之下具体到各个方面的细则与要求。那么我们便可以将用道德与法律上的权利和义务来解读“自然人权”理解为：在社会中，在道德与法律的约束下，人人享有对平等、自由、财富和平安的要求，同时人人需要履行相应的义务。这实际上与西方“自然人权”并没有本质上的区别。不过，这一解读实际上更适合于战时中国的民主政治建设，至少其知道在具体工作中应重视道德宣传与法治建设。

四、关于战时法治建设的讨论

随着《抗战建国纲领》的制定，建设一个现代的国家已成为当时日益受到关注的焦点。那么，现代国家的特征是什么呢？这一问题一直存在于战时政治建设的过程中，概括起来就是“一个统一的政府，统一的法律，统一的制度，根据本国的主义和政策而治理一切”[①]，这一说法较为全面。而前文中，我们对政治建设工作的梳理与总结至少说明当时统一的政府正在为制度性的工作进行努力，并取得了一定成效。那么，接下来的工作便是对政治建设中的法治建设问题的讨论。

陈之迈先生在《现代政治的特征》中指出：“现代政治是将道德与法律严格地划分的”，“政治的着重点全在法律，道德归入了哲学与宗教的范围，简单地说来就是实事求是的精神”。[②] 由此可知，现代化政治建设的重点是法律建设，而现代化政治精神则与法律精神一致，均以实事求是作为行动之指南。因此，现代化政治与法治建设是相辅相成的。之所以将法治建设纳入政治建设的领域，是因为政治的着重点是法律，而“法律的最低限度，每一个国民是必须严格遵守的，不遵守便要受到国家的制裁”，也就是说法律成为国家管理国民的重要工具，“制定法律的时候则要实事求是”[③]，这便是现代化政治的重要特征。

① 张知本：《法治与抗战建国》，《新民族》1938 年第 2 卷第 8 期，第 9 页。
② 陈之迈：《现代政治的特征》，《新民族》1939 年第 3 卷第 19 期，第 9 页。
③ 陈之迈：《现代政治的特征》，《新民族》1939 年第 3 卷第 19 期，第 10 页。

但不得不正视的是，我国当时法律制度的状况是“我们有许多法律是闭门造车制定出来的，与事实太不切合。我们喜欢谈理想，所以许多法律都不过是‘条文化的理想’，空洞的文章。法律似乎是样样具备，但是有的则实行一半，有的则根本未行”①。因此，若想建立现代化政治，实事求是之下的法治建设是必不可少的环节。而孟云桥先生在其文章《论自然人权（二）》中强调：“可以享受道德或法律上的权利，也都可以履行道德或法律上的义务。”②在强调法律与道德分离的现代政治体系中，法律的健全才是保证民众平等、自由、财富和平安的基础。所以战时法制改革确实是政治建设的重要环节。法治建设的意义更在于“在建国的过程中，仅仅是行政的建设是不够，而必须由司法来维系这个国家的组织，来制裁足以妨碍建国力量的人或事，并且由它产生出一种精神，支配着人们对政府的信仰，因而服从政府”③。实际上，与一线战况以及如火如荼的以军事为中心的经济建设相比，战时法治方面的建设更倾向于“使后方的安宁秩序能维持，民众的生命财产有保障”④。不过要真正做到后方秩序的安宁和百姓生命财产的安全“则非使一般民众彻底地尊重司法的威信、积极地拥护司法的尊严不可”。但是相较于战争如火如荼地推进及与此相关的各项事业按部就班地展开，司法工作虽重要，仍不能够与之比肩，因此，包括司法工作在内的法治建设的推进引起了官方及民众的重视。

当时，关于战时法治建设的讨论主要集中于张庆桢《抗战建国程序中的司法改造》、张知本《法治与抗战建国》等文章中，主要涉及对战时法治建设的总体论述及对司法改造的专门论述。⑤ 具体内容，分述如下。

1. 抗战建国时期法治建设的内容

内容主要包括统一立法机关、充实司法机关、法律平等和信赏必罚，这是实行法治建设的最基本条件。

2. 实行法治建设的意义

一方面法治建设可以稳定后方秩序。凡征募、服役之舞弊、破坏社会秩序、造谣生事、扰乱金融等事件，均需要由法律进行制裁和稳定。另一方面，平时保证民

---

① 陈之迈：《现代政治的特征》，《新民族》1939 年第 3 卷第 19 期，第 12 页。

② 孟云桥：《论自然人权（二）》，《新民族》1939 年第 3 卷第 8 期，第 7 页。

③ 张知本：《法治与抗战建国》，《新民族》1938 年第 2 卷第 8 期，第 9 页。

④ 张庆桢：《抗战建国程序中的司法改造》，《新民族》1938 年第 2 卷第 4 期，第 10 页。

⑤ 张知本：《法治与抗战建国》，《新民族》1938 年第 2 卷第 8 期；张庆桢：《抗战建国程序中的司法改造》，《新民族》1938 年第 2 卷第 4 期。

众的安全,战时则可依靠法律来组织并训练民众,凭借法律所凝聚的组织力来凝结民众,来培养和彰显国家总体的组织力。

3. 抗战建国时期的司法改革

司法工作实际上是法治建设之中的重要一环,当时中国司法工作中最大的流弊是:中国实行三级三审制,造成审级重叠;程序复杂和琐碎;诉讼费用繁重,使富有者疲于奔命,穷苦者望洋兴叹,实际上很难享受到法律保障人权的利益。针对此,张庆桢先生提出相应的改革建议。一是撤销三级三审制,代之以三级二审制。这样做既免去了繁复的审查程序,使公平更容易彰显,又提升了法官之责任感,使诉讼过程得以简单迅速地完成,可大大提高行政效率。二是普设乡镇法院。这是基于中国人口百分之八十以上为农民,以及乡村是抗战建国人力、物力、财力之基础的状况提出的,目的是通过普设乡镇法院的方式使一般穷苦的乡民享受到法律的保障。三是采用巡回审判制度,使法官莅临诉讼地点受理案件,既免去人民跋涉之苦,又能够保证及时的调查取证及对民情的体察。对于战时的汉奸问题,巡回审查制度既可以侦察暗探、微服密访、检举宵小、剔除奸细等,又有助于检举奸佞反动,稳定后方。

五、战时社会统制的提出

所谓“统制”,是一项在抗战建国时期已经实施的管制模式,即依靠政府集中全国人力、财力、物力,以备国家的需用①。这是在抗日救亡时期,全国上下一致认可并已全面铺开的宣传思想和管理策略,随后,这一思想便成为指导战时经济、教育、科技、军事等各项举措所围绕并服务的核心内容,也是全国人力、物力、财力得以合理分配的核心依据。②

不过,在抗日救国的特殊时期,孙本文先生提出了地位和作用不亚于人力、物力、财力的统制对象,将其称为“群力”,呼吁依靠“群力”来应对抗战建国的需要。所谓“群力”就是社会集体的力量,表现于各种集体行为如思想、舆论、谣言、风俗、时尚以及集会结社等。③ 如果不是在抗战时期,“群力”的这些表现无须统制,应给予其自由发展的空间,但是“在这民族抗战时期,为坚强抗敌阵线起见,社会上一切

① 孙本文:《战时社会统制的必要》,《新民族》1938 年第 2 卷第 2 期,第 8 页。
② 张庆桢:《抗战建国程序中的司法改造》,《新民族》1938 年第 2 卷第 4 期。
③ 孙本文:《战时社会统制的必要》,《新民族》1938 年第 2 卷第 2 期,第 8 页。

有关集体的行动，自不能任其自由散漫，都应该由政府出面加以统制，使之集中、团结、统一”①。具体来讲，对“群力”的统制，应该包括对思想的统制、对舆论的统制、对谣言的统制、对风俗的统制、对集会结社的统制等。其中，思想统制的核心是以三民主义为建国最高原则，一切与此相悖的思想都应加以统制；舆论统制专指对全国报刊的言论的管制，要求这些媒体异口同声、全力以赴地宣传抗战主张，以民族利益为上；谣言统制针对战时谣言而言，防止“风声鹤唳”“草木皆兵”现象的出现，杜绝人们对一些“无根之谈”以讹传讹，这是对敌人故意制造谣言以动摇后方人心、破坏后方秩序之计谋的有力防治与反击；风俗统制是指对迷信、消耗、奢侈与阻碍进步的毫无意义的风俗时尚，都应该加以适当统制；集会结社统制是指那些不合抗战国策的，固然应该绝对禁止，就是不违反抗战原则的，亦应该由地方政府领导进行，方不致有越出范围的行动。综上所述，政府对“群力”进行统制的根本目的便是使全国思想、舆论、言谈、风俗、时尚、集会结社都为国家所用，以完成抗战建国最后胜利的使命。②

《新民族》撰稿人多为学者，他们深知学术对抗战建国的重要性。正如时任国立中央政治大学训导教授杨玉清所言：“学术在中国，是政治的领导，是国力的源泉。能在学术上得到发明的人，也不亚于置身疆场的战士。”③

第二节　《新民族》对人事行政改革和现代政治之探究

一、对人事行政改革的探究

客观地说，但凡涉及战时及建国政治建设的讨论，与此形影不离的便是政治改革的讨论。毋庸置疑，这亦是政治建设的重中之重。对于战时中国而言，恰逢时代巨变，上百年的战争摧毁的不仅仅是中国千百年来累积的经济、文化甚至信仰，更重要的是摧毁了两千年来支撑古老中国慢步走来的政治制度。在讨论战时政治改革之前，我们将古代政治之特点简述如下：古代政治单位中，统制机关所注意之事项，不外秩序之维持与经费之筹集，至于其他各种行政，或因社会无急切需要，而不

① 孙本文：《战时社会统制的必要》，《新民族》1938 年第 2 卷第 2 期，第 8 页。
② 孙本文：《战时社会统制的必要》，《新民族》1938 年第 2 卷第 2 期，第 8 ~ 10 页。
③ 杨玉清：《学术与政治》，《新民族》1938 年第 1 卷第 10 期，第 9 页。

予供应，或则缺乏人才与经费，而无法举办，因此古代政治单位所推行者，全属消极政治。① 纵使近代中国遭受了近百年的战争荼毒，使中国落后于世界，但若进一步溯根求源，我们不能否认的便是古代政治对于古老中国发展的桎梏，因此，针对古代政治的松散、消极、片面等特点，身处于千疮百孔的战乱年代，学者们将视角集中在对政治建设之政治变革的讨论便有了特殊的意义。《新民族》1939 年第 4 卷第 2～4期连载的时任国立中央大学法学院教授孟云桥的《改进中国吏制刍议》便是很好的例子。

孟云桥先生在文章中，首先基于当时南京国民政府的人事行政之不健全这一已为大家公认的事实，指出，幸而自抗战以来，南京国民政府当局已经认识到“欲达成‘建国必成’的目的，必须整顿中国的吏制”，在他看来，这一动机确实是好的，倘若真能得以实施，就会为中华民族复兴打下基础。他毫不客气地指出，南京国民政府“人事行政的最大弊病，大家公认的：一为贪污，二为无行政效率”。在他看来，这种积弊，自然有其来源和历史原因，“冗员和贪污政治是中国历史上传统的事实”。譬如，官吏追求安享荣华尊荣而置行政效率于不顾，应当清廉守责的官吏为数过少等。有鉴于此，学者的责任，就是探究“如何可以使官吏不贪污，如何可以增进行政效率”。根据他的研究和观察，贪污及冗员政治的最大原因有两个：一是由于行政长官可以随意任用包括亲戚朋友或者其党派、同乡之类的私人，二是由于人事行政组织不够健全。在他看来，相比之下，前者危害更大。此外，他还指出，造成贪污政治最重要的原因，还在于公务员的生活毫无保障，“人人受其维持将来的物质生活之困难的威胁”，“所以在职的时期便尽可能地贪污”。尽管如此，孟云桥先生指出，我们不必过于悲观，关键在于“急谋救济之道，使中国政府的人事行政急速改进”。毕竟，“我们在抗战中及战胜之后，要按着民生主义大踏脚步地建设中国的企业，大企业国营、人事行政的健全更为刻不容缓之图”。进而，他通过梳理英国改革吏制的经验以期为国人提供改进吏制的借鉴。在他看来，英国之所以拥有当时世界上行政效率最大且服务精神最好的文官制度，关键在于改革吏制，而英国吏制改革的成功之道有二：一是公开竞争的文官考试制度，二是“皇家考查吏制委员会”的设置及实行。这使得英国吏制的行政效率突飞猛进。有鉴于此，孟云桥先生建议提出，南京国民政府有必要设立一个类似于“皇家考查吏制委员会”的管理全国人事行政的总机关，同时以英国为参照，重新定位监察院的工作职责，当务之急是仿

① 刘乃诚：《实验政治》，《新民族》1939 年第 3 卷第 20 期，第 2 页。

效英国"皇家考查吏制委员会"之先例,急速组织两个"考查吏制委员会"以考察中央各院部会议及直属机关乃至省、县、市等地方政府的人事行政,并且在考查完毕之后,"各作详细精确之报告及具体的改革建议,以便由国民政府各院部等作彻底的吏制改革"①。

由此可见,在国难深重时期,《新民族》撰稿人已经开始深入研究抗战中及战后国家人事行政改革的问题,并且其相关经验在今天公务员"每进必考"的实践中已经得到验证。这不能不说是难能可贵的。

二、关于现代政治的探讨

《新民族》撰稿人还对现代政治之含义与特征进行了讨论。要想建设新的适合战时中国的政治制度,需要先了解当时要建设的新政治是什么样的政治体系,具有什么样的特征。陈之迈在其文章《现代政治的特征》一文中指出:"现代政治的一个最主要的特征是实事求是的精神。"此外,"现代政治是将道德与法律严格地划分的",由此区别于将二者混为一谈的古代及中世纪的政治。正因为将道德与法律分开来谈,政治的着重点全在法律,道德于是被归入哲学与宗教的范围,在陈先生看来,这就是实事求是的精神。归根结底,"一个社会不能没有道德,同时一个社会也不能没有法律。但是道德与法律是两种不同的力量,其间有根本的差别,不可以混为一谈"。正因如此,将道德与法律分开,是认清了其间的根本区别。陈先生指出,法律是一个现代国家所不能缺少的。然而,问题在于,当时南京国民政府"求成太急,在极迫促的时间想全国的人民都能遵守现代化的法律,不免有时是粗制滥造,立法者未必熟知全国真实的情形,也无暇去从详仔细研究,率尔操瓢,实施好像是在那里闭门造车",导致有法律而不能实行,从而"使得一般人民将法律视同道德纲目一类的东西"而不去严格遵守。但陈先生指出,归根结底,政治的对象是人,"无论哪一个时代的政治思想,其根本的出发点都在于对人性的认识,这种人性的认识生发为一套政治理论。政治的制度是符合人性的,但也是顺从人性的",进而言之,"法律的意义在一方面导人,一方面制人"。故而,现代政治中许多典章制度就是针对人性的卑劣之处的。

进而,陈之迈先生探讨了现代政治制度化的问题。对此,他指出,"现代政治就

---

① 孟云桥:《改进中国吏制刍议(一)》,《新民族》1939 年第 4 卷第 2 期,第 8 ~ 12 页。

是制度化的政治。一套高明而又切实能行的制度是现代国家所必备的”。在他看来,所谓制度乃是“一套确实能行的法律,它构成了政治运用的常轨,使得政治上的事务一切有条不紊地循此而行,并且能得到优良的效果”。他强调指出,衡量一个现代化国家的标准乃是其制度。就此而言,“中国近年来的事情使得我们感觉到尚未达到这个标准。我们有许多法律是闭门造车制定出来的,与事实太不切合。我们喜欢谈理想,所以许多法律都不过是‘条文化的理想’,空洞的文章,法律似乎是样样具备,但是有的则实行一半,有的则根本未行。所以法律中所厘定的制度尚不能说是‘确立’起来。”正是基于“现代政治的特征不过是实事求是”这一深刻认识,陈先生指出:“政府拟定任何计划之时,对于政府提出任何方案或建议之时,第一要将事实完全弄得清楚。”唯其如此,方能合于现代政治的条件。当然,“应用上却要费极大的力量”①。

综上所述,陈之迈先生既旁征博引,又切中肯綮。他看到了“现代政治”作为一种制度化的政治,必须遵循实事求是的精神,方能制定出一套确实能行的法律制度。这一洞见即便在“制度化”、规范化、常态化得到高度重视的今天,也是新颖和深刻的。

三、对“实验政治”之探究

《新民族》撰稿人还对实验政治之含义与特征进行了讨论。如前文所述,当时他们之所以要对古代政治进行变革,是基于其消极、低效、被动甚至倒退特点的,而刘乃诚先生所提倡的“实验政治”便是与此相对的进步的政治制度,实际上为战时政治改革构建了一个新的运行模式。

所谓实验政治,在精神上,不是无为而治,不是消极政治;在事实上,不是漫无计划,不是墨守成规;在政策上,不是只图施政便利,而不顾民众福利。② 实验政治的实质在于,它代表一种创造的精神,而非表现任何一种特殊的形式③。

刘乃诚先生认为,中国所推行的实验政治应有如下要点:在中枢方面,必须注意各级政府机关之统属和各级地方区域之划分、政府机关之组织和职权,以及公务人员之铨叙和训练等问题;在各机关主管人员方面,须设法推进行政合理化,一方

① 陈之迈:《现代政治的特征》,《新民族》1939 年第 3 卷第 19 期,第 9 ~ 12 页。
② 刘乃诚:《实验政治》,《新民族》1939 年第 3 卷第 20 期,第 2 页。
③ 刘乃诚:《实验政治》,《新民族》1939 年第 3 卷第 20 期,第 3 页。

面须注意行政之人事问题，一方面注意行政之技术问题，更须设法便利事业之供应，防止贪污之发现；此外政府本身、各机关及各部分负责人员，对于主管任务，尤应时作新试验，以发现新方法，以满足社会之新需要。[①] 由此可见，所谓实验政治，最突出的特点应该是行政合理化，而行政合理化无疑是一个相对复杂的问题，包括合理化的机构设置、合理化的统属分配、有效的人员训练、有效的人事管理和适应新情况和新问题的新方法的发现与使用。事实上，在刘乃诚《实验政治》一文中，战时中国实验政治的构建已经由中枢权责区域及统属之厘定、划分，深入公务人员之选拔与训练，细化至公务办公之规则、公务计划制定之方针、公务购置与建筑等具体问题，文章甚至对实验政治推行过程中各层级的推进环节均进行了细致总结。[②] 综合看来，责任明确化、行政合理化、方法科学化、执行效率化等是实验政治改革的方向与目标。

四、现代政治教育的思考

值得注意的是，《新民族》撰稿人还特别研究了现代政治教育的问题，也就是民族国家观念的塑造这一重大问题。

陈之迈在《论政治的教育》一文中指出："抗战一年余，中国政治上、教育上最令人痛心的一件事是中国人民政治教育的缺乏……就是受过最新式最高深教育的人，也处处表现着这种缺乏。"[③]在他看来，这既是一个教育的问题，更是一个政治的问题、军事的问题。"因为中国现在有令人伤心切齿的'汉奸'问题，使得敌人相对容易地组织傀儡政府，向世界宣称'日本对于中国没有领土的野心'，同时使得敌人相对容易地收买中国人为他们做间谍，使敌人轰炸我们后方收到效果。"究其原因，陈先生指出，乃是民族国家观念的稀薄和缺乏，这是非常严重的问题。说到底，一个现代的国家必定要有现代的国民，也就是具有民族国家意识的国民，正因如此，"中国的政治改造必须彻底地维新……以灌输民族国家观念"。唯其如此，方可以使得我们的教育"成为一种建国的力量"，"教育才能使中国成为一个现代的、有国民的、有政治生活的国家"。

---

① 刘乃诚：《实验政治》，《新民族》1939 年第 3 卷第 20 期，第 3 页。
② 刘乃诚：《实验政治》，《新民族》1939 年第 3 卷第 20 期，第 3 ~ 6 页。
③ 陈之迈：《论政治的教育》，《新民族》1938 年第 2 卷第 10 期，第 2 页。

※　※　※

如前所述,《新民族》的创办者们坚定地拥护抗战建国的国策,并致力于通过对与抗战建国有关的实际问题的研究,以专家研究的意见和结果,为解决这些重大问题提供具体而有建设性意见,正因如此,对于战时政治建设的研讨便成为其题中应有之义。

不仅如此,《新民族》涉及战时政治建设的方方面面,譬如,对战时干部人才的培养这一政治建设的核心问题,战时行政效率的提高这一政治建设最基本的工作,对战时民主政治建设和战时法治建设等均有不同程度的探讨,其中不乏深度思考。相关研究成果在当时无疑是沉甸甸的,例如,对影响行政效率的各种因素(文化因素、科学、工业化建设、爱国心和民族观念、道德等)的分析,现在看来仍有可圈可点之处。

此外,《新民族》对战时社会统制进行研究,根本目的乃是使全国思想、舆论、言谈、风俗、时尚、集会结社等为国家所用,以完成抗战建国最后胜利的使命。

而《新民族》对人事行政改革和现代政治及现代"实验政治"之探究,更是为当时的人事行政改革和政治改革指引了方向与目标,那就是责任明确化、行政合理化、方法科学化、执行效率化。其对国人民族国家观念的强调和对政治教育的重视,更是令人印象深刻。这些研究成果及其科学性和实践价值无疑都是不应被忽视的。

第三章　抗战建国之经济建设

基于日寇将对上海、南京、苏州、无锡、宜兴等经济发展区域或经济重镇进行片瓦不存的毁灭性轰炸,学者们对民族复兴的呼吁不仅仅体现在民族性的重建,而且还体现在抗击外来侵略者的同时,将思虑延至战时的国家建设。在《新民族》中,以中央大学教授为主体的知识分子还对战时建设的方方面面进行了细致的研究和深入的探讨,以期为抗战建国贡献富有深度的理论思考和有建设性的意见。

第一节　《新民族》对战时产业经济的思考

抗战救亡时期,中国国民党制定了抗战建国纲领,其中,经济方面的纲领尤为重要,计有八条。沈百先先生在《西南水道交通建设刍议》一文中引述了抗战救亡时期的经济纲领,节要如下。

第一条,经济建设应以军事为中心。这一指导思想实常见于学者们有关经济建设的文章中,例如,"我国为争取民族的生存,所以对日本横暴的侵略,采取全面的抗战。为争最后的胜利,除人力外,我们务必尽量利用全部的物力,以加强我们的战斗能力"①。而抗战中人们所面临的情况是:"在抗战中,前方和后方需用的物品极多,因为我国工业的不发达,有些物品,自己不能制造的,只好向国外购买,假如有本国物产,能够代替舶来品的,我们一定要设法利用,一方面,可以减少入超,奖励土产,另一方面,万一外货来源断绝时,总还可以利用土产,以代替之,决不至于束手无策。所以在抗战期中,我们总要设法寻找各种外货的代用品。"②因此,经济建设以军事为中心,确实是当时抗日救亡以及日后建国大业的核心与基础。

第二条,努力发展农村经济,奖励合作,调节粮食,并开垦荒地,疏通水利。

---

① 杜长明:《植物油代替柴油之商榷》,《新民族》1938 年第 1 卷第 3 期,第 12 页。

② 杜长明:《植物油代替柴油之商榷》,《新民族》1938 年第 1 卷第 3 期,第 12 页。

第三条，开发矿产……发展各地手工业。

第四条，整理交通系统，举办水陆联运，增筑铁路，增加航线。

第五条，其他。如调整工商业、管理外汇及安定金融等。[①]

以上诸条，作为战时经济纲领的主体，已成为学者们在讨论中国战时经济策略时的主要指导思想。因此，综合《新民族》有关战时经济建国的诸类文章，结合以上战时建国经济纲领所涉及的诸领域，我们将从战时农业经济建设，战时矿业之盐务发展，战时工业、水电、矿产及林牧等各方面进行梳理与讨论。

一、对战时农业经济建设与解决对策的分析

（一）对“以农为本”经济思想的反思

自古以来，中国便有“以农为本”的传统，而农业立国在中国也已经经历了千百年的锤炼，这便决定了其存在的合理性。只是，随着时代的发展与科技的进步，以及战争的扩大，一次次政治、经济、科技和军事的革命均挑战着中国这一古老的立国理论。不过，就当时的中日战争之现实而言，中华民族胜利的基础除了农业立国的经济思想之外，战争的现实亦将与之相关的工业兴国及军事强国的思想带入当时中国的经济建设当中。因此，学者们对于传统的“以农为本”的思想进行深层次延展，认为除了重视农业发展，还应该重视为战争服务的民族工业和军事产业。例如，杨端六先生在其文章《关于教育和经济的几个问题》中指出：“谈到经济问题，我们常听到人家说，我们中国是以农立国，应该注重农业。这话是无可訾议的。不过这句话背后还有一句话，是时常附随而来的。他们仿佛说，我们应该用全力注重在农业，除此之外，不必过问。”显然，仅发展农业已经不能满足中国战时的需要，“我们这八个月之所以死伤了许多勇敢军士，就是因为缺少了飞机大炮坦克车”，也正因如此，学者杨端六先生呼吁：为满足战时制造军械的需要，若“这许多东西要想自己制造，则必定先有基本工业，尤其是钢铁工业”。他同时又看见了“政府财力终属有限，仅仅设立一两处，不仅数量不够，而且若是感受敌机或敌军威胁之时，不能继续执行业务，则根本仍等于零”等现实，特别指出：“政府应设法奖励民间创办此种基本工业。”也就是在国难当头时，除了政府的有力支撑，应该将民间工业的兴办

① 沈百先：《西南水道交通建设刍议》，《新民族》1938 年第 2 卷第 8 期，第 3 页。

作为民族工业自强的最重要途径。[1]

再回到"以农为本"的问题本身,战时中国知识分子均不否认中华民族得以延续和发展的基础便是农业,但怎样发展战时中国之农业和如何调整战时的农业之发展变成了当时知识分子们共同关注的焦点。

首先,人们要面对的现实是:虽然中国的农业并不是没有基础,它的基础确实比工业要坚固得多,但是,在受到重农思想几千年的主宰之后,我们国家可耕种的土地已经越来越有限,而农业机械化的建设与中国乡村实际情况的适应仍需要一个过程,例如机械化与浓密的乡村人口实际上存在着一定的制约关系,那种美国式机械化生产与大农制度似乎更适合人口稀少之地,对于乡村人口稠密的中国而言,机械化的耕种似乎又会带来大量农村人口的失业。这一现象对依靠机械化的今天的中国而言,似乎并不构成问题,而对于战时中国而言,在其他实业均极其落后的条件下,仅农业推进机械化确实会带来大量农村人口失业的问题。因此,推进农业机械化是一项复杂的事业,这是全面工业化建设中的一环,由此一环而引起的其他环节的联动则是在农业机械化实际推行过程中应充分考虑的问题。

其次,根据中国的国情,知识分子们提出,政府要提倡农业,不仅不应和农民争既得之利,而且要设法帮助他们解决困难,包括兴修水利以免旱潦之患;提倡植树以免水患;设立农业试验所,改良种子,改良农具,研究除虫方法;设立合作社,实行贷款与运销合作事业;免除苛捐杂税,与民更始[2]。显然,在抗日救亡的特殊时期,我国并不适合发展大规模的机械化农业,急需的是根据中国当时条件采取最简单有效的方式来巩固中国农业的发展,为抗日提供强大的物质保障。当然,无论是兴修水利、保护植被、改良种子、改良农具还是兴办合作社均是建立在当时的艰苦条件之上的,政府在这些方面进行指导,调动中国广大的农民阶层以及农业技术人才,以推动战时农业的发展。

(二)对战时农业建设的提议

有关战时农业建设的提议,学者们充分考虑的是"战时"这一特殊条件下,中国农业发展所面临的困境:由于战争的爆发,"一方面能耕种的人不能耕种,还要多数靠后方接济,更有多数转徙留难,亟待安插,一方面几十万几百万的大兵全部需要供给"。对此,邹树文先生号召:"我们农业上要全面动员!动员不是零碎乱动,要

① 杨端六:《关于教育和经济的几个问题》,《新民族》1938年第1卷第5期,第6页。
② 杨端六:《关于教育和经济的几个问题》,《新民族》1938年第1卷第5期,第7页。

有集中，有联络，有合作，有分工。”并强调：“农业建设的工作事项，自然以立求速效为第一要义，是毋庸置疑的。增加粮食生产，奖励特产输出，提倡农村手工业，以及开拓荒地从事大规模之垦殖畜牧，人人皆知其紧要，自然不容缓闲。”①邹先生甚至从目的、组织、工作事项等方面进行了详细规划，以期达到以农业支持持久抗战的目的。

1. 战时中国农业的工业化

邹树文先生在《农业工业化》一文中，以服务于战争供给为根本目的，对战时农业与工业、商业的发展做出了相关评述。

作者开篇即点明：“我国常以为吾国农业不振的原因，是农业的一切，不能与现代的工商业相副而行，互相照顾，所以谈农业而不注意工商业，是无法改进的。”在其后的字里行间，作者所关注的均是农产品如何通过工业化加工与制作，以供给战争使用。例如粮食、蔬菜、水果等农产品脱水、加工和保存，后棉、麻、丝等农产品在与工业相结合后，便可更有效地使用到战争中去。尽管如此，我国工业对于农业上的加工改造仍没有尽到责任，例如茶叶、大豆、桐油、蓖麻籽、猪鬃、牛羊皮等农业产品，虽为中国特产，但对其的使用在中国仍处于简单食用阶段，国家并没有真正地通过工业对这些农业产品进行加工改造以服务于当时的抗战需要，这不能不说是一种遗憾。因此，“农业的出产品，在寻常不必多加工的，亦应加工，以供军需，以节用保存而备不足；农业不顾及工业，而狭义地改进农业，是改进不了的；所有农业改进的出于工业需要之迫切而发展的甚多；农业工业应该相互顾及，中国农业的衰落，应该是农业与工业共同负其责任”②。

如果说在前面所提到的文章中，在农业与工业的关系上，作者关注的主要是农产品的工业化加工与制作，那么在《新民族》第 1 卷第 20 期《农业工业化》的“续文”中，作者关注的便是从机械与化学的方面来讨论农业的工业化问题。

（1）人们对机械化的认识严重不足

在谈到农业机械化问题时，人们往往有如下论调：“他们以为中国农民人口这样多，用了机械将要使多数农人失业，没有饭吃；中国人工这样贱，用了机械反不如不用机械来得合算；中国农民智慧这样浅薄，给他机械用，他不但不会用，并且还要弄坏；中国农民太穷，买不起机械。”③的确，以中国当时的情况而言，农民群体中确

① 邹树文：《战时的农业》，《新民族》1938 年第 1 卷第 6 期，第 8 页。
② 邹树文：《农业工业化（上篇）》，《新民族》1938 年第 1 卷第 19 期，第 7 页。
③ 邹树文：《农业工业化（下篇）》，《新民族》1938 年第 1 卷第 20 期，第 5 页。

实受到物力、人力、财力及思想认识等诸多因素的限制，加上千百年来手工劳动的持续、近现代中国工业的薄弱、对新时期科学技术等理念宣传的不足以及战争的破坏，机械在农村或百姓之间认可度非常低，这些便成为阻碍中国农业机械化进程的主要原因。但需要强调的是，农业机械化并不是一项单一或孤立的工程，随着农业机械化进程的发展，与之相配备的农产品生产、加工、制作、运输、销售等各个环节均会成为分担原有人工的衍生部门；更何况"一个蒸汽机可抵三百人，人工贱还是机械工贱呢……至于农民智识太浅，乃是教育与指导之不足；农民太穷，乃是合作经济可以补救的事"①。因此，中国农业机械化的宣传与认知水平还有待于进一步提高。

(2)中国农业机械化的迫切性

出于战时特殊性的考虑，我国的农业机械化进程不可能全面铺开，只能依据机械化的迫切程度顺次推进。无论是对战时中国农业，还是对中国农业长久发展而言，农业水利问题无疑是中国农业机械化环节中最为迫切的一环。尽管水利工程的重要性已经得到了普遍认可，但与农业相关的水利工程之灌溉问题，却得不到相应的重视，因此，邹树文强调："拿一个省之内的行政来说，管理河流湖泊与塘堰圩垸是不同的系统，然而水的本身并不管那些，江湖泛滥与浅涸，农田一样的有蒙益与受害之不同，在最近淮区不能工作以后的导淮委员会，能够注意到农田的灌溉与宣泄，是农业的一种福音。"②换言之，水利工程的修建需要充分考虑到农业的灌溉与疏导，而这一问题的提出恰能说明中国在此方面的建设还存在不足，这无疑是农业发展中最迫切需要解决的问题之一。即使长江下游农业灌溉已经试用了车水机器、油机或电力，仍能引起"都市化的人抱怨：苏常一带的农民，自从有了抽水机以后，游手好闲的越发多了"③。这足以说明，当时人们对于农业机械化的认知确实令人担忧，在这样的认知前提下，中国农业机械化的推进无疑是令人担忧的。更何况，除了农业灌溉，还有农业播种、收割、脱粒、肥料等诸多方面的工业化问题均是农业机械化过程中的重要环节，由此可见，当时中国建设工业化农业任重而道远！

2. 战时中国农业的商业化

不容置疑的是，即便是崇尚自给自足的古代农业社会，随着商品经济的发展，在日常的生活领域中"以粟易之"也已成为百姓普遍接受的现象。这便揭示了一个

---

① 邹树文：《农业工业化（下篇）》，《新民族》1938年第1卷第20期，第5页。
② 邹树文：《农业工业化（下篇）》，《新民族》1938年第1卷第20期，第7页。
③ 邹树文：《农业工业化（下篇）》，《新民族》1938年第1卷第20期，第7页。

自古即有、在抗战时期再一次引起人们重视的农业商业化问题。而反观农业商品经营的现实，又有如下问题不得不引起我们的重视。

(1)农业商品化对零散农产品交换的冲击

买办似的农业商品化严重冲击零散农产品交换，所反映的现实问题则是战时的经济侵略。邹树文先生在其文章《农业商业化(一)》中便列举了我国农民销售生产品的一般方法：以一担米或棉花为例，生产者只需将这些产品贩卖至米贩花行，卖不掉时可以重载而归，在出卖的过程中生产者所关注的往往是一斤一两的出资或一个钱半个钱的争论，如是便完成了一笔交易。① 对于米、棉等不易腐烂的生产品而言，在交易过程中除了产品本身的价值，所附加的仅是人力和时间成本，对于普通百姓而言，即便卖不出去，损失也不至于严重影响产品自身的价值。但蔬菜果品类因不能及时卖出所导致的产品腐烂，将加重农业生产者的成本支出。这便是战时中国农业商品经营的常态。与此相对应的是，从事买办商业的洋行大亨，依靠其先进的信息、通讯、交通、信贷等成就一笔笔大宗交易。相比较而言，此现象所体现的"经济侵略之不能抵御，真是不足为怪"②。因此，战时中国农业的商业化问题便进入了学者们的研究视野。

(2)中国农业商业化所存在的具体问题

邹树文先生在《农业商业化》系列文章中，以米、棉、麦、水果、肉类、牛乳、丝等农产品为例，总结出当时中国农业商业化环节中所存在的具体问题。

(3)农产品检验品级等级的设定

这是农业商业化过程中的首要问题，这一问题的关键直接关系到产品质量的认定，这正是当时农产品检验的核心内容。就当时的中国农产品供给而言，我国"物品标准之规定，应规定国内外消费之需要，与本国市场之供给。如需要较高而供给之程度不能相合，则先定一较低之标准，再用检验行政去逐渐提高其标准，俾适合于需要之程度"③。实际上，所谓的检验标准就是为了对产品批次进行详细划分而制定的，这样划分的结果便是在保证产品质量的前提下获得刚刚好的商业价值。

(4)农产品包装与储藏的问题

这一问题之所以重要，主要是因为"包装之严密者，可以防杜搀杂，保护损伤，

① 邹树文：《农业商业化(一)》，《新民族》1938 年第 2 卷第 4 期，第 4 页。
② 邹树文：《农业商业化(一)》，《新民族》1938 年第 2 卷第 4 期，第 4 页。
③ 邹树文：《农业商业化(一)》，《新民族》1938 年第 2 卷第 4 期，第 7 页。

预防腐烂、虫害鼠耗,并可便利储藏与运输。例如,铁路轮船之于运输,除计重外,并须以体积为计价单位,所以包装是农业商业化的一个阶段”①。战时中国在产品包装上存在诸多问题,如麻袋包装的大米,脚夫在搬运过程中用竹管插入麻袋,大米的偷漏问题一直存在,又如水果类的包装与腐败问题仍在探索之中。由于农产品季节性的特征,提高产品储藏水平便成为提高商品价值的重要途径,根据农产品种类的不同,如谷类仓库“要有极合理的建筑并有加工处理的设备”,先进国家谷类方塔形的仓库,全是钢骨水泥的建筑,对通气防熏、干燥去湿、阻止鼠雀、杀虫杀菌,均有适当之处理,并均附有加工设备,谷类储入仓库可以久藏而无损;同时还要考虑到“必须有很精密的仓库网”,肉类、水果类、蔬菜类及牛乳类农产品“军事要有冷藏仓库”②,当时能够使用冷藏设备的地方主要集中在江浙及上海地区。因此,就战时中国而言,冷藏设备的需要和发展则是人们当时所面临的最重要的问题。不过,邹树文先生亦提醒人们:在物资匮乏的时代,我们在农产品储藏问题上,要充分借鉴“北方储藏白菜的菜窖以及北平的冰厂”③之经验,推而延及其他类型农产品的储藏。

(5)农产品生产与运输的问题

“农产物有地域性,各有其风土之宜之地,分别培养期最宜之农产。农业生产上分工愈细,则农产运输愈紧要,农产运输愈便利,则各地之产品愈趋特殊而生产愈可增多,生产与运输互为循环,互相促进。”④就战时农产品运输的情况而言,河流运输一直是中国传统的运输方式,我们一般称之为“水旱码头”。不过,随着社会的进步,铁路、轮船、公路逐渐成为农产品运输的重要途径,只是这些运输途径在中国仍然受到现实的挑战。例如,火车在运输过程中,要受到发车费、调车费、岔道搬开挂钩费、加油费等不同层面的剥削,使得农产品在运输过程中出现停滞进而腐烂的情况;再如我国国际航运当时尚处于萌芽阶段,航运吨位远逊于国外,内河运输发展与完善更应引起当局的重视;又如公路以及交通工具的使用一直存在问题,公路上漏油、冒烟、费油、燃烧、老旧运输工具破坏新式公路的现象多有出现,以及铁路、公路沿线没有专用于储备农产品物资的仓库等,使得公路运输在中国并未起到实质性的功效。综上所述,无论是古漕运,还是轮运、铁路、公路等新式运输方式,均未有效地发挥其农产品运输上的功效,严重阻碍了农产品商业化的进程。

---

① 邹树文:《农业商业化(二)》,《新民族》1938 年第 2 卷第 5 期,第 8 页。

② 邹树文:《农业商业化(二)》,《新民族》1938 年第 2 卷第 5 期,第 10 页。

③ 邹树文:《农业商业化(二)》,《新民族》1938 年第 2 卷第 5 期,第 11 页。

④ 邹树文:《农业商业化(三)》,《新民族》1938 年第 2 卷第 6 期,第 4 页。

(6)农产品市场问题

市场所凝结的核心实际上是农产品的销路问题,换言之,若想“发展农产品之销路,应该从农产品的各级市场,处处加以改进”[①]。与国外市场相比,我国国内市场当时的状况是:“无论怎样节约,是不能不衣不食的,供给国内用途以后,以有余或节省下的供给海外。我国这样广大幅员,并不能如一二欧洲小国专以供给外销为国策的。惟其因为我们自己的广大市场自己不注意,所以启各个帝国主义的觊觎之心。”[②]事实上,近代中国一直是帝国主义扩张道路上所角逐的目标,其目的便是将中国变为帝国主义倾销商品的市场,故此有了近代中国半殖民地半封建社会之性质定义,而日寇入侵亦以此为核心,由此可见,中国市场问题往往关系到中国近代社会变革的关键问题。更不能否认的是,日本的入侵使得中国近代贫乏混乱的市场体系进一步陷入阻塞甚至停滞的状态,在这样的前提下谈论中国农产品商业化的问题,无疑似无源之水、无本之木。

除此之外,战时中国市场体系下的农业商品化发展还受到“重农抑商”封建思想的约束,又受到交通状况、农产品季节性生产的特点、储藏运输体系等诸方面的反作用,说明战时的中国农业商业化问题实际上是一个循环往复的过程。使各个环节相互配合,形成良性循环,是解决这一问题的关键。

(三)对战时粮食供应的专题讨论

1. 谈重庆的米粮供应

随着抗战的全面爆发,四川之地理位置日益重要,其原因在于“际此国难方殷,敌人的铁蹄蹂躏了整个国家的一半。四川在这烽火炽烈之中是支持抗战的柱石,是复兴民族的根据地”[③]。其重要表现在于四川地区农产丰富,其地理优势使其为断壁残垣的战时中国保有了相对安宁的陪都之地——重庆。而重庆的地理位置的重要性主要表现为:重庆市地据水路要闸,在商业上甚为重要;在军事上亦甚为重要,为历来兵家必争之地;在农业上,其气候最有利于农业生产。[④] 不过,随着战争的爆发,重庆市的人口在武汉失陷以后出现大幅度增加,短短四个月时间,人口由原来的四十七万左右猛增至五十万左右。根据重庆市警察局所进行的最新的人口

---

① 邹树文:《农业商业化(三)》,《新民族》1938 年第 2 卷第 6 期,第 6 页。
② 邹树文:《农业商业化(三)》,《新民族》1938 年第 2 卷第 6 期,第 7 页。
③ 刘南溟:《战时军事统计之编制(二)》,《新民族》1938 年第 3 卷第 2 期,第 7 页。
④ 刘南溟:《战时军事统计之编制(二)》,《新民族》1938 年第 3 卷第 2 期,第 8 页。

统计，重庆本市人口占四川总人口的百分之八十四左右，外来人口涉及全国二十五个行省，而重庆无业者、失业者、不事生产者、非法生活者、老弱病残等占总人口的百分之二十九①，加上重庆"本市不生产粮食，平时大部分食料仰给于巴江两县"②，因此，重庆粮食之供求关系便成为影响战时重庆稳定发展的主要问题，也成为学者们讨论农业政策时的主要问题之一。

孙醒东先生通过对重庆市1931年至1937年的米粮来源及存储数量的对比研究，推测出一个当时为众人所担心的结论：一般无知商人的囤积、仓库储备以及大批的下江难民开始向重庆转移，皆使重庆的米粮大起恐慌。③ 自1937年起，重庆市米价指数相较于1936年提高了九十三点，表明重庆市场之米价一直在向上飞涨，其原因概有三点：一是重庆人口逐渐增加；二是增拨民夫与壮丁，以致农村的劳动力更缺乏；三是交通益感不便，船运更觉困难。④ 以上这些因素也确实为战时大众所担心：重庆这样一个政治、交通、军事重地，却无法自主承担粮食供应，如何维持正常的运营？孙醒东先生再一次对米粮的储备和米粮的消费额等方面进行了综合考量，根据战时重庆市的人口总量、食米人口总量、人均食米量等因素进行推测：重庆五十万人口，食米者人口约占百分之八十，则食米的人口约四十万，假定每人每年食米三石，则每年全市米的消费额为一百二十万石，每月平均十万石，每日平均三千二百八十七石。这是根据当时最新两个月的人口统计而估计的消费额。此后，全市人口如不超过五十万，则重庆米的供给，绝有把握，不成问题。⑤ 在考量重庆米粮之来源和运输之后，孙醒东先生得出结论：自开战以来重庆市的人口米粮问题甚小；抗战一年后川府之地各种秋季农作物出现了得天独厚的丰收；新式仓库的建筑不可或缺；应统一米粮市制量衡单位；提倡吃糙米；有效地向各地疏散战时难民。⑥

2. 谈军粮的研究与供应

毋庸置疑，对于战争而言，最重要的是枪械和粮食供给，但就中国现实条件而言，军粮的匮乏似乎一直是影响中国军队士兵的体质及军队战斗力的主要因素。

---

① 刘南溟：《战时军事统计之编制（二）》，《新民族》1938年第3卷第2期，第9页。
② 刘南溟：《战时军事统计之编制（二）》，《新民族》1938年第3卷第2期，第9页。
③ 孙醒东：《抗战期中重庆的米（一）》，《新民族》1938年第3卷第2期，第11页。
④ 孙醒东：《抗战期中重庆的米（二）》，《新民族》1938年第3卷第3期，第7页。
⑤ 孙醒东：《抗战期中重庆的米（二）》，《新民族》1938年第3卷第3期，第8页。
⑥ 孙醒东：《抗战期中重庆的米（二）》，《新民族》1938年第3卷第3期，第9~10页。

事实上,中国军队连基本的军粮供应都成问题,何来膳食营养的搭配,何来有效保藏,何来可口与便携? 因此,学者们对军粮的研究及实验是一项非常有意义的课题。

(1)要清楚军粮与一般意义上粮食的不同

郑集先生在《军粮研究的重要及一点实验的结果》一文中简述,战时所需要的军粮应该具有如下几个特征:一是在可能范围内,一种制成之食物中,要含有人体必需之各种营养素,而且各种营养素的配合比例,要合于营养原理;二是原料要普通易购,价值要低廉;三是制法要简单,味道要可口;四是体积要小,便于携带,且能保藏长久时间而不腐败。[①] 由此可知,军粮与一般意义上的粮食不同,不同点主要体现在其营养价值、制作方法和保藏时间上,但从价值低廉的材料供应角度来看,一般意义上的粮食往往是军粮制作的核心材料。

(2)军粮制作的各个环节

事实上,所谓军粮研究并非一般意义上的粮食种植、加工与制作研究,出于战争特需的要求,对此方面的研究往往归属于科学研究与科技创新方面,因此,这一问题的研究便需要更专业的讨论,而郑集先生建立在实验基础上的规划,便更具有说服力。郑先生试验的军粮材料"异常普通,主要是整麦粉(含有麸皮的面粉)、整米粉(未碾过的米所制的粉)及多量的猪油、蛋、糖数种"。军粮的实验制成品主要包括"军用饼干、军用饼干粉、军用馒头、军用大饼及烧饼"等,这些产品均富含蛋白质、脂肪、碳水化合物、钙、磷、铁和维生素。根据试验情况,"此种军粮,曾经用人试食数日,不作重工作的人,每日仅吃五百公分(七百公分约一磅半),即能维持正常生活及生理机能。在试食期中,被试食者之人小便次数与工作效率,均一切如常"[②]。根据市面零售粮食价格估算,每磅军用饼干或饼干粉之成本约值九分。[③] 由此可见,无论是在原料、成本、食粮类型上,还是在试用效果上均能够满足战时粮食能量欠缺、保藏不易、供应不足等问题解决的需要,不过,出于技术要求、成本要求、处理程序上的难度以及长久食用此类军粮的弊端等方面的考量,郑集先生提倡"此种军粮,只用以供给最前锋战斗人员及夫役在正常给养不能接济时之用。每一战斗员及夫役在出发作战时随身携带二三磅。司给养者则宜多带,以备补充"[④]。

① 郑集:《军粮研究的重要及一点实验的结果》,《新民族》1939 年第 3 卷第 10 期,第 5 页。
② 郑集:《军粮研究的重要及一点实验的结果》,《新民族》1939 年第 3 卷第 10 期,第 6 页。
③ 郑集:《军粮研究的重要及一点实验的结果》,《新民族》1939 年第 3 卷第 10 期,第 6 页。
④ 郑集:《军粮研究的重要及一点实验的结果》,《新民族》1939 年第 3 卷第 10 期,第 6 页。

二、对战时工业、水电、矿产及林牧的讨论

(一)对战时工业布局及城市建设的讨论

抗战以后,人们一直在畅言"自力更生",认为"自力更生"当有两个条件:"一是精神的,二是物质的。"①所谓精神的便是全民动员,将无限热情转化为建设国家的动力。所谓物质的便是国家的富强。在有了全面建设国家的认识之后,自我复兴的前提是"必须要应用资源开发资源"②。丁骕先生所论述的应用资源和开发资源的核心便是在中国大规模地加速工业的发展,充分了解中国已有的资源,有计划地又经济地利用本国的资源,逐步实现国家的电气化和工业、农业、交通的协调发展。其中核心内容是"节衣缩食,把大部分力量用在重工业上面"。经历战争的洗礼,我国之前建立的重工业体系已经化为乌有,因此,根据已有的经验,丁骕先生认为要调整工业的分布,实现工业的内移,同时要充分利用各地的资源,使资源的地理分布与工业布局紧密而有效地联合起来,逐渐地再将综合工业或复合工业合理地纳入内移的工业体系中,最终达到效能与利益的最大结合。

战前中国的经济重心主要集中在以上海为中心的沿海城市,相应地,关系到国计民生的工业建设也集中在这些地区。这样的工业布局,一方面带来了以上海为中心的沿海城市区域的繁荣,另一方面则逐渐形成了当时中国"外强中干"的经济布局,如袁昌英先生所言:"内地的生产方法有的简直幼稚简陋得如中世纪的模样,而外面各都市则极尽摩登之能事。"③所以,日本的飞机大炮瞄向中国时,最初锁定的目标便是上海、南京、苏州、无锡等工业繁荣区,直接摧毁的是中国数十年来的经济建设,摧毁了中国赖以生存和发展的经济根基,这无疑为日本进一步地攻城略地奠定了基础。正如袁昌英先生在其文章《建设的新认识》中所言:"现在晋鲁冀豫江浙是作战的前方,两湖皖赣闽黔滇川桂粤等省是后方。前方当然在拼全力抵住恶敌。在后方的人,不待言是要拼命建设作实力的后盾。"④这一认识无疑成为战时经济建设最清楚而简练的描述,知识分子所畅言的经济建设思潮亦建立在这一时代背景之下,而战时经济建设也无疑成为当时抗战亟待解决的最重要问题。袁昌英先生提出的"建设的新认识"的核心便是:战时将各种轻重工业转移到内地的

---

① 丁骕:《把苏联比中国》,《新民族》1938 年第 1 卷第 14 期,第 7 页。
② 丁骕:《把苏联比中国》,《新民族》1938 年第 1 卷第 14 期,第 7 页。
③ 袁昌英:《建设的新认识》,《新民族》1938 年第 1 卷第 1 期,第 14 页。
④ 袁昌英:《建设的新认识》,《新民族》1938 年第 1 卷第 1 期,第 14 页。

策略趋势，并不是一种临时与暂时借居的意思，而是各工业家抱定一种毅然决然之心来尽全力开发内地。换句话说，内地工业布局的稳固才是中国得以重建的根基，这一点必须切实坚持下去。

关于战时城市建设的问题，知识分子提出：以往上海、南京等繁华城市均外观与实质并重，尤其注重城市外观的光鲜亮丽，但被日寇践踏之后已经满目疮痍。[①]因此，在战时城市建设过程中，城市外观建设将次居于城市实质的建设之后，即"只要马路、阴沟、卫生设备、照明、自来水的种种实质方面建设得完备，其余则可任其发展……且待倭寇被逐出了国境，国基打得稳稳固固，民生事业发展得相当程度之后，再来谈美观与舒适吧"[②]。

（二）关于战时的水力发电

前文中，我们在讨论战时农业工业化、工业化布局等问题时，均不同程度地涉及战时中国工业化建设的相关内容，换句话说，农、林产业都是战时中国工业化发展的重要领域。

有一项重要内容我们在前文虽有所提及却并没有详加叙述，这便是水力资源的使用，事实上，水力资源与电力资源密不可分，在战时中国工业化体系土崩瓦解、各项资源均贫乏不足的情况下，水力发电已经成为需要特殊关注的工业基础。

"一个国家要在现代享受富强的国运，它必须在千辛万苦中奠定它的工业基础，在这个宝贵的基础上不但解决了国民的衣食住行诸种问题而且更能够行有余力来制作自卫的武器。[③]"而这些工业基础，往往是指工业的源动力，如热力、风力、水力等，其中水力对中国而言将是最行之有效的原生态资源。

首先，原素欣先生对战时水力资源发展策略进行了评述。原素欣先生以水力发电事业为核心，针对中国西南各省的水力资源，对其水力发电的前途进行了评述。[④] 我国拥有丰富的水力资源，但由于帝国主义的入侵，我国的工业受到了严重破坏，工业发展渐趋停止，水力发电作为原动力性质的基础工业也远远落后于人，不过，立足于抗战和建国的需要，水力发电事业必须获得长足发展。在此方面的策略部署上，首先要明确将水力资源相对丰富的区域作为水力发电事业发展的基础，

---

① 袁昌英：《建设的新认识》，《新民族》1938 年第 1 卷第 1 期，第 15 页。

② 袁昌英：《建设的新认识》，《新民族》1938 年第 1 卷第 1 期，第 15 页。

③ 原素欣：《西南各省水力发电事业之前途》，《新民族》1938 年第 2 卷第 2 期，第 10 页。

④ 原素欣：《西南各省水力发电事业之前途》，《新民族》1938 年第 2 卷第 2 期，第 10 页。

就当时中国而言，这些区域主要集中在长江流域、黄河流域、珠江流域、浙闽区和长白山脉诸水流五个区域。原素欣先生在论述中将我国水力发电事业的重点溯源于两个方面：水力发电地点的选择和河道初步测量及水输机件的准备。在地点选择上有两个原则即交通便利和值得灌溉的农田附近，以五十千米或一百千米为距离进行选择和安置。至于河道初步测量和水输机件的准备则属于相对专业的问题，需要国家和专门的电力人才予以充分支持。

其次，对战时水力发电的认知，大体上分为三个方面。一是对水力发电前景的预测。其时，报章杂志对于水力发电在西南的发展多有关注："似为水力发电可以一蹴而就，成功就在目前；有的以为利用水利，也和利用火力一样轻而易举，有了少数的资本和普通的技术便可成功；还有人以为水利发展以后，火力发电可以完全废除。"陈章先生认为："凡此种种，都是一隅之见，离去事实尚远。须知水力发电和其他任何事业一样，有他的长处，也有他的短处；有他的特点，也有他的限制。"①由此可见，大多数人对于水力发电的优势已经有了充分的认知，对水力发电的前景所持态度也较为乐观，进而有了急功近利的倾向。因此，在众说纷纭的推论中，我们所应获得的基本认知应是：战时中国由于沿海各省大小电厂受到了空前破坏，将水力、电力作为工农业发展的动力已经成为刻不容缓的问题；尽管水力发电利益已为大众所明了，但在具体实施过程中仍困难重重。这便是战时中国水力发电事业所面临的情形。二是对水力发电原理的认知。水力的形成有其必要条件即水位差，单位时间内所流过的水量以及影响水量的雨量、风向、风速、土质、坡度、植被、洪水等众多因素，这均成为水力发电及其基础设施兴建所要考量的基本因素，这些均是水力发电的科学与技术性问题，我们无法详述，仅以陈章先生《对于水力发电应有的认识》一文所述为基本依据。三是水力发电的成本考量。从经济立场讲，某地水力是否值得开发，要看水力发电每度电能的成本是否比用其他方法所发电的每度电能的成本低廉。② 据陈章先生所言，水力发电厂由于水力土木建筑的艰巨，发电不用燃料，管理工作简单，所以固定成本特别大、维持成本特别低廉是水力发电最显著的特点。③ 事实上，以水力发电建设初期来看，其土木建设的固定成本确实不

① 陈章：《对于水力发电应有的认识》，《新民族》1939 年第 3 卷第 14 期，第 5 页。
② 陈章：《对于水力发电应有的认识》，《新民族》1939 年第 3 卷第 14 期，第 5 页。
③ 陈章：《对于水力发电应有的认识》，《新民族》1939 年第 3 卷第 14 期，第 5 页。

容小觑,加上其坐在深山穷谷,导致送电成本增加,故水力发电固定成本居高不下;但与煤炭等消耗燃料相比,一旦水力发电建设事业成熟起来,其后续成本的清算将不是其他燃料的发电事业所能比拟的。就战时的实际情况而言,水力发电需要与火力发电配合运用才能发挥其最大的效能。毕竟水力发电受到洪水、枯水等的限制,人们一方面要解决蓄水问题,一方面又要充分地将火力发电作为有效的补充。因此,短时期内水力发电的优势尚不能够显现,而火力发电亦将长期存在于中国经济建设与发展的过程中。

(三)战时的矿产供给

这里之所以特别强调抗战时期四川矿产的供给情况,是因为自"九一八"事变后,东北四省、冀北及江浙各省的矿产均不再为我国所用,转而以西南各省作为抗战所需矿产的供应之地。针对西南各省是否能够完成支撑抗战直至胜利的重任的问题,李学清先生对四川的矿藏情况进行了统计,并为战时矿产的开发指明了方向,指出煤、铁、金分布最广,同时富含盐矿,还勘测到石油、铜、硫黄等矿产,总的来说,"四川矿产对于战争所能供给者,煤铁盐当可供给,铅锌铜等矿量不甚丰富,石油是否丰富,虽不敢断言,恐希望不大,但仍应尽量开采。金矿储量尚称不恶,现多停顿,当设法利用"①。

(四)战时林牧

此外,四川还是森林与畜产的富产地,这又为抗战后方提供了重要保障。天然而优越的地理位置,使四川成为森林和畜产的天然府库,而当时人们要考虑的便是怎样使得天独厚的地理和物产优势有效地服务于战时需要。李寅恭先生在《四川与林牧》一文中指出,"目前抗战的局势告诉我们,军需战备的种种供给,不容有丝毫懈怠",我们要充分考量四川森林产业和畜牧产业对于军需战备的贡献力,做出适当调整,例如培养人民造林的兴趣,发展国产木材和国产畜牧,将培育与开发有效地结合,将利用与保护有效地结合,真正使森林物产为我所用,又如改善四川地区的畜产的质量,加大育种研究,对肉用之牛、毛用之羊、军用之马、卵用之鸡等进行品种改良,再辅助以兽医及血清制造,以防治兽疫的传播,使四川畜牧业走上科学发展的道路。②

---

① 李学清:《抗战期中四川矿产之供给》,《新民族》1938年第1卷第8期,第12页。

② 李学清:《抗战期中四川矿产之供给》,《新民族》1938年第1卷第8期,第10页。

第二节 《新民族》对战时盐务和战时财政改革的认知

一、对战时盐务的论证

众所周知,盐务一直是古代中国经济建设的重要组成部分,它所牵连的往往是古代财政收支的核心,因此,对盐务的控制与改革亦是历朝历代经济建设的重心。《新民族》所登载的系列文章,尤以何维宁先生的系列文章为主,详述了中国近代尤其是战时盐业状况及其经营与改革,其中有关中国盐荒及其对策的讨论无疑是中国盐业改革的基础。

(一)中国盐务改革的原因

1. 盐荒现象日益严重

实际上,中国盐荒自古有之,原因众多。总体说来,盐荒的原因主要有以下几个方面。

其一,地域、交通、季节等因素是盐荒的基础成因。之所以将其称为基础成因,是因为在这些因素的作用下,运费剧增,再加上盐商的操控、政策的不完善,导致盐价飞涨,这便是盐荒的起始原因。例如“以地域论,凡道险路阻地方,山高石峻,路窄硖曲,肩挑背负,得不偿失,运盐者畏难而退,居民即不免有淡食之虞……以季节论,凡水急流湍地方,每逢冬令,水落流细,运费增加,则盐运即有断绝之患而淡食以起”①。

其二,抗战的爆发,成为进一步加剧盐荒的主要原因,也造就了推动中国盐业改革的重要契机。纵使中国一直存在盐荒现象,但因产盐胜地、盐商和盐业经营及其权利争夺与变更等情况的存在,使得中国盐业一直缓慢地发展,不过“自抗战以来,情形大变,即在交通便利地方,亦时有缺盐之危险,湘陕诸省之盐荒播传已久,近期贵州、广西、湖北诸省,亦先后发生类似情形”②。而这样的情形直接导致战时盐价飞涨,即便是“产盐地方如四川者,亦复盐荒时生”,以重庆为例,“其地零售盐价原为每斤一角二分,本年一月十八日后突然飞涨,迄二十一日止,竟达三角六分,

---

① 何维凝:《盐荒之检讨及其对策(一)》,《新民族》1939 年第 3 卷第 16 期,第 3 页。
② 何维凝:《盐荒之检讨及其对策(一)》,《新民族》1939 年第 3 卷第 16 期,第 3 页。

且有至四角五分者,三四日之间徒增三四倍之多"[①]。由此可见,盐荒已经成为影响国计民生的大事,而盐荒现象既因抗战而越演越烈,又成为阻碍抗战的重要因素。

其三,如果说地域、交通和季节是造成盐荒的客观因素,抗战爆发是造成盐荒加剧的时代因素,那么市场流通中各个环节的薄弱实则是当时中国盐荒的根本原因。何维凝先生在其《盐荒之检讨及其对策》一文中对中国盐荒之由来进行了详细论述,认为就中国抗战时期盐业发展情形而言,战时盐荒之由来主要集中在三个方面:生产不足、运输不畅和督销不力。如何在盐业生产方面加大产盐量是盐业生产环节中的核心问题,而盐业生产者又受到"政策不定""材料不足""工人太苦"和"售商垄断"等因素的影响。如何在战时盐荒全面加剧的情况下做到督运产盐地之盐与抢运海盐以为补救将是抗战时期盐业运输的核心问题。以盐业产运协调发展为基础,如何对盐业流通过程有效地监督与指导,如何防止盐商操纵市场、哄抬盐价,进而保证战时民食需求、工业发展、军事需要等,无疑成为战时盐业督销的核心问题。

综合看来,中国盐荒现象的性质可分为三类:"一属长期性,水陆交通终年困难地方,肩挑背负,道阻费昂,得不偿失,商不乐往,终年在盐荒之中。二属季节性,地峻水急地方,洪水时期,粗可通舟,商人愿以赶运,可有余利。迨至冬令,水落石出,舟不能行,商不乐往,亦易发生盐荒。三属短期性,交通畅便地方,运盐并不困难。偶或来源较少,商人居奇;偶或奸商囤积,故意操纵,亦能影响市场,涨夺盐价,酿成盐荒。"[②]的确,引起中国盐荒的原因主要集中在交通、季节等方面的客观因素和盐商利益操控等方面的主观因素,事实上,这进一步说明中国盐业经营上确实存在着交通、运输、经营、资金、生产、销售和政策等诸多方面的问题,因此,盐荒已经成为阻碍中国盐业发展的关键,这便成为战时盐业改革的重要原因。

2. 盐务制度上的流弊

民国期间,中国盐务管理逐渐由最初的一元制管理转变为二元制的盐务管理,彼此相互牵制,但却逐渐出现诸多流弊,如事权不一、经济费用大等。虽然经过了一些改组,但仍没有脱离两个行政机构重复性质的管理。因此,在抗战的非常时期,何维凝先生强调应该立即调整这种拖沓反复的二元制行政机构,以符合战争贵

① 何维凝:《盐荒之检讨及其对策(一)》,《新民族》1939 年第 3 卷第 16 期,第 3 页。
② 何维凝:《盐荒之检讨及其对策(二)》,《新民族》1939 年第 3 卷第 17 期,第 11 页。

在神速的需要。在调整过程中要充分发挥监察院的监督作用;盐务工作人员应通过正规考试选拔,禁止任人唯私;依法严惩盐务走私事件;复建因抗战而分崩离析的盐务总局,使得人力和权力得以集中。

之所以针对战时中国盐业进行改革,是因为近代以来中国的盐业问题已经愈来愈明显,例如,“组织的散漫,资金的浪费,成本的吃重,工资的低廉,盐质的恶劣,盐价的昂贵,随处可见”①。面对近代工业的发展和盐业的积弊,何维凝先生认为对战时以及建国时期的盐业改革的“唯一的救济方法”是“将来新式的盐业,一律用国家的力量去经营”,因为“如果不用国家的力量来经营,任由中国私人或外国商人来经营,将来的结果,也不过私人的资本发达,也要生出大富阶级的不平均”②。因此,盐业改革关注的重点应是“一面谋人民生活的改善,一面谋国家资本的发达,拟订计划,迅予推行。于抗战之中,奠定盐业的基础,促进建国大业的完成”③。但不容置疑的是,当时无论是人力、物力还是财力均尚未达到全面铺开盐务改革的时机,且当时的社会环境与盐务发展特定的地理环境均成为制约盐务改革的重要因素。因此,中国抗战与建国的盐务改革应该分期执行,对此,何维凝先生从总则以及国营盐业试办时期,国营盐业发展时期,国营盐业完成时期的生产、制造、收集、运输、销售、行政等不同环节的角度进行了详述,为中国盐业的发展构建了一个详细的改革计划。

(二)盐务改革的对策

1. 盐业国营化的根本宗旨

尽管何维凝先生对战时盐业改革进行了详细论述,但仍然吸取宋明以来国家经营盐业的传统,特别关注盐业的国有化问题。在论证之初,何维凝先生便阐明了自己立论的核心依据:“中国既为推行三民主义的国家,一切设施均应以三民主义暨中山先生遗教为一般抗战行动及建国的最高准则……今后盐业的改革,盐政的措施已有一定的标准。凡不合于三民主义精神的建议与立法,皆当排而去之,改弦更张。作者有见于此,乃就多年研究的心得,发为盐业国营的主张,道不是个人的私议,乃是依据三民主义暨孙中山先生遗教分析的结果。”④

---

① 何维凝:《抗战建国中盐业改革方案》,《新民族》1938 年第 2 卷第 3 期,第 10 页。
② 何维凝:《抗战建国中盐业改革方案》,《新民族》1938 年第 2 卷第 3 期,第 11 页。
③ 何维凝:《抗战建国中盐业改革方案》,《新民族》1938 年第 2 卷第 3 期,第 11 页。
④ 何维凝:《盐业国营论(一)》,《新民族》1938 年第 2 卷第 14 期,第 4 页。

2. 盐业国营化的原因

除了盐业国营化的根本宗旨，何维凝先生还详细分析了“专制制度下盐业由私人经营的流弊”。据其分析，综合看来，自汉代开辟盐铁专营以来，中国古代盐业主要交替于商人专营与国家专营之间，在盐业国营方面主要体现为“唐宝应中，刘晏损釜旧制，创为就场专卖的方法，所有盐户制出来的盐，全有政府收买，再由政府转卖于商人。从此制盐的责任落在了盐户人了！宋元时候，因革虽多，而此项原则不变。明初签民户为盐户，计户制盐，由政府收买，并招人输纳粮草，计值给盐，称做开中，犹和唐宋旧制相近。其后商人得直接向盐户买盐，于是发生了商人收盐的制度；豪民得私占荡地自行制盐，于是又打破了制盐的制度”[①]。之后，清朝商人专盐的现象愈演愈恶劣，进入民国以后虽屡有变革，但收效甚微，流弊甚多。流弊的核心便是“漠视民生”，无论是盐业的制造、收集，还是运销，各地盐业均垄断于私人手中，取得独占的优势，生产者、消费者终将困守于私人赢利与垄断的经济模式下，以至于“盐民卖妻鬻子、窘境毕露，老者填于沟壑，少者沦为乞丐。盐民愤惧情形，在有激成暴动之可能”[②]。除此之外，何维凝先生还充分预见了“自有竞争下盐业由私人经营的流弊”，主要表现在“大公司兼并小制造业”“资本家压迫劳动者”“生产者妨碍消费者”[③]等危险，归根到底仍然是盐业的私人垄断以及由此而带来的吞并、压榨、无视消费者需求等现象，也就是对孙中山先生“民生主义”的挑战。

3. 盐业国营化的优势

实际上，何维凝先生对于盐业国营化特征的阐述仍然仅仅围绕“民生”这一核心，作者所关注的各个问题、所列举的各项举措均围绕如何行之有效地实现“民生主义”展开。推行盐业国营化的着力点便是如何转变独占性事业的经营方式，事实上，“盐业由国家经营之后，独占的利益既不归个人私有，不仅在盐督上不致发生腐败的事，且可顺应经济组织发展的趋势，增加生产的能力。其因独占而生的利益归为国有，又可使政府减少租税的需要，增加人民的福利”[④]。而盐业国有化的特点以此为依据主要集中在以下几个方面：一是为了防止在利益的驱动下的私人与大公司的结合，盐业国营化便可做到“因势利导，使独占利益归诸国家，而仍旧保持大

① 何维凝：《盐业国营论（一）》，《新民族》1938 年第 2 卷第 14 期，第 5 页。
② 何维凝：《盐业国营论（一）》，《新民族》1938 年第 2 卷第 14 期，第 6 页。
③ 何维凝：《盐业国营论（一）》，《新民族》1938 年第 2 卷第 14 期，第 6 ~ 7 页。
④ 何维凝：《盐业国营论（二）》，《新民族》1938 年第 2 卷第 15 期，第 7 页。

公司组织的特点”[①];二是出于对抗战以来盐业需求的扩大,盐业国营化优势表现为促进盐业生产量的提高;三是减轻中国纳税之负担,正如孙中山先生“余意国家管理实业,足使富源之分配较为公平……现实纳税负担贫民尤其重,各进步国家莫不有增税倾向。国家企业而能获利,至少可以减增税之需要。利害相权,吾终以为国有企业较胜于现时之私有制”[②]之言;四是盐业国营化更符合中国抗战的实际,“在战争期中,各种事业在国家经营之下,才可以通盘打算,才可以统筹兼顾,乃系有目共睹的事实”[③],而战时盐业国营化即属于孙中山先生所畅言的“民生主义”的重要内容之一,并且孙中山先生还援引战时中外实业政策来证明盐业国营化实际上是较为通行的战时政策:“照俄人自己说,俄国从前所行的革命办法……是一种战时政策。这种战时政策并不是俄国独行的,就是英国、德国和美国当欧战的时候把全国的大实业像铁路、轮船和一切大制造厂都收归国有。”[④]有了这一层面的理论铺垫,再加上中国确有盐业国营化的历史累积,例如汉代所推行的盐铁官营,在抗战时期人们便倾向于“实行计划经济,凡事业之宜于国营者,由国家筹集资本,从事兴办,务使之趋于生产合理化,且必制节谨度,树之楷模”[⑤]。这实际上是中国计划经济探索的发端。不能否认的是,根据《新民族》所处的战争背景,对于断壁残垣的战时中国而言,实业国营化是可行的政策导向,盐业作为实业之一,推行国营化的改革亦是学者们综合考量的结果。

4. 盐业国营化的具体表现

何维凝先生在梳理“盐荒之检讨”即盐荒产生的原因时,将盐荒的性质分为三类:一是因交通因素桎梏而形成的长期性盐荒,二是因季节及交通问题而形成的季节性盐荒,三是因生产短缺及商人操纵而形成的短期性盐荒。事实上,中国长久以来的盐荒并不能简单地归咎于交通的阻碍和季节的影响,诚然这是造成中国盐荒的主要原因,而盐业的生产不足、运营不善、政策欠缺、组织不利、销售不赢等实是长久以来桎梏中国盐业发展的根本因素。有鉴于此,在应对盐荒上,要考虑的便不仅仅是交通和季节因素了。

纵观在《新民族》所发表的诸类文章,无论是畅言抗日救亡,还是强调实业救

---

① 何维凝:《盐业国营论(二)》,《新民族》1938 年第 2 卷第 15 期,第 7 页。
② 何维凝:《盐业国营论(二)》,《新民族》1938 年第 2 卷第 15 期,第 8 页。
③ 何维凝:《盐业国营论(二)》,《新民族》1938 年第 2 卷第 15 期,第 8 页。
④ 何维凝:《盐业国营论(二)》,《新民族》1938 年第 2 卷第 15 期,第 8 页。
⑤ 何维凝:《盐业国营论(二)》,《新民族》1938 年第 2 卷第 15 期,第 9 页。

国,学者们述论的核心都指向了中山先生的“三民主义”,以此为理论依据,则战时中国经济建设中的核心便是“民生”,落实到盐业改革事宜,“民生”问题便又具化成“生产”问题。因此,何维凝先生强调:“中国为三民主义国家,一切生产事业,应以民生主义所昭示之原则为依据,凡事之宜由国家经营者,应由政府拟订计划逐步推行,盐业之为国营事业之一,已为无可非议之真理。”因此,中国盐荒之应对是中国盐业国营化重要组成部分,亦是中国盐业国营化政策上的具体表现。

(1)筹措资金

资金不丰不仅是盐业,实是中国实业救国中的核心问题。综合考量战时中国实业建设的轻重缓急,正因为盐之匮乏往往直接导致人民生机黯然,生命枯萎,军队疲弱,甚至工业停顿,进而引起社会动荡,所以,对盐业的投资无疑成为中国各项实业建设的核心。不过,盐业筹资的路径往往是:“每有急需,不惜重利借贷,所得赢余多耗于此。往往入不敷出,流于破产。……有时金融枯紧则单欲专利借贷亦不可得……盐政当局向银行通融款项,可以轻利借贷,无如限于金额,难期普遍。”①因此,对盐业国营化进程而言,资金的筹措实是考验中国盐业改革的中心环节。但遗憾的是,尽管学者们均认识到了此问题的重要,但均无法提出行之有效的宽筹资金的方法,故对此方面的讨论仍停留在简述基础上,并无严密而成熟的论证方案,或者说由于专业性质的限制,学者们在讨论此问题时仅点到为止。例如有关盐业筹资的事项,何维凝先生仅指出:“如应实际需要,筹设新式公司,又不妨发行股票,吸收游资,并以优先付息等法鼓舞其投资之兴趣。至于使用资金之际,以应该特别慎重,力求合理而经济,务使钱得其用,期以有限之资本,求最大生产之效用。无论民营与国营,皆当以此为鹄,相与策动,拟订计划为合理之发展。”②

(2)提高盐业的生产能力

这里的生产能力,实际上是一个广义的综合性词汇。根据何维凝先生有关盐荒及盐业的文章,在应对盐荒的策略中,作者总结的第一条意见便是“增加生产”,而其下又分为“确定政策”“宽筹资本”“改良技术”“改良组织”“统制材料”“优待劳工”等六个方面③,由此可见,除去广义层面的政策性导向也就是以民生为核心的指导思想外,除去“宽筹资本”是实业救国所共同面临的实际问题外,其他方面实

---

① 何维凝:《盐荒之检讨及其对策(二)》,《新民族》1939 年第 3 卷第 17 期,第 11 页。

② 何维凝:《盐荒之检讨及其对策(二)》,《新民族》1939 年第 3 卷第 17 期,第 12 页。

③ 何维凝:《盐荒之检讨及其对策(二)》,《新民族》1939 年第 3 卷第 17 期,第 11 ~ 12 页。

际上是中国盐业“增加生产”所面临的亟待解决的具体问题。

所谓“改良技术”，是基于中国重要盐源川盐在生产过程中所存在的流弊而提出的技术性改良问题。何维凝先生以川盐“犍为乐山二场为例”，说明“其弊如下：1. 锅身厚，传热迟缓，底面涂泥，热力难透，均足以减少燃料之效力。2. 成盐一饼不过六百市斤，需四十八时，时间长而产额少。3. 实际盐水蒸发时间占成盐时间四之三，其余时间所费之燃料纯属虚耗。4. 炉灶无烟突设备，炉身甚高，积煤不能不厚，烧煤不能尽透，费煤多而不尽用。5. 炉身无保温装置，燃煤时热力四散，散失极多，就盐业本身而论，成盐时间过长，燃煤如此浪费，已不合宜，设将来工业发达，需煤日切，不加改良，仍旧浪费，尤是阻碍其他工业之发展”①。根据对上述流弊的总结，当时中国盐业在生产技术方面的问题主要表现在：生产设备落后，也就是炼盐锅炉的落后，直接导致了生产时间延长、生产燃料的浪费，进而增加了生产成本，因生产燃料煤炭是工业发展的核心资源，所以，对煤炭的过度浪费又成为其他工业发展的桎梏，使得中国工业发展陷入恶性循环当中。正由于因制盐生产设备的落后而引发了系列的联动反映，对此方面改良的起点便着力在制盐器械的改良。不过，就当时中国所面临的实际情况和中国传统盐业经营陋习积重难返的现实而言，欲使中国盐业技术之改良立即达到世界先进水平并不现实，有鉴于此，何维凝先生推广了一个比较成功案例：“久大盐业公司目前所用之法，系用铁质平锅新式炉灶，以缩短成盐时间，每一平底锅一昼夜二十四小时可出盐一百八十担，较之旧法成本减轻甚多。”②这是当时看来，最为先进而有效的增产方法。

所谓“改良组织”，是基于传统制盐业组织涣散、彼此牵制、运行繁复、效率低下而提出的组织改良问题。以川盐生产为例，“吸卤于井有井户，运卤于枧有枧户，煎盐于灶有灶户，盐井置枧设灶者不必有地，于是又有地主。互以营利为目的，各立门户，彼此牵制，往往因事涉讼，妨碍生产，不能分工合作”③。就此弊端而言，当时盐业经营者已有所关注，并且均将合并与重组作为改良组织的有效措施，但推广的力度不大，在改组过程中仍受到私营、国营体制的束缚而欠缺新式工商业改组原理的指导，且改组推广力度欠缺，这些成为阻碍当时中国盐业组织改良的重要原因。何维凝先生在其文章《中国盐务行政机构的变迁和目前应有的调整》一文中，对战

① 何维凝：《盐荒之检讨及其对策（二）》，《新民族》1939 年第 3 卷第 17 期，第 12 页。
② 何维凝：《盐荒之检讨及其对策（二）》，《新民族》1939 年第 3 卷第 17 期，第 12 页。
③ 何维凝：《盐荒之检讨及其对策（二）》，《新民族》1939 年第 3 卷第 17 期，第 12 页。

时盐务管理之调整给出了具体的指导意见，目的是防止将来盐务机关营私舞弊。他认为应做到：第一，盐察院应充分利用其职权，督同审计部，对盐务机关的措施和款项严加稽查和审核，不可稍存规避苟安的心理；第二，盐务机关如有考选人员的必要，应由财政部呈行政院咨考试院依法考试或筛选，不可任用私人自成系统；第三，过去盐务缉私积弊重重，今年虽经改良，未能尽免，应由财政部责成盐务总局严加厘革，一切案件均当依照法律上的规定，斟酌办理，不可再草菅人命或走私图利。①

所谓"统制材料"，是基于传统制盐业材料浪费过度的情况而进行的统一管制，是通过节约剪裁的方式达到增产目的的措施，这也是当时中国盐业国营化的重要表现之一。而对于此项内容的改革在当时已颇具成效，何维凝先生仍以川盐为例："川盐当局自决定增产以后，对于盐业上必须之材料如煤炭、五金、钢丝等项即加注意，并得四川省政府之协助，设立四川省盐业燃料材料统制专员办专处于自流井，专负统制煤炭及钢丝、五金等项供给井灶推煎之责；设统制分处于五通桥，运负购煤、运煤之责。"事实上，除生产设备落后，制盐材料的浪费确实是当时中国制盐业的一大弊病，而对这一点有效管制又成为敦促中国盐业国营化改革的最有效地途径，因此，在整个盐业改革过程中，"统制材料"的改进确实为提高盐业的生产能力起到了重要作用，不过，此方面的努力在当时仍属于起步阶段，仍有进一步改进的广阔空间，可以从具体材料的统制，扩展至盐业价格的统制、机械化推进的管制、组织建构的管制、政策导向的管制、运输管制等，逐渐地创造一个良性循环的盐业经营管制体系。

所谓"优待劳工"，是基于制盐业中劳工尤其是技术性劳工短缺现象而提出的。盐业劳工短缺的原因有二：一是如火如荼的战争对于军人的需要，在抗日救亡面前，入伍报国既成为百姓所需履行之义务，又成为百姓报效祖国的有效途径；二是恰逢经济建设之时，各行业对劳工之需求激增，使得制盐业的劳工市场得不到满足。因此，何维凝先生畅言："为改善盐工生活计，为增加工作效率计，以后盐务当局应予以同情，在不妨碍盐业发展之下，酌令商人设法提高。其具有技术之盐工，为维持盐业生活计，应即商之军事当局，酌予免役或缓役待遇，关于此种优待盐工办法，去春曾见明令，最近自贡市军管区呈奉前重庆行营核示亦有决定，尤望盐务当局，注意及此，妥为办理，借以维持盐业劳工之供给。"②实际上，何维凝先生此项

① 何维凝：《中国盐务行政机构的变迁和目前应有的调整》，《新民族》1938年第1卷第8期，第8页。
② 何维凝：《盐荒之检讨及其对策（二）》，《新民族》1939年第3卷第17期，第12页。

主张与《新民族》在战时的教育主张异曲同工，其主旨便是尽管抗日救亡是全民族共同之任务，但从长远计，为了战时及战后中国的重建，学者们在纷纷主张支持青年投身革命的同时，亦鼓励那些安于学习的青年投身于各专业技术的学习，为战后重建进行人才与技术上的储备。就当时中国的盐业改革而言，我们认为确实应该鼓励以技术见长的盐工踏踏实实地坚守于制盐之工作岗位上，为中国盐业长久之发展储备最基础的生产能力。

(3)提高盐业的统制管理能力

前文对“统制”的意义进行了详细论述，事实上，“统制材料”仅是中国盐业国营化的主要表现之一，而人们所期待的却是从具体材料的统制，扩展至盐业价格的统制、机械化推进的管制、组织建构的管制、政策导向的管制、运输管制等，逐渐地创造一个良性循环的盐业经营管制体系。就学者们对于盐业改革的论述而言，对交通和销售统制的讨论确是各方面改革的重点。

交通统制，是基于长久以来中国交通之不发达的状况提出的，加上“抗战以来，军运频繁，交通工具，皆以军用品之运输为先，一般民用品之运输仍为困难”①，盐业作为重要日常民生用品，在运输方面当然受到影响，而交通业的调控与发展本身便归口于国家统制，因此，为加速中国盐业之发展，实现中国盐业的国营化，进而突出盐业国营化之优势，对于交通之统制便势在必行。事实上，战时盐业交通之管制的目的是“以后战区存盐仍宜推行官运办法，设法抢运分储安全而又需盐较切地方”②，由此可知，所谓盐业交通之管制并非要求时政当局加强对交通建设的投入，而是寄希望于如何通过对现有交通条件的管制和使用，对中国盐业运输进行全面调控，以达到盐品供应的平衡。对此目的的知悉，便奠定了战时盐业交通政策的基础：“一，宜纵量利用原有工具增加其效能。二，酌情增加新工具。三，设法维持运输工人之必要数量。”③

销售统制，是由盐品生产不足及战时紧迫之下供应需求平衡而决定的。在统制销售这一层面，执行的关键是“因地因时因劳而异，斟酌情形，止于至善”④，同时在计划中考虑到战区与非战区的平衡。

对于战区而言，“盐务机关应与所在军政机构取得联络，某地存盐若干，其中军

① 何维凝：《盐荒之检讨及其对策(二)》，《新民族》1939 年第 3 卷第 17 期，第 13 页。
② 何维凝：《盐荒之检讨及其对策(二)》，《新民族》1939 年第 3 卷第 17 期，第 13 页。
③ 何维凝：《盐荒之检讨及其对策(三)》，《新民族》1939 年第 3 卷第 18 期，第 6 ~ 7 页。
④ 何维凝：《盐荒之检讨及其对策(三)》，《新民族》1939 年第 3 卷第 18 期，第 7 页。

用盐若干，民用盐若干，均应有详明统计提供参考”，在此基础上，根据战区盐量之需求进行调配和调度。

对于非战区而言，“如来源尚未困难，不妨仍旧由商人销售，惟须贯彻修正非常时期农盐工商管理条例之精神，并积极推行之，对于商人存盐数量，销售价格，需要情形及销售情形等项，均应有详细调查与统制”①。对于非战区的盐务销售管制，何维凝先生进行了详细分类与举证：

重庆市四川盐务管理局重庆分局：

①购盐店户每次限购盐一包。

②购盐店户应先向该局领取“请求购盐保证书”以式填写，并请由该户所在地之甲长签字盖章负责保证。

③购盐店户将上述“请求保证书”及每包盐价呈由该局察核收账后，换发“运销领盐凭单”持赴存盐处按号领盐。

④购盐店户零售盐斤，由该局总核成本，规定官价，不得超过，违者严办。

⑤购盐店户零售盐斤不得短少或掺水和污情事，违则严办。

江津区政府：

①每联保每月准购四包。

②各联保零售盐商进城购盐，须由各该联保主任具文证明，或填具登记表。

③各联保应监视各盐商照定价出售，不得运销他处或囤积居奇。如存盐二十斤不卖，准予没收送县府议处。

④各商售盐时应详实登记，每户以十口计算，每月购盐至多不得超过新称十斤。

⑤规定城厢盐价，四乡盐价以城厢为标准，计其远近，酌加运费。

⑥各机关、法团、学校、工厂、医院购盐时，以每人每日四钱计算，由各负责人备涵向县商会或联保处接洽购买。②

以上两种盐务销售方法，体现了“统制销售”之含义，而“统制”的关键便在于盐务机构或政府官属的监督。监督的具体方式是以文书登记的方式确保售盐事务的行之有效；统制盐务销售的核心是整合总体盐产量，按人头或者单位进行严格限

① 何维凝：《盐荒之检讨及其对策（三）》，《新民族》1939 年第 3 卷第 18 期，第 7 页。

② 何维凝：《盐荒之检讨及其对策（三）》，《新民族》1939 年第 3 卷第 18 期，第 8 页。

制,以保证盐品供应的均衡;统制与监督以法律约束商人的囤积居奇和不正当竞争之行为,最大限度地保证盐品销售之于平民百姓的公平。两法的区别主要是:统制只能行于设有盐务机构地方,并须得地方政府之协助,否则对甲长店户之监督与指导,不免困难;监督可以直接监督并指导保甲人员,可以防弊,但各联保售盐似尚有慎加估计之必要,且须得盐务人员之协助,其地方已有法院者,有囤积抬价案件,应移送法院,亦不宜由县政府直接处理。[①] 值得注意的是,以上非战区统制销售的前提条件是盐业生产能够满足基本的供应需要。

众所周知,抗日战争的爆发严重阻碍了战时中国各项实业的发展。盐务之生产、销售、运输等环节均受到巨大冲击,加之中国盐业经营的陋习,盐产量不足或许会成为战时中国盐业销售的常态。为此,何维凝先生进行了合理设想:

> ①无论战区非战区均由所在或就近盐务机构派员协助地方官署组织食盐公卖委员会。于县市政府所在地方设立总会,由市县主管官署、商会、消费合作社、联营会、地方公正人士及盐商各推代表一人会同组织。于各重要乡镇设分会,由所在主管官署指定保甲一人并合作社,地方公正人士及盐商代表各一人会同组织。
>
> ②营业方面由盐商公推会计负责,经理得酌交公费,其有雇员者亦如之。总会应按本地需盐数量由盐商合资输入,按分会需要之数,公平分给。
>
> ③存盐数量至少须供三月之食,其地方安全或遇盐产旺收时期,得酌增存盐数量。
>
> ④商人所出资本,不得移作别用,所得利益得酌提百分之二十为办公费,余按出资之数平均分配。
>
> ⑤由总会或分会依照所在户口实数,按户由保甲长发给食盐购买证,每户购盐之数视存盐情形,酌量多寡。
>
> ⑥每日每人食盐之数四钱为准。
>
> ⑦盐价应该按成本公平规定,使商人略有余利而食户负担不致过重。
>
> ⑧其地方已有粮食火油日用品等分营机构者,关于食盐分配事宜不妨饬其兼办,以省经费而便统筹。

与生产供求平衡下的盐务销售统制相比,盐品供不应求时的销售统制的关键在于盐务销售组织的设置与完善成为盐务统制销售的核心。在此基础上,何维凝

---

① 何维凝:《盐荒之检讨及其对策(三)》,《新民族》1939 年第 3 卷第 18 期,第 8 页。

先生注重用盐量、存盐量的估算和商人资本的分配，提出保证每人每日基本的食盐量，希望通过系统的体系内的监督和分配达到节约统筹之目的。

二、对战时财政的认知与改革

（一）抗战财政来源的前提

崔敬伯先生在其文章《抗战财政的根本认识》开篇之处强调中国当时的战争“是被压迫民族与侵略国家之间的战争”，“是出于万不得已的自卫战，是经过长时期忍辱负重于无可避免的民族解放战争。这种纯防御的战争，是最神圣的，最合乎正义的，对内赢得全民族的死力，对外博得全世界的同情，有了这样的基础，筹措抗战的财源，是不成多大问题的”①。正是由于中国特殊的战争背景，当时中国的财政并没有完全陷入被动境地，反而看到了相应的转机，在斗争中寻求更多自力更生与协同助力成为中国战时财政得以发展的基础。更何况，我们有广阔的土地和充满激情的民众，这将是战时财政得以发展的根本。

（二）战时税制改革

如前文所述，当时中国所经历的战争是民族解放战争，其神圣而正义的性质使当时的中国具有汇集战时财政来源的最牢靠的基础。不过，当财政问题落于现实时，光有万众一心的民族凝聚力是不够的，发展战时财政尚需落脚于战时财政改革。朱偰先生在《推行战时所得税建议》一文中总结战时财政政策的核心是“推行战时税制、彻底改革财务行政”；而推行战时税制的关键是“应提高税率与扩大范围者为所得税；应即刻举办者为遗产税；应筹备进行开办者为展示所得税”，战时租税中“吾国先行所得税，仅有营利事业所得，薪给报酬所得，证券存款所得三类”，不过我国战时所得税的最大优点是“富于弹性”②。综合起来，当时学者们所关注的战时税制改革主要集中在以下几个方面。

1. 扩大征收范围

扩大征收范围，实际上是针对不动产而言的。战时法国、德国等均在原来所征收的所得税基础上增加了土地所得税，这种类型的所得税当时尚未纳入我国的所得税类型中。“不但违反公平普遍原则，且以地主房主负担能力之大，财力之厚，对于国家财政竟毫无负担，在税收政策上亦为一大损失。故战时所得税，必须涉及不

---

① 崔敬伯：《抗战财政的根本认识》，《新民族》1938 年第 1 卷第 18 期，第 6 页。

② 朱偰：《推行战时所得税建议》，《新民族》1938 年第 1 卷第 8 期，第 4 页。

动产之所得，且其税率不妨较高于营利事业所得及薪给报酬所得。”①

2. 提高累进税率

朱偰先生建议战时所得税征收广泛采取累进制，并且所得税税率由之前的千分之三至千分之二百的不完全累进制度，变为针对土地房产、营利事业、薪给报酬和证券存缴等类型所得税的累进制度，所得税税率的浮动空间为千分之三至千分之四百。②

3. 开办综合所得税

“吾国所得税现制，仅有分类所得税，尚无综合所得税，易言之，即仅为收益税性质之对物税，尚非真正之所得税也。过去因仅有三类，征收不普遍，因此总所得无法征收个人”③，从世界诸国征收所得税的趋势来看，“无不从分类所得税，进于综合所得税；从对物税进于对人税”④。朱偰先生的意见是我国不妨以百分之一至百分之五的比例逐渐开征综合所得税。

4. 向外侨征收所得税

战争时期，采取强制措施征收英法美俄等侨民的所得税，这亦是战争现实所导致的。

（三）战时外汇的管理

对战时的中国来说，外汇管理问题并不成熟，对这一问题的讨论也不够深入，遍寻《新民族》的所有文章，仅一篇文章专论外汇管理之问题，即褚葆一的《外汇管理之前途》一文。该文以“一个纯理论的观察”为切入点，实际上并没有就中国当时的外汇管理问题做出详细论述。不过，文章仍从理论层面，对外汇管理的原因、核心和实质进行了简述。

1. 整合各国外汇管理的原因

褚葆一认为原因有二：第一，国家在金融方面暂时处于一种不健全的状态，由于国内或国际间政治经济方面不同的缘由，造成银根紧急、现金外流的现象；第二，国家在金融方面有一种根本的病态，就是本国支付工具的价格定得太高，使本国的物价水准和所得水准不能和国外的水准相互适应。⑤ 这两种现象的共同点是均会出现资金外流的情况，通过外汇管理的方式可以对长期资金外流的现象进行调整。

---

① 朱偰：《推行战时所得税建议》，《新民族》1938 年第 1 卷第 8 期，第 4 页。
② 朱偰：《推行战时所得税建议》，《新民族》1938 年第 1 卷第 8 期，第 4 ~5 页。
③ 朱偰：《推行战时所得税建议》，《新民族》1938 年第 1 卷第 8 期，第 5 页。
④ 朱偰：《推行战时所得税建议》，《新民族》1938 年第 1 卷第 8 期，第 5 页。
⑤ 褚葆一：《外汇管理之前途》，《新民族》1938 年第 3 卷第 4 期，第 8 页。

不过，考虑到"因人心恐慌而引起的国家收支不均"，人心恐慌会因措施得当逐渐缓解，而这种情况下的外汇管理或许会维持一个过低的外汇汇率，有的经济学家强调这是"决不能成功"的，"因为本国物价对购买力的离差，决不能靠外汇管理来弥补"①；再考虑到"外国支付工具的有效需求老是超过于供给量，那么混乱汇市的黑市，就势必会产生"②，这便使外汇管理问题更加严峻。由此可见，尽管现金外流现象成为各国实施外汇管理的主要原因，但在具体操作过程中却不能仅仅以缓解人心恐慌、控制物价及调整收支不均作为简单的调节方法，如何真正做到供求平衡无疑是进行外汇管理的核心问题。

2. 外汇管理的核心

外汇管理的核心在于供求相互适应即开源与节流相互平衡。褚葆一先生列举了有关开源的几个方法，但这些开源的方法很少有效。例如，当一个国家需要外汇管理的时候，说明这个国家在外汇供给方面早已存在困难，为了保证本国商品的销路，国家可以通过维持一个较低的外汇率、增加出口津贴的方式维持本国商品在外国的销路③，这种"开源"的方法是建立在本国大量经济支援的基础上的，这无疑又进一步加剧了国家的经济负担。又如，在国家出现危机的时候，可以通过向侨民宣传的方式，激起他们的爱国热情，但这种方法只能奏效一时，而不可能长久维持。再如通过向外国借贷的方式增加本国外汇供给，战时向外国进行借贷往往不仅是一个经济问题，还受到各国国策的影响。④ 综上所述，所谓"开源"的方法往往需要通过与外国的沟通与合作才能完成，这并不是一国单方面能够操作完成的，战时中国在外汇引进方面还在世界政治、外交、军事等各个层面上受到限制。因此，对战时中国而言，与"开源"相比，"节流"反而较为有效，原因在于，这是政府职责权力之所在，可以强制执行。"节流"的方法主要表现为提倡代用品和禁止消耗，其核心便是尽可能地减少外国商品的进口，以防止资金外流，进而刺激本国工业生产的进步。⑤

3. 战时中国外汇管理的实质

根据前文所述各国实行外汇管理的原因和方法，战时中国的外汇管理问题兼有前文中两种现象既是由于中国金融不健全，又是因为战时国策下，中国金融方面

---

① 褚葆一：《外汇管理之前途》，《新民族》1938 年第 3 卷第 4 期，第 8 页。
② 褚葆一：《外汇管理之前途》，《新民族》1938 年第 3 卷第 4 期，第 8 页。
③ 褚葆一：《外汇管理之前途》，《新民族》1938 年第 3 卷第 4 期，第 8 页。
④ 褚葆一：《外汇管理之前途》，《新民族》1938 年第 3 卷第 4 期，第 8 ~9 页。
⑤ 褚葆一：《外汇管理之前途》，《新民族》1938 年第 3 卷第 4 期，第 9 页。

长期处于病态。就战时中国而言，“外汇管理的前途是否光明，根本还是系于消费节约和代替品制作的努力”①。

※ ※ ※

《新民族》遵循“抗战必胜”“建国必成”信念，对战时农业经济建设，战时矿业之盐务发展，战时工业、水电，其他矿产及林牧等各方面均进行了系统梳理与深入探究。

在反思“以农为本”的经济思想的基础上，《新民族》不仅对战时农业建设提出了战时中国农业的工业化和商业化的解决对策，而且对战时粮食供应做了专题研究。

与此同时，《新民族》也有系列文章认真分析了中国近代尤其是战时盐荒现象日益严重的盐业状况和二元制的盐务管理制度上的流弊，进而提出盐业国营化的改革对策，为中国盐业改革奠定了理论基础。

不仅如此，《新民族》还有对战时工业布局及城市建设的讨论，提出稳固内地工业布局的解决思路；有对当时中国实际的电力状况的研究，提出水力发电与火力发电配合运用从而发挥其最大效能的解决思路；对四川的矿藏情况进行了统计，为战时矿产的开发指明了方向；充分考量四川森林产业和畜牧产业对于军需战备的贡献力，提出要对战时林牧做出适当调整，培养人民造林的兴趣，发展国产木材业和国产畜牧业，将培育与开发有效地结合，将利用与保护有效地结合，真正地使森林物产为我所用，同时提出改善四川地区的畜产的质量，使四川畜牧业走上科学发展的道路。

最后，《新民族》还对战时财政进行了深入研究，对抗战财政的来源进行了深刻剖析，提出在抗战斗争中更多地自力更生，寻求更多协同助力，发展中国战时财政；还提出，推行战时税制，彻底改革财务行政的战时税制改革思路。此外，《新民族》对战时外汇的管理也有所探讨。

应该指出，《新民族》对关乎抗战建国的经济的重要方面均有所探究，其中也不乏深刻的洞见。其所提供的问题解决思路在当时既可以启发从事实际工作的国人，又可强化国人的信心，从而更好地助力抗战建国、民族复兴的伟大事业。就此而言，其贡献是不可磨灭的。

---

① 褚葆一：《外汇管理之前途》，《新民族》1938 年第 3 卷第 4 期，第 9 页。

第四章　抗战建国之军事及科学技术要务

在学术研究中，学者们无论从事何种研究，关注的往往是其研究的价值。对于人类史中最有价值的贡献，有学者认为是“根据客观的科学知识以完成主观的文化创造，这创造的过程与成就便是人类史中最有价值的贡献”①。这一定义无疑肯定了科学知识在人类发展史上的重要意义。“然而那化知识以成事业，运用自然的因果机构，来实现我们生活目的的一种手段，就是通常所谓的‘技术’。”②1765年，英国人瓦特发明蒸汽机，为近代技术发展开拓了两条发展路线：一条是技术发明路线，一条是数理自然科学路线。③ 随着科学与技术的进步，“理论与应用相互刺激，理论的发展潜含了新应用的探试，新应用的成功又引起新问题新理论的探讨。科学、发明、应用，如环之无端，形成一线”④。由此可知，科学与技术关系密切，事实上“技术本是一种能力，是一种价值，它是人类聪明的伟大发现，科学树上生出的佳果。运用得当，是一切文化事业成功的因素，人类幸福可能的基础；运用不得当，在野蛮人的手中自然可以摧毁一切人类文化”⑤。由此进一步延伸，战争中科技的应用实是福祸相依，对战时中国而言，当时人们所经历的是挽救民族危亡的正义战争，那么，正当地将先进的科技应用于战争，将是谋求文化发展、人类幸福的有效途径。但战时的中国不仅缺少实用性的科学技术，更缺少技术之精神的陶冶，因此，“我们一方面需要那缜密、精细、负责、踏实、富有组织力和服务的精神。我们也需要那根基科学的发明能力和创造的精神”⑥。遗憾的是，“虽然有人颇以近来科学研究工作较多为喜，殊不知我们的一点点工作，还逗留在叙述科学的阶段，至于实验科学可说几等于零”⑦。

---

① 宗白华：《近代技术的精神价值》，《新民族》1938年第1卷第20期，第2页。
② 宗白华：《近代技术的精神价值》，《新民族》1938年第1卷第20期，第2页。
③ 宗白华：《近代技术的精神价值》，《新民族》1938年第1卷第20期，第3页。
④ 宗白华：《近代技术的精神价值》，《新民族》1938年第1卷第20期，第3页。
⑤ 宗白华：《近代技术的精神价值》，《新民族》1938年第1卷第20期，第3页。
⑥ 宗白华：《近代技术的精神价值》，《新民族》1938年第1卷第20期，第5页。
⑦ 袁翰青：《论提高科学的研究》，《新民族》1938年第1卷第12期，第5页。

综合所述，当时中国科学不发达的主要原因在于没有适合科学发展的社会环境，中国几千年来的以农为本的治国思想顽固地束缚着近代中国接收科学并发展科学的脚步，即便是当时中国已经开始提倡科学研究，在帝国主义入侵下的半殖民地的客观环境下，科学研究缺少健康发展的土壤，因此"我们要提倡科学的研究，必须先谋民族的解放、社会的工业化"①。此外，在中国，"科学研究和大学教育脱了节""许多青年科学者被埋没"和"科学奖金的设置"未得其法亦是中国科学研究无法获得长足发展的重要原因。② 当时的学者们寄希望于将科学的精神植入中国艰苦的抗战，使其成为取得抗战胜利、实现民族独立、建造新兴国家的最有效的助力。

第一节 《新民族》对战时科技建国的思考

一、科技工程化与战时国防及国家建设

"初期军事的失利以后，一般人方才觉悟失利的原因，在物质方面，就是工业化程度的不够。所谓工业化实在就是工程化，因为不论哪种轻重工业，都离不了一项或一项以上的工程。"③陈章先生指出了中国历史上最显著的一个现象："自极早的时候起，工程和国防是互相联系的。"随之印入我们脑海的便是中国古代长城与运河的修建，再加上抗战时期的失利和中国近代工业的土崩瓦解，这些让我们进一步认识到，工业与国防确实密不可分。陈章先生选取了电械工程与国防的关系详加论述。他认为，与同时期的美国、苏俄相比，我国的电力工程远远落后，即便如此，电械工程仍为中国的国防建设做出了重要贡献，无论是对国际间的沟通，还是对普通民众抗日意志的鼓舞，或是日寇入侵轰炸的损失，电信网络的铺开均发挥了很大作用。众所周知，部队间的通信是军事训练、部署和联络的主要途径，电械工程是辅助抗日的重要力量。不过，立足于抗战的特殊背景，中国当时的电械工程仍存在三个问题：一是电力和重工业的联系问题，二是陆空军电信的扩充与改进问题，三是电工人才的储用问题。④ 处理上述问题的根本原则便是立足于中国的实际，用发展和长远的眼光来看待电械工程，使其不仅在抗战时期、在国防事业方面，更要在

① 袁翰青：《论提高科学的研究》，《新民族》1938 年第 1 卷第 12 期，第 6 页。
② 袁翰青：《论提高科学的研究》，《新民族》1938 年第 1 卷第 12 期，第 5～7 页。
③ 陈章：《电机工程在抗战建国中的地位》，《新民族》1938 年第 1 卷第 17 期，第 5 页。
④ 陈章：《电机工程在抗战建国中的地位》，《新民族》1938 年第 1 卷第 17 期，第 7 页。

日后建国以及各项事业的发展中做出巨大的贡献。

以上是对电械化工程于战时国防及国家建设的重要性的阐述，事实上，这仅是科技工程化中的一个项目，在工程化之重要性这个问题上，杨家瑜先生在《由抗战建国谈到大学工程教育》一文中较为细致地进行了解说："在欧战的时候，兵备补充的大部分，都是利用民间普通工厂，即为制造钟表、乐器、计器、玩具等的工厂，亦可因其设备及技术，而使之制造其某种适宜的军用品或零件，在平时，毫不相干，一旦有事，都直接与国防关系。无论哪种轻重工业，都离不了一项或一项以上的工程。在建设期内，各项工程都占同等重要的地位。各项工程人才，真不知道需用多少，所以扩充和充实现在的大学工程教育，真是刻不容缓的事。"①

总体看来，包含电械工程在内的工程化建设，无论是对中国战时国防还是对战后国家建设，均是一项复杂而系统的重大工程，其核心便是将科技应用于工程，服务于国防和建设。对战时的中国而言，科技工程化的关键是工程教育之认识的提高，培养工程类人才。这一目的的完成无疑要寄希望于中国大学的工程教育。

据杨家瑜先生总结，当时中国大学工程教育存在如下几个问题，亦是中国当时工程教育所亟待解决的问题。②

1. 充实和扩充后方大学工学院

在不受任何环境牵制的前提下，充实和扩充后方几个好点的大学工学院，使其成为训练工程人才的中心。这一问题源于战争对大学教育的摧毁，而当时所要解决的关键问题便是如何在不受当时物质条件限制的前提下，扩充工程方面学生的来源，以最经济的方式完成对工程学科的课程建设，实现最有效率的教学和人才培养。

2. 加紧训练中等技术人才

在传统工程劳作关系内，工人要接受工头的指挥进行劳作。这种组织体系往往要受到工头知识水平低下、管理能力弱等因素的限制，即便是再增加专业性质的训练，也无法从根本上改变原有的效率低下的工程建设组织方式，因此，要加强对中等技术人才的培养。此类人才培养的特点是"偏重于手的技术，不必深研学理，但求对于某项工程的基本知识，有初步的了解就够了"③。这些中等技术人才将取代传统的工头，甚至逐渐取代工人群体。这样，中国工程化事业的推进便有了最基层人才的储备，进而为中国工程化事业的发展奠定最牢固的基础。

---

① 杨家瑜：《由抗战建国谈到大学工程教育》，《新民族》1938 年第 2 卷第 9 期，第 4 页。

② 杨家瑜：《由抗战建国谈到大学工程教育》，《新民族》1938 年第 2 卷第 9 期，第 6 页。

③ 杨家瑜：《由抗战建国谈到大学工程教育》，《新民族》1938 年第 2 卷第 9 期，第 6 页。

3. 工程教育研究环境建设

当时我国大学工程教育最大的缺陷是没有研究环境。所谓研究环境实际上是指与工程教育相关的设备、研究过程中所产生的技术性问题以及工业生产的长期落后、经费的欠缺等,尽管政府方面已经开始着实推进相关研究所的设置,但这些因素仍桎梏了中国工程教育的发展。不过,面对如此众多的问题,与其另立研究所,不如先来充实办工程教育的大学,因为大学才是知识的园地,要想收获,就应当设法开垦,这是我教育当局,以及一切与工程有关的政府机关应深切注意的问题。①

4. 工程教育中师资的培养

与向外国派驻留学生相比,国内师资的培养在当时并未引起足够的重视,战乱纷争时期,如何快速有效地储备师资力量确实是中国教育的现实问题。因此,通过选拔优秀毕业生以培养大学师资是一个有效方式。那么,剩下要考虑的问题便是如何培养这些优秀毕业生以为合格助教。这便需要教授之指导、督责,研究成绩之认定,研究年限之累积,职称升迁之考核等一系列考评程序;坚决反对认为国外留学生即有当教授资格的形式主义。

二、气象知识与战时国防

众所周知,"各种科学中,和日常生活关系最广泛的,气象学大概亦算是其中之一了。就拿现在的年头来说,至少敌我一切空军的活动,都是取决于天气条件"②。如果拿战时这一特殊条件来说,学者们重视天气预报往往是重视其对战争的服务。

1. 战时气象学在军事方面的应用

就战争实情而言,敌军的空袭所造成的损失最为惨重,民众的生命和家园顷刻间便化为乌有,因此,民众的心理便与天气产生了密切联系:"因为有了空袭的危险,所以民众就天天希望有云雾。阴雨在平时很觉讨厌,现在却受人欢迎了,至少在各大市区里的民众是这样的心理。"③也正因为如此,在敌我抗衡的过程中,有效而精准的天气预报便成为双方空战中的一项重要指标,人们均寄希望于对未来天气有一个长期而确切的预报。

从战争角度而言,气象学在军事上的应用可总体概括为"阻碍视线与影响交

① 杨家瑜:《由抗战建国谈到大学工程教育》,《新民族》1938 年第 2 卷第 9 期,第 7 页。
② 吕炯:《天气预告的回顾与前瞻》,《新民族》1939 年第 3 卷第 15 期,第 4 页。
③ 吕炯:《天气预告的回顾与前瞻》,《新民族》1939 年第 3 卷第 15 期,第 4 页。

通”①。若以具象化的方式进行表达，这则与军事活动中具体使用的武器密切相关，主要体现在以下几个方面：其一，军事中烟幕的使用依赖于对风力、风速及风向的预判，“风愈静，烟幕愈不易消散”，一般而言，烟幕的使用需在风力的四五级以下，在此基础上再检测风向和风速以确定实施烟幕的适宜度；其二，军事中毒气的使用亦与风向、风力相关，毒气释放是否精准取决于风向与阵地形成的角度，一般而言角度在四十五度至一百三十五度之间、风速力二三级最为适宜；其三，军事中声测的使用取决于对气温和风况的监测，其中风况之影响重大，一般而言，风力越强，声测越不准确，当然声音之传送还会受到风向的影响；其四，弹道学中外弹道与空气重量及风况有相当密切的关系，在远程炮弹射击过程中，因为炮弹要穿过高层空气，在空中逗留的时间较长，因此自地面起至炮弹在空中能达到之高度，其风况皆须逐层测定，以计算出上下各层之合成风向与风力，再结合对气压和温度的测量，确定空气重量，便成为弹道风测算的基础；其五，空军的出动需要随时以各地气象报告为参考；其六，为保证我国战时气象预测的准确，应采用便于携带与安装的军用气象仪器，以便随时随地对气象进行监测，使气象预报更好地服务于军事。②

2. 战时中国天气预报的水准

当时天气预报的水准是“依恋几天的长期预报，不要说在中国绝对谈不到，就是在外国亦不过在实验期中，还没有什么显著的成绩”③。具体说来，“气象学家预告天气的期间，只有在未来三十六小时至四十八小时以内，就在这个一天半至两天的时期内，也还免不了有错误，正确的程度，在欧美各国也不过达到百分之八十至九十；就是说在一百天以内，有十天至二十天的预报是不正确的”④。20 世纪 30 年代中国天气预报的准确率集中在“百分之七十以上”，“到前年抗战发生时，因经验加多，报告渐增，预告成绩，可达百分之八十以上。但其中百分之十五至百分之二十的错误，还是无法免除”⑤。

3. 战时中国天气预报中所存在的问题

当时中国气象预告精准度还不能够达到百分之九十的原因在于以下几个方

① 黄厦千：《实用军事气象知识》，《新民族》1938 年第 1 卷第 9 期，第 12 页。
② 吕炯：《气象与军事之关系》，《新民族》1938 年第 2 卷第 4 期，第 7 ~ 9 页。
③ 吕炯：《天气预告的回顾与前瞻》，《新民族》1939 年第 3 卷第 15 期，第 4 页。
④ 吕炯：《天气预告的回顾与前瞻》，《新民族》1939 年第 3 卷第 15 期，第 4 页。
⑤ 吕炯：《天气预告的回顾与前瞻》，《新民族》1939 年第 3 卷第 15 期，第 5 页。

面:一是观测事业尚未发达,方法尚未完善,材料不充分,报告尚欠精准[①],如果寻找中西方观测学方面的差距,中国气象观测中所依存的统计方法量的分析涉及十几个未知数,公式的计算非常艰难,因此,人们在观测中所遇到的首要问题便是缺乏数学上准确的解决方法;二是为物质条件所限制的观测材料的不完备和不精密,与欧美先进诸国"人事已尽"相比,观测材料的不完备和不精密成为影响中国天气预测精准度的又一原因。

4. 气象知识的积累与应用

我们知道,在气象检测设备的辅助和物理统计等科学方法的指导下的天气预报,其准确度在战时已经超过了百分之八十,因此,天气预报对于战时中国而言,其重要性是不言而喻的。不过,对于物质与军事条件极匮乏的战时中国而言,气象报告能否真正普及或者及时地下行传达,存在一定问题,所以,"在未有统一气象机关正式负责预报天气以前,后列数条气象方面知识,可稍资利用……不必待各地气象报告,不必为气象学者,默记数条,人人可略知未来天气变化之一二"[②]。事实上,对于一线作战部队而言,这样传统的气象经验和知识,对部队的应激反应更具指导性。现将典型气象经验列表如下[③]:

	形成条件			适用季节	持续时间	特征
雾	新雨后	夜晴无风	翌晨有雾	秋冬	9~10时	随风消散快
雾	本地潮湿	夜晴无风	翌晨有雾	秋冬	9~10时	
山谷雾						浓厚,持续时间长
雾	地面甚冷	海风			海风临时	延时甚长,毛毛雨
雾	地初积雪	无风晴朗				厚度不大
雾散迟速	立雾中无风	平视距近	浓度大		9~10时	易散,反之难消
	立雾中无风	仰视距远	浓度小		9~10时	易散,反之难消
阴晴	风初弱后强	云随之起				演变慢,持续一二日
阴晴	风起无规律					即已变化,不持久

① 吕炯:《天气预告的回顾与前瞻》,《新民族》1939年第3卷第15期,第5页。
② 黄厦千:《实用军事气象知识》,《新民族》1938年第1卷第9期,第13页。
③ 黄厦千:《实用军事气象知识》,《新民族》1938年第1卷第9期,第13~14页。

续表

	形成条件			适用季节	持续时间	特征
天气恶劣	云起羊毛状	束发状	白绢状“卷云”			天气恶劣之变化
	云起鱼鳞状	灰黑帐幕				不久即可降雨
	浓厚之大鱼鳞状	浓黑之乱离状				
转阴雨	雨区置西方	愈来愈近				
专晴天	雨区置东方	愈来愈远				
雷阵雨	在西、西北	西南				先雷后雨，必小，短 先雨后雷，必大，长
雷阵雨	在东					不易来
雨势	平坦叶状云					雨必不大
	堆叠状云	云中搅扰				雨必较大
	云甚浓重	云中上下	连而明显			倾盆大雨随之而至

三、测量事业与战时国防

前文中，我们关注的是气象与军事的关系，尤其是气象与空军的密切关系，而另一项科技亦直接关系到军事、气象、农林、矿产等，这便是战时中国已经有四十余年历史却并未得到充分发展的测量事业。在为复兴工作奠定基础的各项行业中，地图测绘也是一个不易解决的问题。

首先，很多人把测量看作一个浅易的学科。这是一个错误的认知，因为测量学专业所需要的知识较为复杂，除了测量学科知识，还需要数学、物理、地形、地质、水文、气象、光学等学科的知识，而这些学科无人认为是浅易学科，取之综合知识的测量学科怎就成为浅易学科了呢？

其次，中国测量学科确实存在不足。例如“现在国内许多从事测量的人员，不仅对测量以外的学科学习不多，就是测量一科，有的学校还给他分门别类，如三角为一班，地形为一班，制图为一班，航测为一班等”，这样分班学习的结果便是测量人员所学的知识单一，所掌握的技能狭窄，可见，所谓测量为浅易学科之说法并非空穴来风。在实际工作中，也会出现这样的传说：“当上次中缅堪界时，中英各派若干人会测，英方测量员甲病时，乙可以代他工作；中方测量天文者病时，测三角者不能代，测三角者病时，测地形者不能代，两相比较，优劣立见。”[①]由此可知，中国在培养测量人才时确实存在不足，这实是测量事业难以发展的根本症结所在。

最后，测量人才的培养要做到学以致用。“近年英庚款考送留学生时加设测量名额，及同济的添设测量专科，都是社会目光改变的表示”，这说明测量学已经越来越为学界所重视。但中国在派遣留学生学习时，往往做不到学以致用，例如“学成回不去给他们设法，于是学习军舰建筑的不得不当邮务员，学习土木的不得不当学监先生，至于专科学生当英文教员数学教员的，更是车载斗量”[②]。因此，将测量人才真正安置到实际的测量工作中去，才能够真正推进测量事业的发展。当然，在具体工作中，还应该推进测量器材改进、测量方法完善、实地工作经验的积累等工作，这是政府及从事测量工作人员共同的责任。

四、航空科技与战时国防

战时航空界所关注的问题主要集中在三个方面：一是克服天气变化的困难，二是增高飞行速度，三是超越敌方侦查人员的视域与射程。[③] 前文中，我们在讨论气象与国防问题时，已经认识到天气对于航空的重要性以及航空在国防中的重要性。对航空学自身的知识体系和技术革新的讨论亦是直接影响战时中国航空以及战时国防建设的重要环节之一。

《新民族》中有关航空学的讨论也并不多见，零星的几篇文章所涉及的论题主要包括航空效率、航空高度及飞机结构等问题，究其实质的话，实是对于航空人员之培养与航空器械结构之研究。

1. 关于航空效率的问题

航空效率问题的核心实际上是航空人才培养的效率。萧孝嵘先生在其文章《航空效率如何提高》一文中强调：“平日谈航空效率者多半只想到飞机本身的效率应当提高，而不知飞机的效率虽为重要，但是倘若驾驶人员缺乏相当的效率，则飞机不但不能表现它的固有效率，而且因此容易发生意外。”[④]由此可知，这里所关

① 曾世英：《改进测量事业的展望》，《新民族》1938 年第 2 卷第 8 期，第 6 页。
② 曾世英：《改进测量事业的展望》，《新民族》1938 年第 2 卷第 8 期，第 6 页。
③ 萧孝嵘：《航空工作中的高度问题》，《新民族》1938 年第 1 卷第 9 期，第 10 页。
④ 萧孝嵘：《航空效率应如何提高》，《新民族》1938 年第 1 卷第 1 期，第 13 页。

注的航空效率问题所针对的是航天人才培养的问题。众所周知,航天人才初选的主要凭证便是医学上对于候选者生理方面的基本判断,但是否生理健全、体格健壮便能够成为合格的航空人才呢?萧孝嵘先生则进一步正视航空人才心理健康问题与航空工作效率提高之间的关系,强调:“航空人员固然在生理方面需要健全的体格,但在心理方面亦需要相当的能量。顾此失彼,则影响航空效率至深且巨。换句话说,在医学检查上能够合格者不都是优良的航空人才,在此种检查之外,还须有心理的检查,才能减少意外的事件,因航空工作在心身两方面均需要某些重要的品质。”①

在其文章中,萧孝嵘先生大量引述国内外学者对航空人员培养的相关成果,总结出航空人员所必须具有的品质,包括(根据 Gade 的分析②)航空的感觉,即在飞行过程中航空人员在旋转、遇风、降落等环节中所表现出来的飞行能力;善于操作舵具和发动机,同时具有相当丰富的机械智慧;在危险来临时能够勇敢冷静并迅速且可靠地做出反应;善于分配与集中注意力;具有持久的能力和敏锐的视觉。

萧孝嵘先生还通过对航空人员的知觉和动作反映在心身两方面的调节、情绪条件下的反映等测试进程的观察,总结出航空人员需具备的几种品质(根据 Gemelli 的研究③):对于自身的位置与飞机的位置之感觉;善于观察飞行场所的特点之能力;分配注意于数种事务之能力;各种动作之配合及其执行之能力;对于激动情绪的影响之抵抗力。这些品质是航空人员所不可或缺的基本品质。

除此之外,巴西对航空人员心理的研究又将航空人员所应具有的心理品质分为以下几类(根据 Bretas 的报告④):平衡感与其他各种感觉;注意;记忆;智慧;机动性或自制能力;意志的强度。根据感觉与动作方面反映的灵敏度以及其视觉、听觉及肌肉对刺激反映的迅速程度,被测试的人员被划分成三组:反应灵敏者为第一组,此组多为长型,常型次之,短型最少,此组人员最宜从事驾驶工作,能够有效地提升航空效率;反应中等者为第二组,此组多为常型,长型次之,短型极少,此组人员驾驶能力中等,最适宜于从事技师或侦查工作;反映迂缓者为第三组,此组人员短型居多,常型次之,长型极少,不适宜驾驶,适合担任侦查或管理工作。

综上所述,在提高航空效率的问题上,我们确实应该重视心理测试之工作,依据对心理、身体、精神、注意力等各方面的有效测试,对待测人员做出科学判断,进

---

① 萧孝嵘:《航空效率应如何提高》,《新民族》1938 年第 1 卷第 1 期,第 13 页。
② 萧孝嵘:《航空效率应如何提高》,《新民族》1938 年第 1 卷第 1 期,第 13 页。
③ 萧孝嵘:《航空效率应如何提高》,《新民族》1938 年第 1 卷第 1 期,第 13 页。
④ 萧孝嵘:《航空效率应如何提高》,《新民族》1938 年第 1 卷第 1 期,第 13 ~ 14 页。

而为选拔优秀的航空航天人才提供科学依据，与飞机器械本身工作效率之提高相比，优秀航天人才的培养对提高航天效率将更加可行。

2. 航空工作中的高度问题

萧孝嵘先生在《航空工作中的高度问题》一文种关注的是如何确定航空人员适应高度的能力。[①] 文中，作者引述了大量数字列表，来说明航空高度与温度、气压、氧分压力等因素之间的关系：航行高度越高，气温越低，其下降的比例为在高度每增加 1000 米时，温度约降低 6.5 摄氏度；航行高度越高，气压按照几何级数降低；航行高度逐渐升高时，物理常态情形之氧分压力当随全氧压而降低。[②] 由此，所得出的结论是：航行高度与浓度及气压之关系、高度与氧分压力之关系尤应注意。[③] 以此为基础，才可进一步讨论空气情形的变化对航空人员身体之影响的问题。其中对航天飞行人员身体影响最大的是氧分压力的降低，氧之均衡一旦失调，则中枢神经系统与感觉器官均受到影响，此种影响表现常态为"高度病"。[④] 高度病的初期表现类似酒精中毒，具体表现为自我意识增强，轻浮发笑，忘其责任，感觉疲态，浮肿呆滞；从动作表现上来看，患者的自主动作呈现失调状态，凡需要技能之工作皆无法执行；从思想与心理来看，意识范围缩小，缺乏充分的联想能力，意志力发生了变化，轻者抑郁与怠惰，重者淡泊无情。[⑤] 此处航空高度问题所关注的实际上是高空环境对于航空工作人员身体之影响的讨论，那么，对如何克服高空环境对现有航空人员身体之损害的研究，无疑是提高航空效率的又一重要保证。

3. 飞机结构之研究

这里涉及一个颇为专业的课题，即结构学研究。结构学研究的范围和目的是"在讨论关于设计结构时，所需要之各种理论与方法，使据此理论，用此方法，所算得之尺寸，确能胜任其所应负之力量，且合乎于节省材料之原则"[⑥]。也就是说，结构学研究的目的是怎样在科学的范围内节省材料。

而节省材料的目的是在保证安全的前提下，实现金钱和器械重量的节省，但两

---

① 萧孝嵘：《航空工作中的高度问题》，《新民族》1938 年第 1 卷第 9 期，第 10 页。
② 萧孝嵘：《航空工作中的高度问题》，《新民族》1938 年第 1 卷第 9 期，第 10 页。
③ 萧孝嵘：《航空工作中的高度问题》，《新民族》1938 年第 1 卷第 9 期，第 11 页。
④ 萧孝嵘：《航空工作中的高度问题》，《新民族》1938 年第 1 卷第 9 期，第 11 页。
⑤ 萧孝嵘：《航空工作中的高度问题》，《新民族》1938 年第 1 卷第 9 期，第 11 页。
⑥ 李寿同：《飞机结构与一般结构之比较（一）》，《新民族》1938 年第 2 卷第 18 期，第 8 页。

者不能兼得。[1] 由于飞机自身坚固之基础和结构本身均固定不移,因此,从重量进行节省终究有一定范围与规格的限制,故一般结构材料之节省,重量当在其次,较为重要者,还是金钱问题。[2]

结合大气力学原理,飞机飞行时,托举之力有其固定要求,"倘若结构体重增加,势必减少应负之载重,性能、效能因之降低;倘若应载之重量不能减少,则飞机其他性能效率亦必将降低,二者均非所宜。且飞机结构于运转空中之时,整个飞机各质点常生有加速。倘飞机结构之体重,或有增加,此增加之相当质量与加速所构成之动力,颇易影响于结构之安全"[3]。因此,尽管当时航空科学取得了长足发展,常常不惜重金购买纯良之材料,但对于有碍于效能之体重,则严格求其为最小之值。故重量问题,在飞机结构中当为首要。[4] 因此问题的讨论过于专业,为保证问题梳理的清晰,我仍采取列表的形式对飞机结构与一般结构进行比较,以期对问题的理解更加明了。

飞机结构与一般结构之比较列表[5]

对比项目	一般结构	飞机结构
重量问题	非首要,为节省材料,结构尺寸不必过于准确	首要问题,为安全起见,结构尺寸必须精准
最大外力	固定于地面,随着体重的增加,其所伴有之加速可忽略不计,因质量而增加所生之力为静力	运行于空中。所受最大外力来自于各质点之速度。因速度之增加而产生之力为动力
安全系数	为节省金钱而增加体重,而不顾多所靡费,以纠正此不合理假设之错误,故所取安全系数常为甚大之值	尽力避免体重之增加。至无法避免之错误,及无法分别决定某相关因数者,始取一安全系数以补救之,故其值常小
外力系数	结构本身系为静止,其所负载重或有移动,但常于安全系数之内,可视为静止之力,一般公式即可使用	结构本身常在转动,所受外力为忽然陡增之动力。在用一般公式计算时,需要另设一个因数,以补充动力所带来的差异

① 李寿同:《飞机结构与一般结构之比较(一)》,《新民族》1938 年第 2 卷第 18 期,第 8 页。
② 李寿同:《飞机结构与一般结构之比较(一)》,《新民族》1938 年第 2 卷第 18 期,第 8 页。
③ 李寿同:《飞机结构与一般结构之比较(一)》,《新民族》1938 年第 2 卷第 18 期,第 8 页。
④ 李寿同:《飞机结构与一般结构之比较(一)》,《新民族》1938 年第 2 卷第 18 期,第 8 页。
⑤ 李寿同:《飞机结构与一般结构之比较(一)》,《新民族》1938 年第 2 卷第 18 期;李寿同:《飞机结构与一般结构之比较(二)》,《新民族》1938 年第 2 卷第 19 期;李寿同:《飞机结构与一般结构之比较(三)》,《新民族》1938 年第 2 卷第 20 期。

续表

对比项目	一般结构	飞机结构
设计外力	最大外力与安全系数相乘之积	最大外力等于飞机全重与加速比相乘之积,加速比、安全系数及外力系数三者相乘之积为载重因数。飞机结构的设计外力是飞机全重与载重因数之积
拉力	假设拉杆于受力之后,每个切面上所生之压力,均系均一分布	受到飞机结构上拉杆切面或圆形、或方形或流线形等情况的影响,飞机结构拉杆各切面上压力的分布复杂。则一般拉杆公式并不适用于飞机拉杆所能承受之力的计算
压力	一般应用于长柱及短柱①之公式,所依据的假设:(一)假设压柱之切面上下一致;(二)假设柱之中性纤维,成笔直;(三)假设外力平均分布于压柱之两端,其合力之力线,与柱之中性纤维相密合,即便出现不合于假设的事实,因其安全系数甚大,可补偿,故可忽略不计	用于飞机结构上的压柱,确有未能如一般结构所依据的假设。(一)为节省压柱体重,常使每个切面,适能承受压弯之力,所以压柱切面上下常不一致。(二)因为装配之错误,常使外力线与柱之中性纤维不密合。(三)因为装作时之欠准确,常使中性纤维并非笔直。设计飞机结构时,务求精确和详尽,所以不合于假设之实际情形,必须纳入于公式之中
弯力	存在承受弯力的一般公式和三种假设	由于受到最大单位之剪力、垂并剪力和水平剪力之影响,一般公式无法适用于飞机结构中
扭力	一般结构中受扭部分,多分实心和空心厚壁之扭杆。两种假设:一是当横切面为平面者,受扭力之后,仍为平面;二是抵抗外加扭转力矩之应力,系假设为邻近二平面横切面间于对旋转时所生之剪力。此假设把复杂现象变为简单,以便于推广	飞机结构之受扭力部分,非近侍简单切面情状之实心或空心厚壁之直杆,还存在不规则切面形状之实心直杆、由厚片薄片拼接而成之受扭部分、薄片谷形之受扭部分、薄片谷形而加薄片间隔之受扭部分、栅栏骨架之受扭部分等复杂情况的存在,均说明一般结构的扭力公式不能适用于飞机结构的扭力计算

① 李寿同:《飞机结构与一般结构之比较(二)》,《新民族》1938 年第 2 卷第 19 期,第 6 页。原文是:“当压柱之两端,受有渐增压力之时,最后所生现象,究为压弯,抑为压碎,此皆须视该柱之长度与其切面之形状与尺寸而定。用以代表此长度,与切面之性质者,谓之长细比。依经验所得,每一种材料之压柱,其长细比有一临界之值,凡一压柱之长细比之值,大有此临界之值者,为之长柱,长柱易被压弯。其长细比之值小于此临界之值者,谓之短柱,短柱易被压碎。”

以上表格所列之项目以及列表中所引述的理论，均来自李寿同先生《飞机结构与一般结构之比较》系列文章，由于此问题的研究过于专业，因此，我们根据文章中所比较的各类项目，以列表的形式来体现飞机结构与一般结构的不同。不过需要厘清的是，一般结构之理论实际上是飞机结构之理论的基础，而飞机结构理论与技术的改进则是在此基础上的创新。这也是本人将两者进行比较的核心目的与意义所在。

4. 空中新式科技刍议

据朱晓寰先生统计，以南京为中心，以五千米的高度为基准，“一年之中至少三分之二的风是从偏西的方向吹的，到了冬季可增加到十分之九以上”①。借鉴美国利用高空西风吹送气球炸弹的经验，结合我国与日本的地理关系，则高空西风气球炸弹便成为天助中国的新式武器。其难度是当时无法对敌境的高空进行检测，这样便无法保证气球炸弹的降落及其爆炸的精确度，如何使气球炸弹不至于落空，是当时在使用新式武器过程中需要特别注意的问题。朱晓寰先生采取的方法是：首先，通过对本国高空情况进行检测，对敌国的高空环境进行推测，准确率大概在百分之八十以上；其次，根据风速来预设气球下降时间的界限大约是三十五小时至八十小时之间，将两万组气球的降落时间分批次地安置于上述时间界限内，至少可以保证五分之一的气球落入敌国境内，其威力不亚于五六十驾轰炸机，同时亦化解了千万以上的代价。②

在战时科技讨论的专题中，航空新式科学技术的应用一直是学者们关注的重点，而服务于战争的科技应用则始终是战时科技创新的核心，有鉴于此，有学者就地理物理学进行了专门研究。所谓地理物理学，“凡是各种物理的现象和我们的地球有特别关系的，都可归纳在地理物理学的范围内。不论何种事故，或由地球内部发生，或在地球表面，甚至在高空中的现象，都可说是这门学问研究的对象”③。其主要有三类：研究大气圈的现象，研究水圈的问题，研究地球固体的部分。这是广义地理物理学的内容。狭义的地理物理学只指研究岩石圈的部分，再在“地理物理学”之前冠以“应用”二字，实际上偏重于其在经济上的应用，尤其注重矿厂的探勘。④ 所采用的方法主要有重力测量法、地磁法、地震法、电气法和放射法等，还要

① 朱晓寰：《天助中国的新兵器》，《新民族》1938 年第 1 卷第 19 期，第 10 页。
② 朱晓寰：《天助中国的新兵器》，《新民族》1938 年第 1 卷第 19 期，第 10 ~ 11 页。
③ 吕炯：《介绍一种有关抗战的新兴科学》，《新民族》1938 年第 2 卷第 13 期，第 8 页。
④ 吕炯：《介绍一种有关抗战的新兴科学》，《新民族》1938 年第 2 卷第 13 期，第 8 页。

具备以下条件:地下物体质量相当大、物理性质存在显著差异且能够为地面所勘测,仪器精准,地质知识与应用地理物理学方法所测得的结果必须一致,等等。[①] 从勘探矿藏的角度来看,应用地理物理学不仅仅服务于战争,其长远价值在于对战后国家的重建,这也是欧战之后应用地理物理学迅速发展起来的根本原因。而我国矿产丰富,只是当时开采和计算仍然困囿于旧法,因此,地理物理学之科学理论与方法的应用无疑将对抗战期间和抗战以后国家建设的发展起到重要的推动作用。

五、水陆交通与战时国防

毋庸置疑,铁路与国防密切相关,更何况在中国建造铁路初期,国内的铁路建设大多仰仗于国外的资助,这便成为外国人利益的聚合点,甚至使得外国人的势力延伸至内地,"同时更表示各个割据之现象,混乱无序,十足表示殖民地性之经营"[②],换言之,铁路已经成为外敌入侵内地的重要途径。综合看来,战时中国境内的铁路呈现如下特点。

首先,国内铁路建设仰仗外人,由外人投资或为外人所控的离心式铁路成为外敌内侵的主要线路。当时中国境内侵略性的铁路主要有:"云南境内之滇越路,纯为法人经营管理之窄轨铁道";"东北境内之中东路",名义上为中俄合办,实际上却为俄人掌控,又让渡给伪满;"中东路之南段及旅大租借地"均转让于日本,至此日俄势力已经蔓延到东北全境;"安藩铁路"成为朝鲜入侵我东北内地之捷径;"吉会铁路"为日本控制;"胶济铁路"原为德人所经营;"京沪铁路"实为英国所投资。事实上,除了东北全境,"以上海为出口,横贯江苏之江南,青岛与上海,均为帝国主义入侵之焦点,以海口为基点,利用铁路作向内侵略之动脉"[③]。总体看来,以上铁路均为离心式铁路,这样的铁路"不以国家之利益为前提"[④]。

其次,战时要图谋向心式铁路的修建。有鉴于离心式铁路给中国带来的利益损失和巨大危害,胡焕庸先生总结当时应兴建向心式铁路,指出要重点抓住的铁路如"陇海路",起自海州,终于兰州;"川汉路""滇缅路",正值"抗战期间,如能利用滇缅线,增加国际间之交通路线,当为要图,故理宜加紧完成,将来并当使之成为向

---

① 吕炯:《介绍一种有关抗战的新兴科学》,《新民族》1938 年第 2 卷第 13 期,第 8 ~ 9 页。

② 胡焕庸:《铁路与国防》,《新民族》1938 年第 1 卷第 14 期,第 4 页。

③ 胡焕庸:《铁路与国防》,《新民族》1938 年第 1 卷第 14 期,第 5 页。

④ 胡焕庸:《铁路与国防》,《新民族》1938 年第 1 卷第 14 期,第 5 页。

心铁路系统的一端,方能合乎本国之需要。”①

最后,中国南北大动脉需要贯通。自“武昌过江至汉口,由平汉路而至北平,北宁路而至藩阳,南满路而至长春,中东路南段而至哈尔滨,中东路西段而至满洲里,出国境与西伯利亚大铁道相接,可与欧洲诸国相通,此在我国铁道交通上,有其特殊之重要性,惟现因抗战期间,特殊之需要,不得不与广九路接轨,在黄埔筑港未实现以前,粤汉路之出口,即汇注于香港,而以香港为出入之门户”②。胡焕庸先生同时提出,中日战争结束后,我们要防范的是此南北贯通的大动脉或许将为香港威胁,随着粤汉路的完成,又有可能成为英国内侵之线路,因此,在掌控铁路自主权及自身利益的过程中,我们要慎之又慎。

综上所述,根据胡焕庸先生《铁路与国防》所述的中国铁路的情况,我们除了知晓战时中国铁路之状况,还详细了解了以首都为中心,东西南北的铁路网循序铺开的状况,其中,当时正在修建和待修建的铁路主要有京滇路、兴桂路、川滇路、川汉路、成渝路、陇海路、平包路、通莆路、正太路、滇粤路等,而东北铁路修建神速,其修建长度占据了中国铁路总修建长度的一半以上,不过,由于日俄等势力的控制,东北铁路的修建带有较大的内侵特点。日本侵华期间,在其指挥下,东北境内基本上完成了吉会路、克山至热河、锦热路的修建,因此,在外人利益驱使下所构建的铁路网,需慎重警惕。

除航空、铁路,学者们所关注的战时交通还有水道交通,其主旨仍是服务于军事。如沈百先先生所言:“水陆交通线之间的开闭,应注重于运河水道之修治,及铁道公路之建筑,在抗战建国期中,尤应以军事为中心。现届抗战最后关头,而‘抗战必胜’之资源,唯西南各省是赖。”因此,沈百先先生对西南水道交通建设进行了梳理与讨论。③ 因所述问题过于专业,我们依照作者思路简述如下。

首先,西南水道交通线主要包括:长江自汉口经宜昌至重庆至宜宾,可通航者1500 千米;湘水自长沙至零陵,可通航者 350 千米;西江自广州至梧州桂林、柳州、南宁,可通航者 1600 千米。此外,还包括武昌至昆明、长沙至贵阳、贵阳至成都、柳州至龙州等 4800 千米的公路交通线,以及国营粤汉铁路、法营滇越铁路等共 2800千米的铁道交通线。这些交通线路无法满足西南农产品及农矿业的运输,公路、铁

① 胡焕庸:《铁路与国防》,《新民族》1938 年第 1 卷第 14 期,第 5 页。
② 胡焕庸:《铁路与国防》,《新民族》1938 年第 1 卷第 14 期,第 5 页。
③ 沈百先:《西南水道交通建设刍议》,《新民族》1938 年第 2 卷第 8 期,第 3 ~5 页。

路交通之修建材料和交通工具等需求助于国外，因此，西南水道交通已经成为开发西南各省资源的主要交通路线。

其次，西南各省重要都市之间的水道交通应以联络重庆和贵阳间的水运、联络重庆和昆明之间的水运、联络长沙和桂林之间的水运为核心，三条干线为西南水运交通的初步建设。沈百先先生更详细规划了川黔水道、川滇水道和湘桂水道的详细路线与修治重点。无论如何，在外敌入侵之时，国防建设更需要重视，“应不恤工本，不避艰难，勿蝇营于小利，勿急谋近功，经之营之，以底于成”①。

第二节 《新民族》对战时军事问题的探究

事实上，对军事建国的思考是一个较为宽泛的领域，前文中，我们曾花大量篇幅讨论了对战时科技建国的思考，其中涉及的气象与国防、航空与国防、交通与国防等论题，无不是军事建国的重要内容。更准确地说，抗战建国本就是一项复杂的命题，政治、经济、科技、军事因素等纵横交错，若想单纯地提炼某一方面的研究，并非易事。因此，在本节中，对科技与军事的关系，我们将不再赘述，而着重对战时学者们所关注的军事问题进行梳理与讨论。

一、对机械化军队的认知②

抗日救亡面前，确实需要不计得失和自我牺牲的奉献精神，这是我国抗战能够持续并取得阶段性胜利的灵魂。但经过实际战争的洗礼，人们也实实在在地认识到血肉之躯不足以对抗以武器见长的敌军，纵然有不惧牺牲的精神，也不能任年轻的血肉之躯白白牺牲于残酷的战斗之中。因此，机械化军队的建立迫在眉睫。

1. 中国建设机械化军队的困难

一是体力不够。中国军队士兵的来源主要是贫苦农民，加上抗日救国的紧迫性，凡有志青年均可加入战时军队，他们缺乏专业的军事训练，因此，士兵的身体素质不具备驾驭现代化机械的能力。这是建设机械化部队所面临的首要问题。二是知识不够。因为中国军队士兵大部分来自农村，知识储备极其低下，而现代化器械

---

① 沈百先：《西南水道交通建设刍议》，《新民族》1938 年第 2 卷第 8 期，第 5 页。

② 罗家伦：《训练机械化部队的基本认识》，《新民族》1938 年第 2 卷第 11 期，第 2～4 页。

的操作却是一项繁复的技术工作，如何克服这一问题、培养士兵驾驭器械的能力无疑是机械化军队建设的重要问题。三是寻找体力、知识及操作能力和习惯兼具的人才更是难上加难之事，这也印证了机械化军队建设对于士兵素质的特殊要求，以上都是制约中国机械化军队建设的主要原因。

2. 建设机械化军队的方法

针对士兵体力不济的问题，有学者主张注重民族的健康尤其以儿童的营养、运动与卫生环境为重要；针对知识储备不足的问题，有学者主张普及初级科学知识，加强对学生器械类操作能力的培养；针对机械操作人才缺乏的问题，有学者主张“凡中级学生如体力、智力都好，心理测验亦证明其适宜加入某种机械化部队，而其志愿亦愿于将来计入某项机械化部队者，其在中级学校期间，应予以特种补充训练及适当优待，以为将来机械化部队的基本人才之策源”。

3. 机械化军队教育与训练

其一，鼓励优秀的高中学生及大学初年级学生加入机械化部队，高中生和大学初年级学生本身具有较强的身体素质，同时又具有多年的知识储备，再通过专门的学习与训练，无疑是短时期内便能培养出来且素质全面的机械化人才。其二，机械化军队的教育要有专家支持，尤其是工程与技术方面的专家必须拥有丰富的机械知识和操作经验，并通晓外国语言，熟悉国外器械的性能，这才能保证其知识的传授和技能的指导更加专业。其三，机械化军队训练要彻底，士兵不仅要熟练地使用器械，而且应该做到与器械合一，才能够清楚器械优劣，做到以优补劣，甚至能够及时诊断器械的问题所在，迅速地修复问题，以达到事半功倍的目的。

二、对战时军事心理问题的探析[①]

军事问题与心理问题的关系主要表现在：“心理学既然注意支配人类活动之各种因素，而军事之效率又看人类活动之如何控制而定，故心理学对军事问题之解决可有许多的贡献，而注意军事效率者亦必须注意心理学之应用。”[②]之所以充分考虑军事活动中的心理问题，是因为军事活动往往对军队组织、军事任务、军事训练以及军事工作中人才的品质有特殊要求，这些要求往往要超出一般的心理和生理

① 军事问题研究中所应用的观点和例证，主要来自萧孝嵘《什么的效力比较四十二生的米突的炮还要大得多?》(《新民族》1938 年第 2 卷第 7 期)。

② 萧孝嵘:《如何提高军事效率?》,《新民族》1938 年第 1 卷第 19 期，第 7 页。

界限,这样特殊并极端化的要求恰恰与心理学所研究的人的生理器官的各种反应,以及与之相关的人的思考、记忆、应变、忍耐和适应能力的培养等存在一致性。如果利用现代心理学对当时的军事战争或行动进行指导或适当地干预,便有利于军队利用科学的训练方法培养优秀的士兵或军事人才,这对当时我国军事效率的提高无疑具有重要意义。军事心理在军事工作中的应用主要集中在三个方面:"一是人员拣选之工作,此种工作可分为三部分:一为军官之选择,一为普通士兵之选择,一为专门人才之选择。如航空人员、运输人员、炮队测量员、无线电收发员、侦查员、情报人员等必须经过严格的选拔始能减少物力、财力与人力之消耗而增进其效率。二是训练方法之改进,训练方法必须根据可靠的心理原则才能收事半功倍之效果。三是心理卫生之工作,所谓心理卫生是采用心理学的原则维持精神的健康而防治神经的崩溃。"①

军事心理学的应用见于欧战时的德国、俄国,尽管"这两个国家可以代表政治思想的两个极端,但至少在这一点上是相同的,它们都致力于军事心理学之应用",例如,德国"墨德与飘考士刻于 1916 年开始应用心理技术选择军用汽车的驾驶人员""德国在 1915 年就成立了军队的测验机关""俄国在军事卫生部内设一中央委员会"。② 由此可见,军事心理的研究与应用在现代战争中的作用已经越来越不可或缺。

萧孝嵘先生以"什么的效力比四十二生的米突的炮还要大得多"的比喻与设问,明确地表明了自己的观点,以期军界与学界对军事心理问题足够重视。而怎样将心理学应用到军事方面,无疑是军事心理问题研究的核心,萧孝嵘先生表达了如下观点。

第一,应将心理科学应用于军人及军事人才的选拔。

士兵在选择的过程中均要接受心理测验,这便是心理学在军事上的最直接应用。因此,在讨论怎样将心理学应用到军事领域时,萧孝嵘先生所列述的第一条理由便是"军人之选择"。这一问题不难理解,我们都清楚并不是任何人都具有成为军人或军事人才的心理素质,更何况航空人员、军用汽车驾驶人员、炮队中的测景人员、侦查人员、无线电收发人员、一般的情报人员等均需要接受专门的能力和心

---

① 萧孝嵘:《如何提高军事效率?》,《新民族》1938 年第 1 卷第 19 期,第 8 页。

② 萧孝嵘:《什么的效力比较四十二生的米突的炮还要大得多?》,《新民族》1938 年第 2 卷第 7 期,第 7 页。

理训练。根据萧孝嵘先生获取的关于心理科学应用于军人选拔的第一手资料，中国军队在选择军人时的测验可分为四类：适宜性的测验，用以确定一个人在受训练以前是否在固有的能量上适宜某种军事工作；谙练性的测验，用以确定一个人在受训练以后在所养成的能力是否已经达到应有的程度；性情和品格的测验，用以确定一个人在性情品格上是否适宜某种军事工作；兴趣的测验，用以确定一个人对某种军事工作之真正的态度。① 由此可见，若真正将这些心理科学测验踏踏实实地应用于军人及军事人才的选拔，无疑可以做到因材而用，能够最有效地服务于现代化军队的建设。

第二，应将心理科学应用于军事训练。

总体看来，这一方面的应用仍体现在如何区分候选军人的个人素质上，即根据其自身特点，进行相应的心理干预，以实现对军事人才最大限度地了解及最有效地任用。例如，航空人员的错误位置感觉应当如何矫正？众所周知，航空人员的感官功能能够对飞机在任何时候与任何情况中的位置给予精确判断，这才是航空人员的优势所在，但这也并非一朝一夕就能练就的本领。接下来的问题便是：飞行人员如要避免其驾驶动作上之错误，则必须通过一种特殊的心理作用取消此种定位矛盾，这种心理作用可称为“位置感觉之变换”。又如军事训练对军人身体及心理素质的优势与潜质的发掘，再如军人对其所从事工作中最佳工作时限的确定直接涉及工作方法之效率的判定，这些均需要心理科学的干预和测验，最终的目的是才尽其用。

第三，应将心理科学应用于军人心理健康的监测。

之所以要重视军人的心理健康，是因为在残酷的战争面前，可能会出现如下情况：“有一些人，表面上看来，似乎是心理健康的，但是一遇到战场上的刺激，便立刻或慢慢地失其常态。这类人可以不战而逃，不病而瘫，已非幼稚而竟失去辨别事实与想象之能力，尚未衰老而竟遗忘其本人之姓名与责任。”在这种情况下，很可能“一人之行动可在一刹那间影响全军的秩序”，因此，军人心理健康检测不仅能够促进军人个人素质的提升，更重要的是能够为军队战斗力保驾护航。

值得一提的是，萧孝嵘先生还讨论了“军官智慧测验”②，这一项测验来自一个

---

① 萧孝嵘：《什么的效力比较四十二生的米突的炮还要大得多？》，《新民族》1938 年第 2 卷第 7 期，第 7 ~ 8 页。

② 萧孝嵘：《“军官智慧测验”》，《新民族》1938 年第 3 卷第 1 期，第 8 ~ 10 页。

专门的训练机构，这一机构的优势是人格测验，同时融入了对军官的智慧的测验，这无疑是一个将心理科学应用于军事的实际案例。军官智慧测验的目的和用途是："一，确定入军官学校及其他军训机关者之资格，借以减少人力、物力与财力之巨大耗费。二，根据入军官学校及其他军训机关者之智慧程度分为智慧相等之组，俾使各组得受同等训练，而教学效果遂可因此增效。三，发现智慧优越者，而予以升迁。四，发现智慧低劣者，而予以淘汰，或使入补充兵队，或工兵队。五，本测验亦可应用于士兵及军队中之其他工作人员，以确定军队中各种工作所需要之智慧程度。"[①]综合看来，无论是从理论上还是从实践上，心理科学应用到军队的最终目的都是军事人才的选拔和军队建设。故心理科学确实是应予以支持并重视的科学。

三、战时伤兵问题

伤兵永远与战争如影随形，既是战争残酷性最直接的体现，又是让人们在斗争中看见尊敬、看见希望，鼓舞人们继续抗争的令人尊敬的英雄。正因为如此，伤兵问题的处理实际上是一把双刃剑，处理得好将变成一种鼓舞人们继续奋斗的精神和士气，处理不当则会"直接影响到前线的士气，和后方的秩序"[②]。

伤兵往往是为国家、百姓出生入死并值得尊敬的英雄，因此，对他们的安置就是一个国家和民族的责任。对此，张查理先生深入抗战一线，根据自己的亲身经历，对中国战时伤兵问题进行了充分讨论。[③]

1937 年，卢沟桥事变发生后，战事愈发惨烈，救援工作也变得刻不容缓，"卫生署遂与中国红十字会迅速成立全国救护事业总管理处，推进全国前后方救护工作，该处以筹备伊始需人襄助，乃商得中大罗校长与戚院长同意借调作者到处服务，进行计划医务人员之如何征集，药品器材之如何配备"[④]。由此可见，在战争的紧要关头，在全国救护事业总管理处成立之初，中央大学便率先加入救助队伍，并且张查理先生便代表"中央大学中央医院联合救护队开往华北，为战事发生最先成立的

---

① 萧孝嵘：《"军官智慧测验"》，《新民族》1938 年第 3 卷第 1 期，第 9～10 页。

② 张查理：《怎样解决伤兵问题》，《新民族》1939 年第 3 卷第 9 期，第 3 页。

③ 张查理：《怎样解决伤兵问题》，《新民族》1939 年第 3 卷第 9 期，第 3 页；张查理：《怎样解决伤兵问题（二）》，《新民族》1939 年第 3 卷第 10 期，第 6 页。

④ 张查理：《怎样解决伤兵问题》，《新民族》1939 年第 3 卷第 9 期，第 4 页。

一个救护队,严格来讲是第一个手术组"①。这一救护队自1937年8月1日成立至1937年12月15日解散,共经历四个半月,实际工作时间两个半月;张查理先生亲历手术339次,更换敷料8692次。在经历了对战时伤兵的救援实践后,张查理先生对中国伤兵问题进行了总结,以下内容便来自张查理先生亲历之见闻与实践之深思。

首先,医疗工作者应对伤兵同志予以充分同情,这是医疗工作者尽职付出的前提。因为"受伤的武装同志们在前线受尽饿寒痛苦",医疗工作者要真正设身处地为他们着想,这些同志们回到后方"第一个希望是得到适当的治疗,第二个希望是得到身心的安慰"②,所以,一方面,医疗工作者要尽心尽力地为伤兵们进行治疗;另一方面,医务工作者以及前往医院慰问的志愿者们要充分注意对伤兵们进行精神抚慰。因对伤兵欠缺同情心而呈现出来的疏离、隐讳、嫌弃、做表面工作而沽名钓誉等行为,对这些经历了死亡的伤兵而言,无疑是更深层次的刺激,因此,人们时常听说伤兵闹事的情况。有鉴于此,最有效的解决办法就是基于充分同情之下的理解,在可能的范围内对伤兵的要求予以相应满足。

其次,战时医疗机关的配备与军事人才的训练,是保证战时伤兵得到及时有效救治的根本。"战时医疗机关分为政府、民众与地方三大类",这三大类囊括了中国战时医疗机关的整个体系。具体来说,政府层面的医疗机关包括陆军医院、新成立的后方医院、临时医院、重伤医院及防疫大队数队、卫生署下的防疫医疗队等;民众层面的包括中国红十字会所组织的医疗队;地方医院如南京中央医院,各医学院之附属医院,各省立、市立、县立之医院与教会医院等。③ 这些医疗团体构成了中国战时医疗救助的主要力量。随之而来的问题便是这些医疗队伍中医务工作者技术之训练问题。为了更有效地对伤兵进行医治,战时医疗队伍一般采取"一面治疗,一面训练"的方式,既保证医务工作者之技术能够得到适时训练,又保证伤兵得以救治、恢复,使其早日到前线杀敌。可以说,战时后方过硬的技术和及时治疗,实际上是前方抗战顺利的重要保证。

最后,医疗技术的细节处理会使医疗效果增强。④ 张查理先生根据自身医疗实践经验,结合医务人员之经验,总结出在医疗过程中所需注意的数项医疗常识。这

① 张查理:《怎样解决伤兵问题》,《新民族》1939年第3卷第9期,第4页。
② 张查理:《怎样解决伤兵问题》,《新民族》1939年第3卷第9期,第5页。
③ 张查理:《怎样解决伤兵问题》,《新民族》1939年第3卷第9期,第6页。
④ 张查理:《怎样解决伤兵问题(二)》,《新民族》1939年第3卷第10期,第6~10页。

些医疗常识可以增强疗伤效果。

敷料和医疗器具必须消毒。尽管战时"情况慌乱、条件有限",但在消毒工作上必须一丝不苟,这是战时医疗最基础而有效的医学常识。

根据欧战美国医生奥尔的医疗经验,对并未及时收容的伤兵,由于他们的伤口在未经处理的情况下已经生长出新的组织,这种情况便不必天天上药。换言之,根据伤兵受伤后伤口的处理和恢复情况进行判断,采取少上药的方式既是治疗的最佳方式,又有利于伤兵自然恢复。针对受枪伤骨折的士兵,奥尔"上臭药"的治疗方法也可作为有效经验进行借鉴。所谓"上臭药",实质是对伤口进行基本的技术处理后,以石膏包裹伤口,半月以至一个半月之后再重新上药。这实际上依据的仍是少上药的原理,药因长时间不换而生出臭味,故谓"上臭药"。这一方法的优势便在于减少伤兵每天上药的痛苦,减少继发性传染的可能,使伤兵充分地休息而提早痊愈,节省物力、财力和人力。

受枪炮伤的士兵不可在发炎期进行手术。这是因为"在发炎期……施行广泛的手术则有引起败血病的危险,至少也能加重伤者局部之病势,与增剧伤者全身之病状"①。

枪弹不一定要取出来。是否取出枪弹,要根据所中弹药的具体情况而定:"炸弹皮子留在体内迟早是要传染的,因为炸裂飞散的时候带了很多的泥土和衣服碎片,必须设法取出。反之,新式步枪子弹,弹体既小,弹孔亦微,很少传染的可能,通常是没有取出的必要。若必欲取出,若不幸扩大传染,轻则延长病期,重则死于败血病。"②

截肢要十分慎重。每个医疗工作者在做出截肢的决定时,要充分考虑两方面因素:一是伤兵的前途,二是国家所需承负的赡养责任。无论怎样,实事求是地根据伤兵的实际病情进行处置,才是每位医务工作者的责任。

民众要积极与医疗工作者配合。对于战时医疗工作者而言,他们所承担的工作主要是救治,而救治之后的问题,他们便无力承担,一是因为病患问题有轻重缓急之分,医疗救助的关注点永远是挽救生命,因而无暇顾及挽救伤兵之后的事宜;二是战时救助组织也没有足够的人力、物力和财力对伤兵进行救治后的衣食住方面的养护工作。因此,救治后的工作便需民众支援与配合。以民众为主体的医疗

---

① 张查理:《怎样解决伤兵问题(二)》,《新民族》1939 年第 3 卷第 10 期,第 7 页。
② 张查理:《怎样解决伤兵问题(二)》,《新民族》1939 年第 3 卷第 10 期,第 8 页。

后援会，要对伤兵予以充分同情，要知道伤兵实际上是为民众的生命财产而战的，要能够真正承担起照顾伤兵之生活的责任。这既为国家减轻负担，又让伤兵体会到亲人般的情谊。这才是战时民族精神的体现。

此外，医疗工作者还需要正视一个现象：受伤的同志伤好之后不肯回前线。张查理先生将此归为"政治"之训，目的是设法引导伤兵在伤愈之后快回前线，使他们不要以为在抗战中受了一次伤便算任务终了，国家就得供养他们一生。① 实际上，这是一个非常现实的问题，伤痛和安养往往会引起伤兵退缩，这是人之常情，但挣扎于存亡边缘的国家急需这些有经验的伤兵再次加入。怎样让这些伤兵持续保有一颗爱国心，继续报效祖国、报效民众，这才是医疗救治过程中一项重要的政治问题。尽管青年会和民众团体会通过播放抗战电影、宣讲亡国史、组织爱国文艺演出等方式，对伤兵进行精神鼓舞，但仍需要专门的政治人员深入伤兵内部，时时晓以大义，动以利害，通过讨论、批评、教育、谈话等方式让伤兵认清自己的责任，使其继续承担保家卫国之重任。

四、对国际声援与法规的关注

全面抗战开始后，日本毫无人性的轰炸给中国人民带来了无法名状的苦难，很多中国人失去了亲人，失去了家园，国家甚至失去了支撑国家发展的经济命脉。在不断遭受战争摧残的时候，中国人民在国际上获得了声援，"英美各国，现在草拟计划，或议订国际协定，以期制止此后寇机，滥施轰炸"。英国为此提制协定的三项原则："①轰炸普通人民，乃系违反国际公法；②所谓军事目标，应具有切实军事性质；③进攻部队，无论如何，应设法避免伤害普通人民。"作者引入英国所制定的三项原则，其目的不在于保证侵略国家不再违反相应原则，而在于此种国际协定产生的强大的精神效果，至少在国际社会中，对反人性、无人道的轰炸的干预已经为大众所接受，让受侵略国家看到了一种正义的趋向。同时，作者对轰炸法规的三次会议、欧战的经验以及 1932 年的海牙法规等轰炸法的发展节点进行了详细叙述，概括出合法轰炸的基本原则："非战斗人员不可攻击，是战争法规的基本条款，无论海陆空战，皆系绝对适用。"②另外，更为可怕的是空中报复行为，如不切实禁止，则一切规则的讨论均等于零。总体说来，黄正铭先生《空中的战争权利》的结论是：在制定轰

① 张查理：《怎样解决伤兵问题（二）》，《新民族》1939 年第 3 卷第 10 期，第 8 页。
② 黄正铭：《空中的战争权利》，《新民族》1938 年第 2 卷第 3 期，第 4 页。

炸法规的过程中要注意两个方面，一是要简单、合理、切实，使其没有被规避或被滥用的余地，二是绝对禁止任何借口的报复。[①] 事实上，凡是热爱和平、尊重法律的民族均希望在有效的国际法规面前，约束侵略国惨无人道的暴行；即便是相对合理的战争，亦应该建立在保护百姓与民众的前提下。此才为战争的真谛。

五、战时军事统计问题

此外，《新民族》还涉及战时军事统计问题，分两期刊载了中央大学教授刘南溟的《战时军事统计之编制》一文。在这篇文章中，刘南溟教授系统阐述了编制战时统计的必要性、军事统计的价值、军事统计的内容、军事统计资料的搜集方法等重要问题。他强调，抗日战争乃是中国亘古未有之大规模战争，不管这次战争以何种方式结束，其对于中国的影响将同世界大战给欧洲各国造成的影响一样，"会使中国的政治、经济、社会各方面发生巨大的变动。中国民族文化的全盘面貌，将随之而从此根本改观"，正因如此，"要认识清楚此次战争的经过及其在将来所发生的影响，我们现在应该记战争中的所有重要的事实和行动，都于可能情形之下尽量记载收集下来"。[②] 毫无疑问，这是富有深刻见地的。

※　※　※

与抗战时期其他刊物相比，对抗战建国之军事的学术研究，《新民族》具有鲜明的特色，也有绝大多数刊物所不具备的内容。

《新民族》探讨了战时科技建国的重大论题，譬如在科技工程化与战时国防及国家建设方面，阐述了科技工程化尤其是电械化工程对战时国防及国家建设的重要性；在气象知识与战时国防方面，剖析了战时气象学在军事方面的应用、战时中国天气预报的水准、战时中国天气预报中所存在的问题及问题成因；在测量事业与战时国防方面，阐述了测量事业的重要意义，以及通过学以致用——将测量人才真正安置在实际的测量工作中，真正推进测量事业的发展；在航空科技与战时国防方面，深入研究了包括航空效率、航空高度及飞机结构等问题，强调服务于战争的科技应用始终是战时科技创新的核心目的；以及如何使水陆交通服务于战时国防的

---

① 黄正铭：《空中的战争权利》，《新民族》1938 年第 2 卷第 3 期，第 2～4 页。

② 刘南溟：《战时军事统计之编制（一）》，《新民族》1938 年第 3 卷第 1 期，第 5～6 页。

问题。

与此同时,《新民族》还探究了战时军事具体问题,包括机械化军队建设的困难、方法,机械化军队教育与训练;战时军事心理问题,即将心理学应用到军人及军事人才的选拔、军事的训练、军人心理健康的监测中去的方法和意义;战时伤兵的有效救治及治愈后继续报效祖国、报效民众的重要课题;对国际声援与法规的关注,及有效地利用国际法规来约束侵略国惨无人道的暴行的问题;战时军事统计问题,包括编制战时统计的必要性、军事统计的价值、军事统计的内容、军事统计资料搜集方法等重要问题。

毫无疑问,《新民族》对抗战建国之军事及相关具体问题的学术研究,对有效抵御日本军国主义的侵略,具有重要意义。

第五章　抗战建国之教育研究

《新民族》作为国立中央大学独立创办的人文社科类学术周刊，荟萃了中央大学的学术精英，使《新民族》在短短 15 个月内呈现出繁荣的局面。《新民族》的文章多来源于中央大学各学科一流的专家学者，如心理学家、教育家萧孝嵘教授，史学家、教育家缪凤林教授。他们在中国现代史上具有重要影响，他们在文章中对抗战时期的建国思想的表述，无论是对政治建设、社会建设方面还是对文化建设、教育等方面的研究都具有重要的史学价值。

第一节　《新民族》中的教育建国思想

《新民族》中尤为值得探析的是抗战时期国立中央大学知识分子的建国教育思想，以教育学专家王书林、赵廷为为代表，抗战时期的国立中央大学知识分子面对抗战时期的教育状况，试图通过自己的学术特长，既传道授业，又不忘天下之大任，关注国家问题、民族问题、社会问题、军事问题、文化问题等，并提出战时和其后建国的教育原则，主张从制度、政策、方法等方面进行自上而下的长期的教育改革。他们通过《新民族》这一阵地，持续不断地宣传、弘扬民族精神，构建建国蓝图，为赢得抗战胜利、延续民族文化血脉以及战后国家建设提供专业的方案，体现了抗战时期学术与政治之间的密切关系，以及知识分子的民族责任感和担当意识。

一、“学术政治化”的办刊理念与中西结合的教育背景

《新民族》作为官办国立中央大学的学术期刊，既有明显的官方话语色彩，又带有学术民主和自由的特征。周刊的撰稿人多是以学者和教育家的双重身份来探讨教育问题的，多具有文化人和政治人的双重社会角色。中央大学的教授们在观察和解读抗战政策和抗战实际的过程中始终能够保持一份人文关怀，保留一份政治

清醒，将专业精神与教育、民生问题紧密结合，以科学研究谨慎、细致的态度来发表具有建设意义的负责任的文字。他们的认知和表达与国家和民族的历史、现状和未来都密不可分，体现了“政治学术化、学术政治化”的理念。

“九一八”事变后，民族处于危急存亡之秋的现实逐步沉淀为国家意识和民族意识。中国先进的知识分子们，特别是曾经在西方留学的知识分子们，通过教学和著述在国家现实和民众思想之间建立了沟通的桥梁，运用历史的、先进的理论来构建国人的认知与心理。胡适先生曾经提出“文化救国论”，要“在思想文艺上替中国政治建筑一个革新的基础”。[①] 那时的中国知识分子试图通过政治救国、学术救国和经济救国等方式来寻求适宜的救国和建国之路。他们著书立说，以国家、民族未来的建设和发展为己任，通过《新民族》阐述了各自关于“抗战建国”的主张，如罗家伦的《民族的国家》、商承祖的《一个民族的复兴》、张维桢的《爱护民族生命的萌芽》等文章都表达了家国情怀、救国主张以及民族精神，体现了知识分子的责任和民族立场。这种民族主义，从《新民族》的办刊宗旨中再次得到证明：“我们不但应当讨论战时有用的问题，并且应当讨论战后建设的问题。讨论的时候，大家应当根据详细思考和研究的结果，发表负责而建设性的文字。不必求同，也不可立异。教书的人办杂志，自没有个共同的政纲可言，但是整个国家民族利益的立场该共守的，在抗战中同时建国的意识，是大家共有的”，“我们对于文字的去取，也只以合于建设民族的主张与否为标准”。进而，《新民族》创刊号的“前奏曲”也阐明了周刊的作用：“我们仿佛听见旷野的呼声，说是在中华民国的领土上有一个新的中华民族降临，赶快预备它的路。我们只不过是这新中华民族降临前的一个小小的号兵。”[②]上述内容又充分体现了国立中央大学知识分子“学术政治化”的办刊理念。

在《新民族》上探讨抗战建国教育问题的学者均是学贯中西的学者和教育家。他们深受中国传统文化的熏陶，曾就读于中国知名大学，又多有留学欧美的经历，其中王书林、杨家瑜、徐苏恩、曾昭抡、钱端升等留学美国，袁昌英、黄正铭、褚葆一等留学英国，朱偰、张贵永、吕炯、宗白华等留学德国。他们均有着良好的教育背景和各自精研的专业，既有专门从事教育研究和教育管理的专家，亦有从事工学、医学、法学研究与教学的学者。他们试图将西方先进的教育理论与中国的抗战现实结合起来，通过对抗战教育和建国教育的思考为国家和民族谋求一个更美好的前

① 胡适著：《胡适文存（第二集卷三）》，亚东图书馆 1925 年版，第 96 页。
② 罗家伦：《〈新民族〉的前奏曲》，《新民族》1938 年第 1 卷第 1 期，第 2 页。

景。他们的文化教养和心魂是复杂的，他们的先进理念来自西方，但他们的心理特征和教育实践则是深深根植于中华民族文化的。海外留学的经历让他们对先进文化和先进的教育理念有着比较真切和透彻的体认，中国传统文化的熏陶使他们继承了中国士大夫的忧患意识和济世情怀，而教师的身份使他们对教育状况更为关切。

抗日战争初期，中华民族面临着亡国灭种的巨大危机，深受西方学术思想与东方文化精神影响的知识分子，重新审视自己的角色，体现了向民族传统复归的思想。他们用自己的专业学识和智慧对社会和教育进行批判和反思，保持关切的姿态，担负着监督、批评和舆论引导的责任，那种“士不可以不弘毅，任重而道远。仁以为己任，不亦重乎？死而后已，不亦远乎”(《论语·泰伯》)的责任感和使命感更是空前高涨。《新民族》主编、中央大学校长罗家伦亦曾在《知识的责任》中明确指出：“身为知识分子，就应该抱一种舍我其谁、至死无悔的态度，去担当领导群伦继往开来的责任。当民族生死存亡的紧急关头，知识分子的责任尤为重大。范仲淹主张‘先天下之忧而忧，后天下之乐而乐’。必须有这种抱负，才配作知识分子”①，“在这时候，知识分子如不负起挽回亡天下、亡民族的大劫的责任，还有谁负？只有我们先努力帮国家渡过这个难关。不然，我们知识分子一定要先受淘汰，连我也要诅咒我们知识分子的灭亡”②。正是出于这样的责任和使命，国立中央大学的学者们以坚强而又深信的思想，放射到挽救民族危亡的行动中，真正践行了认知和表达与国家和民族的历史、现状和未来都密不可分的“政治学术化、学术政治化”理念。

二、《新民族》抗战建国教育的特点

面对抗战的实际，中央大学自南京时期其专业设置、课程安排和招生比例都为适应抗战人才需要进行了部分调整，以期能够为抗战、建国培养和储备人才。中央大学的教育理念与民国期间的相关政策互动配合，《新民族》亦密切关注当时的抗战建国政策，及时对其进行研究和评论。

《新民族》中论及战时教育和建国后教育的文章主要有 8 篇，其中许恪士的《长期抗战与长期抗战之教育》发表于第 1 卷第 4 期；艾伟的《过去教育的错误在哪里?》发表于第 1 卷第 6 期；常道直的《战时教育与平时教育》发表于第 1 卷第 7 期；

① 罗家伦:《知识的责任》,《新民族》1938 年第 1 卷第 18 期,第 3 页。
② 罗家伦:《知识的责任》,《新民族》1938 年第 1 卷第 18 期,第 5 页。

王书林的《抗战建国教育的原则》发表于第2卷第5期;赵廷为的《战时的小学教育》分为两部分发表于第2卷第6期和第7期,《如何谋我国教育上质的改善》发表于第2卷17期;徐苏恩的《提倡体育生中的健康教育》分两部分发表于第2卷8期和第9期;杨家瑜的《由抗战建国谈到大学工程教育》发表于第2卷第9期。这些文章既有对抗战教育总体原则和质量改善的宏观认知,亦有对小学教育、专业教育和体育教育状况的细致分析,同时还有对战时教育和建国之后教育发展的设计,体现了多元的教育观念和长期发展的教育理念。在这些文章中,他们都以国家民族观念为出发点,却又有各自的鲜明特征。

1. 抗战建国教育具有鲜明的政治性与民族性

中央大学是具有政治属性的大学,在《新民族》上发表的关于抗战建国教育的文章带有一定的政治性和民族性。学者们所分析的抗战建国教育是当时国民党执政下的教育,更重要的是,这是在抗战救亡之际的战时教育研究,因此学者们在文章中体现出了对教育的政治性和民族性的重视。

教育学专家王书林20世纪30年代在中央大学讲授教育心理学、教育统计学和教育哲学等课程。他的抗战教育思想相较于其他几人更具有整体性和政治性。他从宏观上指出了抗战建国教育的六个原则和七个缺陷,并在文章中体现了明显的政治原则。他在《抗战建国教育的原则》一文开头即指出:“原则一,中国教育的最高主义是三民主义。凡教育上一切制度、设施、课程、教本等必须合于三民主义。”[①]他认为,中国抗战教育应合于民族、民权、民生,而惨烈的抗战实际恰恰说明中国缺乏政治教育。他重视政治与教育的密切关系以及政治教育的必要性,并说明了缺乏政治教育导致的具体问题,如有知识的汉奸、贪官污吏、有钱不出钱、有力不出力。[②]

赵廷为是我国现代教学法研究的开拓者之一。在担任中央大学教育学系教授兼附中校长时,在《战时的小学教育》一文中,他强调抗战时期应从意义和功能上认识教育,重视教学理论研究与教学实验、试验的结合,他认为无论是平时教育,还是战时教育,教育的最高目的都是“御侮图强,发扬民族文化,谋中华民族复兴”。[③]战时教育的功能包括产生若干抗战的力量、促成胜利、建国功能和建国复兴。

① 王书林:《抗战建国教育的原则》,《新民族》1938年第2卷第5期。
② 王书林:《抗战建国教育的原则》,《新民族》1938年第2卷第5期。
③ 赵廷为:《战时的小学教育(一)》,《新民族》1938年第2卷第6期。

徐苏恩在文章中重视健康教育。他在《提倡体育生中的健康教育(一)》中针对国民党教育部所发表的关于提倡体育的政策,认为推行健康教育的原则之一就是"实施健康教育要以延长民族生命为前提,把健康教育放在一切教育事业之先。本来教育不但是为发扬民族文化,乃是要继承先辈所传下的血种,设法和大时代连续不断地传下去"①。

抗战大背景下的教育改革和探索受到亡国灭种的危机的影响,学者们在文章中以此为重心来重新审视中国当时的教育制度和教育理念,将国家和民族的利益作为教育的基础和出发点,将教育视为抗战胜利的重要保障,体现了强烈的政治色彩和民族情感。

2. 抗战建国教育设计具有当下性与长期性的特点

《新民族》中,学者们提出的教育问题与解决对策都对应着政治局势与政策。学者注重强调教育的当下性,从现实出发,从抗战的形势和需要出发,以建国为目标。他们着眼于历史、现实和未来,教育设计层次明晰,认为教育的目标不仅要符合国情、民情,还应适应生活,对教育原则的阐述则具有亲民性、灵活性和适应性。《抗战建国教育的原则》一文指出,"教育没有长期抗战的准备","要抱定长期抗战的决心施行战时教育"。② 文章认为,教育不应被区分为战时教育和平时教育,平时就应做好战时的准备,尤其是战时教育是一种训练班式的教育,它并不能替代正式教育。文章还对教育的长期性、抗战的长期性做出判断,对战时教育和战后发展人才储备进行合理的安排。赵廷为认为应从当时的情况出发,借此重新评估当时实行的"平时教育",针对其问题施行彻底改革,使教育符合时势要求,以实现当时的最高教育目的,为建国后的教育事业奠定基础。

3. 抗战建国教育的平衡性与合理性

《新民族》中的教育建国思想具有平衡性,学者们能够较为冷静地认识教育,重视战时教育的社会性与科学性。《抗战建国教育的原则》认为教育要合乎国情与生活。教育有社会和科学两方面的属性。在社会方面,教育应着重于国情,尊重教育所产生的思想和制度环境。教育受到社会遗传因素的影响,对待欧美教育模式应该更为理性,因地制宜地加以利用。同时,教育要合于科学,关注源自教育实践的效率和方法,保证教育的社会性和科学性的平衡发展。

---

① 徐苏恩:《提倡体育生中的健康教育》,《新民族》1938 年第 2 卷第 8 期。

② 王书林:《抗战建国教育的原则》,《新民族》1938 年第 2 卷第 5 期。

这种平衡还表现在德育、智育和体育的认知和发展上。学者们重视智育教育的改革，从制度、课程、教材、师资等方面进行了探讨。针对抗战中的文化汉奸和青年对政治的冷漠等问题，学者们关注教育对学生品德的塑造；同时针对青年的身体和健康教育，学者主张恢复健康美的标准，强调知行结合。学者们提出教育资源应体现公平性和合理性。乡村教育有助于提升国民的整体素质，能够为赢得抗战胜利增加力量。但乡村教育在硬件、师资、报酬等方面都存在缺陷。当时教育中还存在只重视文化、不重视职业技能训练的偏见。

三、《新民族》抗战建国教育的设计与策略

《新民族》中的教育建国思想比较明显，学者们对抗战建国教育的制度与方法进行了探讨，提出了具体的改革方法和训育方法，进行了自上而下的设计，中西结合，从小学到大学，从师资到生源，涉及制度、政策、组织、师资、学制、课程、方法等方面。

学者们认为战时教育是实现建国后最高教育目的的必经阶段。提出战时教育应重视建国和抗战两个功能，体现了学者们眼光的长远。赵廷为认为战时教育和建国教育应同时进行，不分主次。他尤其指出，小学教育在抗战时期的重要性容易被忽视。当时人们过于看重抗战功能，他认为小学教育的建国功能较之抗战功能更重要，因为学生是将来奋斗的战士。他认为小学教育是人民应受到的最早、最基本的教育，在人格和品性形成的关键时期具有重要作用。同时，他提倡教育学术研究，认为要在教育中重视学术性探讨，在学术中解决学制变更、课程厘定、教法革新等问题，否则教育将虚耗经费，影响抗战建国。徐苏恩则认为推行健康教育要注意知能的实用，在人才训练方面，国家应设立健康教育独立学院，以培养专门人才，或先在师资设备完善的大学内试办。他提倡在师范学院内或高等师范内设立卫生和运动学系，培养师资。他还拟出全国健康教育实施方案，建议教育部组织健康教育委员会，并在其下设立三种技术委员会，即运动训练委员会、医事人员训练委员会、卫生训练委员会。

在《新民族》上，学者们对抗战建国教育不断进行反省，不断总结经验教训。他们能够认清现实困境，同时又无法超越和克服国民党政府政策中的固有弊病。在新世纪，在我中华民族飞速发展之际，回顾民族曾经的教育设想和学术理路，通过对史料的钩沉来反思当下的教育实际，是十分必要而且有价值的工作。

第二节 《新民族》中的战时教育分析

综合诸学者在教育方面的讨论,《新民族》所涉及的都是对当时中国教育所存在的具体问题的揭示、讨论与解决。具体而言,我们可从如下几个方面加以详述。

一、对战争背景下受教育者心态的探讨

显然,日本侵华战争是当时国内的在校学生焦虑的根本原因。在战争的阴霾下,学生无法安然学习,他们往往要将当时的战争、渺茫的未来和学习的目的结合起来。在看不到相应出路的前提下,学生心中便出现了挥之不去的焦虑感,进而质疑所学何用。这往往也伴随着战时教育策略的调整、战时倾向性的号召与应对,打破了原有的教育体系,使学生在紧张急迫的战争形势下,对是报效国家、投身革命还是继续接受学校教育产生了质疑。值得注意的是,产生这样焦虑情绪的学生往往集中于大学,因年龄和知识的增长以及报效祖国的激情与热血,他们率先形成了对所学和现实之冲突的思考,进而引出教育界和学术界学者对当时大学生焦虑情绪的解读,以及对当时大学教育的议论。

1. 当时大学生焦虑的表现

从罗家伦先生的系列文章《抗战的国力与文化的整个性》中,我们可以提取学生焦虑情绪的表现:一是他们觉得读书来不及了,二是认为读死书无用,三是重视表面的知识,四是怕学好了以后也是无用。① 很显然,这几种焦虑情绪均与当时的战争形势密不可分。惨烈的战况激发了青年学生的拳拳报国之心,而按部就班的累积性质的知识学习已经无法跟上实际的需要,这样的现实使青年学生恨不能立刻投身到生死存亡的战斗中,进而产生了“读书来不及了”和“读死书无用”的焦虑心态。他们甚至倾向于学习那些为战争服务的速成知识,对现实的知识储备却日渐流于表面。至于“怕学好了(知识)以后也是无用”这一焦虑心态,则是源于对当时大学教育学科的理解不够通透,加上文学、法学、政治、社会等专业的实际应用成效并不显著,更加剧了学生的苦闷心理。

---

① 罗家伦:《抗战的国力与文化的整个性(二)》,《新民族》1938 年第 1 卷第 9 期,第 4 页。

2. 当时大学生焦虑的原因

事实上，对于上述学生焦虑情绪，罗家伦先生则给出了更为科学到位的解读。① 他认为，学生产生上述焦虑情绪，其原因主要有以下几点：首先，他认为会产生"读书来不及了"的焦虑情绪是因为学生"不知民族的生命是永久的，民族的斗争是长期的。现在中国的不行，正是前一辈的人没有受好教育的缘故"，相对于弃笔从戎的热血青年而言，中国的教育和未来仍需要安心于知识学习的青年人；其次，"读死书无用"的焦虑情绪，则源于怀疑与"抗战"无关的一切知识，或是根本就不清楚所学为何，根本就学不会、学不好而产生的厌恶；再次，注重表面知识的原因在于"在抗战的年头，不耐烦是普遍心理"，常常强调"一吞下去就有用"，而对于按部就班的学问则不耐烦；最后，"怕学好了以后也是无用"的焦虑情绪产生的原因主要是文法、政治、社会等人文学科的学生对于所学专业与未来的迷茫，而实际上，中国正需要这些学科的人才来进行当时的抗战和日后的国家建设。

另外，早在清末创办新式教育时，失业问题便随之产生②，并逐渐发展为一个社会问题，而全面抗战的爆发使这一问题更加严重。随着国难越来越严重，即将毕业的大学生的工作机会也越来越少，满腔报国的热忱无法实现，这更加剧了当时大学生的焦虑与忧患情绪。

3. 学生的焦虑情绪的实质

前文中，我们论及青年的焦虑情绪源自战争，战争打破了他们平静的生活，也引起了青年对于是继续接受教育还是投身革命的思考。事实上，青年之所以焦虑，主要矛盾便是如何将他们充足的报国热情投入革命。值得欣喜的是，"在前线参加战争与在后方从事专业宣传等工作都有青年。还有青年因为家庭的约束，不能离开乡土，轻轻地跑到炮火里面去，以从事救亡工作，像这一类的事实，在报纸广告上，几乎数见不鲜"③。面对青年积极投身革命的情势，教育工作者开始对战争时期青年的真正使命进行反思：一方面，为了战争的需要，国家急需新的革命力量；另一方面，为了战后建国的需要，国家又急需青年安心于课堂，汲取抗战建国所需的扎实的科学知识。二者的平衡，又成为战时教育面临的新的挑战。许恪士先生在《如何从教育上破除青年们的烦恼》一文中，特别强调了当时战争所急需的是人才：

---

① 罗家伦：《抗战的国力与文化的整个性（二）》，《新民族》1938 年第 1 卷第 9 期，第 3 ~ 4 页。
② 曾昭抡：《值得注意的大学生出路问题》，《新民族》1938 年第 2 卷第 1 期，第 6 页。
③ 许恪士：《如何从教育上破除青年们的烦恼》，《新民族》1938 年第 2 卷第 14 期，第 2 页。

"我们前线上最缺少的不是直接杀敌冲锋陷阵的战士,而是间接灭寇有训练的技巧工人。我们在后方最缺少的不是口若悬河去作宣传的先知先觉,而是缺少刻苦耐劳、实地硬干、言行合一、有信心的苦行人士。"许恪士先生之所以得出这样的结论,是基于以下几个事实:"台儿庄一役,大获全胜,战利品中有许多机械化的兵器,因为缺少训练技能的人,不能迅速地运输到后方。这是事实",这一事实说明,在机械化的战争面前,高涨的爱国热情满足不了技术性战争的需要;"湘鄂川黔,许多流浪的青年都抱着莫大志愿,然而徘徊于'求学无心、救亡无力'的迷茫之中,以待救济的,不能说是没有。这亦是事实",这一事实说明,在战争面前,求学无心、救亡无力不能成为青年懈怠或消极的借口。由此便引出了这样一个现实:"青年人的血气、热肠,每每抵不过实地的需要。所以常常亦陷入于彷徨四顾莫知如何之境。"①这便引出当时教育工作者对战时教育问题的讨论。

4. 调节学生焦虑情绪的方式

在讨论学生出现焦虑情绪的原因时,学者们亦列举了解决在校学生焦虑问题的各种方式。综合诸家学说,方式主要有两种:一是应该围绕当时的战争形势多开一些新奇的功课,二是倡议教学的人以时事为中心,认清功课的使命,采取更生动的教法。② 不过,罗家伦先生认为这些处理方式均不能真正达到解决学生焦虑问题的目的,因为讨论者往往忽视了青年学生的实际情况,如他们的身体素质、社会常识、生活习惯和是否具有吃苦耐劳的品格、因地制宜的应变能力等。可以说,当时学生的苦闷与焦虑情绪在战争背景下的迸发,不仅仅反映出学生在应对战争这一特殊情况时所展示出来的无措,更重要的是激起了人们对长久以来中国教育体制的反思。

首先,针对学生的焦虑情绪,人们要做的是:不再纠结于制度层面的改革,而要关注在当时制度下的切实整饬;不要过多地关注开设课程的新奇与花样,而要注意充实已有功课的内容;若是为了切实而有效地服务于现实,可以适当地增开相应的课程或特长训练班:要保持教与学的"新觉性",也就是无论是教授还是学习都要有明确的目的。就当时的形势而言,有益于建立国家、保全民族便是教与学最根本的前提。③ 事实上,无论战时教育的策略如何,服务于战争均是学者们在讨论中国近

① 许恪士:《如何从教育上破除青年们的烦恼》,《新民族》1938 年第 2 卷第 14 期,第 2 页。
② 罗家伦:《抗战的国力与文化的整个性(三)》,《新民族》1938 年第 1 卷第 10 期,第 2 页。
③ 罗家伦:《抗战的国力与文化的整个性(三)》,《新民族》1938 年第 1 卷第 10 期,第 4 页。

现代教育问题和调整教育策略时所围绕的核心。不过,从教育目的和体制本身而言,在短时间内打破已有的教育体制,启动服务于战时的教育体制或策略是相对冒险的行为,且不说当时中国的大学教育已是借鉴和建立在相对成熟的国外教学体系之上的,学科与专业的设置均具有相对科学的依据,重新构建教育体制和调整教育策略所要花费的人力、物力均将是无法估量的,更何况战时条件下,人们是否有足够的精力去进行教育改革也是无法预计之事。因此,人们更倾向于在已有教育体制下,适当地加入有利于战争的切实可行的课程安排与实践训练。事实上,在艰难的战争时期,调节学生们自觉无望的苦闷实是当时教育的重要任务之一,无论学生们希望继续学习知识还是希望投身战场,培养他们报效祖国的恒心才是战时教育的核心目的,在鲜明、高尚的人生目标面前,苦闷、焦虑的情绪便会自然地被驱散或肃清。

其次,与学生焦虑情绪存在一定关联的是战时青年学生的流失,以及对因战争而流落后方的青年的救助与教育问题。尽管当时学者们对中国教育问题的讨论仍在继续,但突如其来的战争完全打破了中国教育已有的教育体系,直接后果便是校园的毁坏和学生的流失,这无疑是战时中国教育所面临的最大问题,亦是中国教育必须迅速应对的最棘手问题。事实上,教育部所采取的最直接而有效的措施是设立临时中学,目的便是挽救失学青年,然而,对那些"是青年而不是失学的人们","假使国家对于他们没有相当的处置办法,一任自然,到处流落,结果,不但社会上多了许多意志不坚、主张不定的人,并且就是这些青年的人们,因为失去了家庭,失去了职业,失去了许多好的社会联系之原因,亦会很容易堕落,走到受人愚弄的一条道路上去。亦容易造成他们对国家、政府的恶感,或是他们对敌人所给吾人之奇耻大辱,因为自身的利害而冷淡下去,至于漠不关心"。[①] 针对这些流落后方的青年,再考虑到当时中国所处的特殊时代,许恪士提出"一个战时青年组织的提议",其宗旨是"自觉、自救、复仇",其目的是通过建立一个合力齐心、救国救己的具有指导作用的青年团体,将流落后方的青年团结起来,为建设一个堂堂正正的中华民族而努力。由此可知,这样的青年团体无疑承担了对战时非失学青年进行教育的职责,既能有效地疏导青年们爱国救亡的热情,又能有力地约束青年们的行为,使他们在稳定的青年团体的领导下,稳健而热情地踏上救亡之路。

最后,正确解决大学生的就业问题,无疑是疏导大学生焦虑情绪的有效途径之

---

① 许恪士:《一个战时青年组织的提议》,《新民族》1938 年第 1 卷第 6 期,第 6 页。

一。在战时这样的关键时期,曾昭抡先生专门提出这一问题以引起教育界的重视,目的是将战时中国所存在的问题与大学生毕业后的出路问题联系起来。换句话说,抗日救亡运动与国家建设更需要大学生的参与与付出,人们也坚信"青年大学生都是很热血的,前方的各种工作,只要政府命令他们去,他们一定很高兴去",这些工作可能涉及政治、机械化、部队、经济、实业等不同领域,青年大学生也可以是技师、职员、工人等;扩开毕业生的就业途径,打开毕业生的就业出路,仍是当时的政府要解决的一件重要的事情。① 综合而言,考量大学生就业问题不能仅仅考虑战争的需要,更要充分考虑到战后建国的需要。

二、对国难背景下战时教育观的讨论

学者们之所以将"战时教育"作为学术讨论的重点,是因为面对残酷的战争环境,社会上生出了中断教育的思潮,进而衍生了两种教育观。第一种认为战端既开,国家民族濒于危急关头,凡教育上所有非极端迫切的设施,都应当立刻停止,而专致力于举办应付战事所需之各种短期训练。例如,有些人过分重视战时教育的抗战功能,而主张战时教育应专致力于军事训练及民众宣传等事。他们以为,其他教育的设想,好像"远水难救近火",都可视为"不急之务"。② 第二种认为战时所需之特殊训练,"只需于经常课业之余,增设军训,救护及其他应用于战争上技术的训练,此外一切则应维持常态,不必,亦不宜,改弦易辙"③。

针对这两种教育观,常道直先生指出,"以上两种战时教育观,都(嫌)偏而不全,不可加以明辨和补充",其原因在于,"教育是一种传递民族文化,延续国家生命之历程,民族文化为国家生命之精髓,其前后传递,宛如接力竞走接踵继进,绝对不容片刻停滞"。以第一次世界大战为例,常先生指明:"各个交战国之高、中、初,各级教育皆在可能范围内,竭力维持原状。"他以此为学习的经验,进而指出中国当时教育的状况和应秉持的对待战时教育的正确态度:"我国各级教育在量的方面,平时已远落人后,战争期间损耗较多,更当先为之备;早就预见其为长期性的,经常的教育如果一旦听其(或令其)停顿,此等损失,将来是无法补偿的。"④在此基础上,

① 曾昭抡:《值得注意的大学生出路问题》,《新民族》1938 年第 2 卷第 1 期,第 6 ~ 7 页。
② 赵廷为:《战时的小学教育(一)》,《新民族》1938 年第 2 卷第 6 期,第 12 页。
③ 常道直:《战时教育与平时教育》,《新民族》1938 年第 1 卷第 7 期,第 15 页。
④ 常道直:《战时教育与平时教育》,《新民族》1938 年第 1 期第 7 期,第 15 页。

常先生诠释了中国战时教育的意义:“战时教育是指全部教育,包括经常的(正规的)教育和战时的训练在内,均彻底为战时的精神所渗透。”[①]这是对中国战时教育所做出的较全面的论述,其重点是强调为战时服务是中国战时教育的目的,但这并不意味着要中断平时教育,而是在保有全面而系统的平时教育的前提下,发展战时教育,因为“战时最足以激发牺牲小我效忠国族之崇高的观念”,进而“把教育的重心由个人转移到民族”,使“一切教导成果围绕于‘民族至上’的最高原则,莫不对争取民族之独立与自由,发挥切实的贡献”。[②] 可以说,战时学者们所关注的正是将这样的精神观念渗透到平时教育中,使之长时间地成为追求民族自由、国家独立的精神内核。

事实上,对战时教育进行较早讨论的是罗家伦先生。罗先生对当时所存在的中断日常教育的观点进行了驳斥:正因为文化是一个有机统一体,“所以有人以为战时中学小学甚至大学都可以停办,是不对的。不但大学不能停办,就是义务教育也不能停办,而且要继续扩充。停顿是文化的脱节,甚至于断气。脱节与断气都是生命最危险的事。文化是民族的生命,民族的生命不能中断,所以文化也不能中断”[③]。罗先生一贯重视对民族、民族性、民族国家的重塑与建设,而中国文化的有机统一无疑是民族、民族性质和民族国家的灵魂,因此,在讨论战时教育问题时,继续不间断地发展中国之教育便成为各位学者所坚持的前提。

三、对中国教育问题以及战时中小学教育的剖析

中国教育问题是学者们关注最多又最为复杂的一个问题。之所以被给予了最多的关注,是因为对这一问题的讨论直指中国近代教育的诸多问题,又引起学者们对近代教育改革的反思。而战争的爆发和救亡图存、建国事业对人才的需要,推动着学者们将对这一问题的讨论提上议程,在学者们的推动与现实的驱动下,战时中国教育之改革也迫在眉睫。正是清楚教育对于中国抗战与建设的重要性,学者们对此问题的关注越发增多,也使得对这一问题的讨论越来越复杂。学者们各抒己见,既关注对中国教育弊端的总体论述,又关注中国大学、中学、小学等不同阶段教育弊端的讨论,无论是哪一体系的论述均会不可避免地考虑到战争对中国教育发

① 常道直:《战时教育与平时教育》,《新民族》1938 年第 1 期第 7 期,第 16 页。
② 常道直:《战时教育与平时教育》,《新民族》1938 年第 1 期第 7 期,第 15 页。
③ 罗家伦:《抗战的国力与文化的整个性》,《新民族》1938 年第 1 卷第 7 期,第 2 页。

展的影响。我们在整理学者们的学说时，力图对《新民族》关于中国近代教育弊端的讨论进行较为清晰的梳理。

（一）对中国教育问题的总体论述

王书林先生在《抗战建国教育的原则》一文中，针对当时抗战的特殊环境，提出了“要从这次壮烈抗战的经验中，发现教育的缺点”的原则，指出战争的爆发与全面抗战的铺开为人们提供了检验中国教育的契机。综合看来，当时中国的教育存在如下特点和问题。

1. 缺乏思想教育与道德教育

在家国沦丧、救国图存的关键时期，社会上却生出了“有知识的汉奸”“贪官污吏”“有钱者不出钱”“有力者未出力”等不同形态的非良性群体，这些群体的特点是高学历、高地位、高能力或多钱财。在抗日救亡大局面前，这些群体中的人却与曾经培育他们的祖国和百姓背道而驰，甚至将已有的抗战成果破坏殆尽。王书林先生认为，这些人的另一个共性就是“缺乏政治教育”。事实上，王先生所说的“政治”更倾向于思想和品德上的教育，这些非良性群体在民族大义和国家命运面前，考虑的永远是自己的私欲，民族性和爱国心在他们心中已经荡然无存。①

2. 未及时转移教育资源和教育成果

事实上，自“九一八”事变后，中日之间长期战争的序幕已经拉开，日本大规模侵华战争必然到来，这似乎也已经成为教育界可预见的现实，但在这种情况下，当时的教育界同人却未提前做好准备，及时地将相应教育资源与设备移至后方，也许会避免中国一系列教育成果被战争吞噬。随着教育资源密集地如北平、天津、济南、上海、青岛、南京、杭州等城市的沦陷，中国千百年来积累下来的教育成果并没有因为教育同人的预见性而得以幸存。这是在战争面前，中国教育最无奈、最惨痛的后果。

3. 中国教育未普及

当时中国教育未普及的原因是多方面的。首先，为政者忽视教育。王书林先生在《抗战建国教育的原则》一文中，特别强调中国教育不普及的最大原因就是为政者的忽视，为政者只将教育当作政治的装饰品，并未全力实行教育。作者曾为了推进义务教育的普及，专门为某省某市进行调查统计、制订实行计划，并筹划经费，

---

① 王书林：《抗战建国教育的原则》，《新民族》1938 年第 2 卷第 5 期。

最终却因战争的爆发而被迫中断。[①] 事实上，在政局不稳定的20世纪二三十年代的中国，对新式教育的重视程度确实次于政治上的探索与争斗，“历年来国内不统一，政治不上轨道，是教育发展之一大障碍”[②]，的确，当国家不统一、政局不稳定时，何谈教育的普及呢？其次，民众对教育的认识不足。尽管自近代以来，民众对教育的认知已经有了一定程度的提高，但这些对教育的认识有所提高的民众往往集中在北平、上海、南京、天津、杭州等沿海大城市。由于城市相对发达和政府的积极扶植，这些地方的人们越来越清晰地感受到文化和知识对个人发展的重要性。因此，相对而言，当时乡村教育要远远落后于城市教育。事实上，在中小城镇和乡村，与基本的温饱相比，教育显得那么无足轻重，在残酷的战争面前，教育更显得微不足道，即使没有战争，即使生活得以保障，对刚刚脱离两千年封建统治的平常百姓而言，新式教育并未引起他们的重视；再加上军阀混战、为政者的忽视和抗日战争的爆发，动荡不安的时代环境也未给中国百姓领会教育之重要性的机会。

4. 战时教育具有长期性

之所以提出战时教育需要长期准备，是因为当时中国并不乐观的战争形势。全面抗战开始之后，中国所面临的是政治、经济、文化全线崩溃的局面，尽管战争激发了全民族抗战的热情，但短时间内人们仍然看不到战争的出路。在这样的背景下，当时中国的知识分子一边利用手中的笔为鼓舞战争士气摇旗呐喊，一边反思战争状态下中国如何发展的问题，于是便有了战时关于政治、经济、文化以及军事等方面建设的一系列文章。任何课题的讨论均预设了一个前提，那便是中国战争的长期性，而这些讨论中尤其突出的便是对战时中国教育的讨论。

5. 战时教育功能的调整与所面临的困境

赵廷为先生在《战时的小学教育》一文中表述了战时教育的重要功能：一是抗战的功能，就是要促成抗战的胜利；二是建国的功能，就是要对“建国复兴”的大业有所贡献。[③] 不能否认，战争除了使中国政治混乱、经济颓败，还扰乱了当时中国的教育，同时，应战而生的国难教育以及是否在中国展开国难教育亦成为学者们讨论的焦点。所谓国难教育，指的是根据战争需要，各学校增开甚至以另外一套教育方案来代替现有的教育方案，也就是针对战争需求而设立国难学科，例如航空学科、

① 王书林：《抗战建国教育的原则》，《新民族》1938年第2卷第5期，第7页。
② 王书林：《抗战建国教育的原则》，《新民族》1938年第2卷第5期，第7页。
③ 赵廷为：《战时的小学教育（一）》，《新民族》1938年第2卷第6期，第11页。

兵工学科、战时财政经济等,以为战争的胜利提供军事理论、军事政治、战时经济及军事技术等各个层面的保证。虽然国难教育在战争时期确实能起到很大的作用,但这样的国难教育并不适合中国当时的国情,核心原因是发展国难教育的经费不足。这正是当时学者们面对战争而不畅言国难教育的理智取舍,如杨端六在《关于教育和经济的几个问题》中坦言:“现在我们的教育经费,无论政府如何想竭力维持,终于不得不减少了。我们假设要立航空学科、兵工学科,等等,是不是一件很容易而为一般学校所能办得到的事?如果不求实效,只务空名,反不如切实地省些费用,向外国多买几件军械。”①学者们认为,将大量金钱与精力投入国难教育当中并不现实,学界与教育界同人对中国的教育以及年轻人对未来的选择之态度是:中国的教育无须盲目地去发展不切实际的国难学科,要秉承的是学生的本心和他们各自的优势。诚如杨端六先生所说:“如果有愿意从军或是愿意到各地方服务的,应该听其自由,但是还有一部分学生,应该照常埋首图书馆和实验室,以为未来树立一个人才的基础。”杨先生的这一观点来自时任国民政府教育部部长陈立夫先生的《告全国学生书》和其在重庆对几个学生的训话时所做的关于战时中国教育倾向与策略的讲话,而这正代表了抗战时期中国教育的境况与走向。

6. 对中国教育体制外相关问题的讨论

学者们所关注的中国教育的顽疾并非仅集中在教育体制及教育内容本身,而这些问题在艾伟先生《过去教育的错误在哪里?》一文中得以集中体现。

对所谓“考核问题”,作者用“视察上的错误”来说明。实际上,作者所说的“视察”即对教育行政人员成绩优劣的评定,他认为学生会考成绩并不能作为评判教育行政人员成绩的标准。实际上,学生会考成绩受到学生所处的地域,遗传基因,学生的心理、智力以及学习方法等诸多因素的影响,这些因素并不是行政工作人员所能控制的,因此,对学校的教育行政工作人员的政绩甚至学校优劣之考核而言,这便对负责考核的视察员以及相应的考核体制提出了更高的要求。对此,艾伟先生指出应该充分运用中央大学所研究的智慧测验、教育测验等科学工具②,至于考核体制的改进则需要运用更科学的统计方法。

所谓“统计问题”,是指在教育经费的运用、会考成绩的汇报、学生日常成绩的比较等方面均存在为了应付考核、应付视察而进行虚假申报或不科学统计的情况,

① 杨端六:《关于教育和经济的几个问题》,《新民族》1938 年第 1 卷第 5 期,第 6 页。
② 艾伟:《过去教育的错误在哪里?》,《新民族》1938 年第 1 卷第 6 期,第 3 页。

这对最终教育成绩的评估及学生成绩的评估均不公平、不公正。

所谓“编译问题”,是指在引进西方经典教学成果时,中国编译与印刷工作存在耗时费力的现象。即便是人们引进了当时最为先进的教育理念或成果,但由于编译工作的拖沓,当人们将编译后的书拿到手后,原版的书已经再出新版,使得人们无法将西方最新的研究成果及时地引入中国的教育。

所谓“设施问题”,是指教材作为教育中的核心设施过于陈旧。尽管当时我国教育学者在教育制度、教学体例、教育考核等方面制定了多重目标和标准,但在具体实施过程中,教育却受到了教材陈旧或老化的阻碍,同时又受到实验室不完善、教育科目安排不科学等因素的影响,这些都使得教育工作者无法实现既定的教育目标。

(二)对战时中小学教育问题的探讨

综合诸家论述,对中国教育弊端的讨论涵盖小学、中学及大学等不同教育阶段所存在的不同类型和性质的问题,也正是因为每一阶段所面临的具体情况不同,学者笔下所呈现的关于中国教育问题的争论显得千头万绪。因此,在对中国教育问题进行整体论述之后,以下我们所关注的便是针对战时中国小学、中学不同层面的教育问题的讨论。

1. 小学教育

清政府1904年颁布的《奏定学堂章程》,是中国近代教育史上第一个以法令形式公布并在全国推行过的学校教育体系。1912年,中华民国临时政府教育部颁布了《学校系统令》,即《壬子学制》,规定“初等小学四年,为义务教育”。1937年,国民政府教育部颁布了《学龄儿童强迫入学暂行办法》,这个时期的义务教育概念是强迫教育。1940年4月,国民政府教育部制定《国民教育实施纲领》,规定国民教育分为义务教育和失学民众补习两部分,两者同时实施。战争直接导致当时中国义务教育停滞不前。但义务教育的重要性是不言而喻的,它通过普及性推广的方式,为全国人民的基础教育奠定基础。义务教育的推广基本上能够解决百姓日常生活的需要,完成中国传统文化的初级教育,在此基础上,根据家庭的实际情况和学生的学习兴趣,再选择继续进行中等教育和高等教育。正因为义务教育重要,日本人在入侵中国时,关注的不仅是我国广阔的资源和领土,而且通过推行奴化教育的方式对中国百姓进行洗脑,妄图达到瓦解百姓抵抗情绪进而使百姓安于受其统治的目的。有鉴于此,中央大学的学者们亦指出要将充分推广义务教育作为中国战时教育的重要组成部分，同时推广成年补习教育①，越普遍越好，越迅速越好，在教育中坚固中国人的民族性和爱国心。

战争时期，为政者对当时义务教育以及小学教育一直有所关注。不过，与战争时期如火如荼的针对大学教育的讨论相比，学者们对小学教育的讨论并不常见。在《新民族》64 期所刊载的文章中，仅有一篇文章明确地涉及战时小学教育的问题，即赵廷为先生的《战时的小学教育》，刊载于第 2 卷第 6 期与第 7 期。作者所关注的战时小学教育的问题主要集中在战时小学教育的存在及小学重要性、小学教育质与量、小学教育的革新等问题。

战时小学教育的存在及小学教育的重要性的问题，还是根源于战争背景下人们对教育的反思。有的学者主张停办小学教育，原因是："小学生年龄幼小，普遍均在十三岁以下，而抗战时期至多不过延长数年。他们在这时期中，因为年龄幼小，不能作有关抗战的较重要的服务。固然我们可以叫年龄幼小的小学生去做搜集废铜废铁、募集前方需用物品、宣传等工作，但是这类服务于抗战前途影响并不很大，而在时力上颇不经济。"②但对当时的中国教育和中国战后建设来说，小学教育的断档显然不利于中国教育的循环与延续。更何况，开展小学教育不仅仅是为了战争，其核心内容是对小学生的人格、理想和信仰进行引导和教育，换句话说，小学教育的作用是给国家培养热爱祖国、思想健康、积极向上的年轻人，这才是小学教育的最重要之处。因此，赵廷为先生认为不能因为小学生和小学教育对战争所起到的作用不明显而中断小学教育，这不科学且不利于中国近现代教育的长期发展。

关于小学教育质与量的问题，赵廷为先生明确地将其归纳为小学教育要"如何谋量的推广""如何谋质的改良"。③ 根据民国临时政府教育部颁布的《学校系统令》的规定，我国当时所推行的义务教育的年限是四年，这远远低于同时期的英国、法国、德国、意大利、美国的八至九年，而实际上，在推行过程中"连一年或二年的义务教育，还没有普遍推行"。这便造成了中国文盲多的状况，这样延续下来的名不副实的义务教育经不起战争的考验，这样零星点滴的义务教育无法真正达成对学生人格与品德进行教育的目标，因此，在战争中出现了百姓被收买为伪军、残杀同

---

① 罗家伦：《抗战的国力与文化的整个性（四）》，《新民族》1938 年第 1 卷第 11 期，第 2 页。罗家伦先生在文中指出：小学教育、义务教育、成年补习教育，应充分使其推广，越普遍越妙；务必计划多少年以内，全国人民都能读书写字。

② 赵廷为：《战时的小学教育（一）》，《新民族》1938 年第 2 卷第 6 期，第 12 页。

③ 赵廷为：《战时的小学教育（二）》，《新民族》1938 年第 2 卷第 7 期，第 12 页。

胞和危害祖国的行为。可以说,战争的爆发让中国原本就不健全的义务教育受到了严峻的考验,在战争中如何发展和推广义务教育是当时教育界需要考虑的最重要的问题。

对于小学教育革新的问题,赵廷为先生进行了相关论述。综合起来,论述共涉及以下几个方面。

第一,小学教育的内容应该按地域进行调整。王书林先生在《抗战建国教育的原则》中专门提及"过去学校未成为乡村社会的中心""教育不普及"的现象[①],说这在当时中国教育界具有一定的普遍性。赵廷为先生在讨论小学教育的革新时指出,当时小学教育非常大的缺点就是"只顾及都市的需要,而没有顾及乡村的需要",这一问题的解决还有赖于各地方政府根据本地区的需要,对统一的课程标准进行适当调整或变动,这便需要对小学教育有深切研究的专门性人才。[②] 这并不是一个可以立即解决的问题,但当时的小学教育仍需要有一个革新的方向,只是任重而道远。

第二,小学教育的内容应该为现实服务。所谓"现实",无疑是当时中国正经历战争的状况,赵廷为先生专门提及这一问题,显然是对中国教育界曾出现的因为小学教育对战争的功用性不强而认为其应中断的观点的回应。赵先生认为:"整个的小学课程,应该要把'抗战建国'作为组织的中心……要把小学课程战时化。"[③]他还为中国小学教育的战时化设计了一个框架,在这一框架中,他将古今民族英雄的轶事、抗战文艺、日本侵略史、制作战争利器模型、宣传抗日图画、激发爱国热情的歌曲、有关抗战的模仿操、计算抗战损失等与战争密切相关的因素融入小学语文、数学、美术、音乐、体育等课程中,还希望国立编译馆能够承担战时小学课本的编译工作,将这一体系的小学教育推广开来。这也许符合当时中国的需要,而且不能否认,也确实可以加强抗战思想的教育与宣传,但从小学生的心智和小学教育担负着塑造学生心灵和品格的重任的角度来看,这样全面性的战时教育是否有利于年幼学生心理与品质的塑造是值得思考的问题。因此,我们所赞成的战时小学教育体系是在适当服务战争需要的前提下,既有利于塑造学生品质又能够推广中国传统文化精华,既能够树立学生坚定的信念又能够凸显中西方小学教育的精华,既能够培养学生多方面的能力又能够为中国建设培养优秀人才的小学教育体系。

---

① 王书林:《抗战建国教育的原则》,《新民族》1938 年第 2 卷第 5 期,第 5 ~ 6 页。

② 赵廷为:《战时的小学教育(二)》,《新民族》1938 年第 2 卷第 7 期,第 12 页。

③ 赵廷为:《战时的小学教育(二)》,《新民族》1938 年第 2 卷第 7 期,第 12 页。

第三,小学教育应该特别重视品德教育。品德教育是中国小学教育所承担的最重要的教育职能,抗战时期,汉奸和伪军不断出现,他们对中国抗战和百姓生命造成了重大威胁与迫害,因此对小学生进行品德教育便显得更为重要。因此,我们认可也支持小学教育这一层面的教育职能,这不仅仅关系到学生的自身与未来的发展,更关系到中国未来建设的基础。赵廷为先生亦将小学训育的革新作为论述的重点,其核心仍是服务于战争,因此,作者所强调的训育革新便凸显了战斗的特性和组织能力,通过让小学生从事战争服务来激发他们的服务理想、爱国情操和价值责任。① 不能否认,战时小学的品德教育要服务于战争,但小学的品德教育更重要的是树人,为民族、国家及百姓家庭培养思想、道德、修养全面发展的有用之人,才是小学品德教育的一项永恒的职责。

2. 中学教育

中学教育在整个教育体系中至关重要,既是对小学教育成果的检验,又是大学教育的基础。因此,中学教育直接影响各方面人才的培养,但当时的中国中学教育存在很多问题,影响了中国教育发展的进程。

首先,当时的中学教育学费昂贵。据许恪士先生描述,中学阶段因收费高,无形之中,把中学教育限制在中产以上家庭。有许多中学生,一学期实际缴纳的费用为一百元上下,还有许多其他名目的费用,这使得学生家庭的负担非常沉重。高昂的教育成本,无形中抬高了青年人求学的门槛,使很多普通家庭的优秀青年因交不起学费而无奈地流向社会,这实际上是当时中国教育的顽疾。

其次,当时的中学教育学制僵化。当时中学教育的学制,均围绕"大学"这一核心统一设置,具体表现为"不论是哪所初中,哪一个高中,课程一致,内容一致,毫无伸缩变动之余地。表面上规定,是一方要为大学之准备,一方要为社会下级干部人才训练之基础,但是结果都走到大学准备的一条道路上去"②。事实上,这样一边倒的学制与课程建设,即便在和平年代也不能够适应教育平衡发展的要求,因为中学教育的目标并非仅仅为大学输送人才,中学教育承担的是全民基础教育的重任,是整个民族文化素质提高的基础,这便决定了中学教育带有一定普及性和服务于生活的实用性。因此,为大学输送人才的单一目的不足以概括中学教育本身,显然,由此形成的学制建设也与中学教育设置、开展的初衷不符,这无疑是当时中学

---

① 赵廷为:《战时的小学教育(二)》,《新民族》1938 年第 2 卷第 7 期,第 13 页。
② 许恪士:《如何从教育上破除青年们的烦恼》,《新民族》1938 年第 2 卷第 14 期,第 2 页。

教育在学制建设上存在问题的根本症结。

最后,当时的中学教育课程设置僵化。当时的中学教育在课程设置上,“不管青年升学与不升学,能升学与不能升学,规定许多东西非学不可。因为算学固且要紧,但是青年们最宜了解的国家形势,最宜宝贵的民族奋斗历史,与自己生死相依的乡土地理,以及青年们技能的训练,科学的应用,个人人格陶冶,等等,实不应在课程上居于次要之列,以致造成一个中学校里的学生,对各科的教师有种种歧视”①。诚然,外文和算学的学习对学生语言技能的增长和生活基础知识的增补大有裨益,也符合战前中国渐次开放并逐渐接纳与学习外来文化的发展策略,因此,此类课程受到重视有其必然原因,长此以往便形成了对相关课程以及与之相关的教授环节的过度重视,进而引发学科间的歧视,如许恪士先生所说,在中学教育中,“对英文、算学教师则认为头等角色,对物理、化学教师则认为是二等角色,对国文、历史、地理等教师则认为是三等角色,对公民体育、劳作等教师则认为是四等角色”②。这一现象甚至延续到今天。姑且不论这一现象对中国中学教育所带来的负面影响,单就战争时救亡图存的现实而言,外文、算学、物理乃至化学似乎都无法解决战时民族、民族性和民族国家重塑的问题。因此,许恪士先生强调:“自然文化教育是很重要的,但是文化教育绝不能离开自己的国家、自己的民族来讲。尤其是在这个风雨飘摇的国家前途之中,讲科学教育的人们,更不能离开自己的社会。”③战争时期,人们需要的是利用与本民族休戚相关的文化教育来唤醒学生爱国救亡的热情,在这一前提下,中学教育更要肩负起实用科学的教育:“注重技能的训练,注意科学的应用,注意人格的陶冶。”④

《新民族》对中小学教育的讨论非常有限,而对中小学教育问题进行论述时,学者们亦将相应的处理意见附于其后。同时,学者们给出的关于中小学教育改革的意见带有一定的概括性,旨在点明即可,并没有深入地进行论述。学者们对大学教育问题及改革的讨论则构成了《新民族》中教育讨论的主要内容,涉及大学教育的特点、大学教育的困境、战时大学教育改革的重点与内容、战时大学教育的体制等一系列问题,这使得《新民族》所登载的有关大学教育的内容异常庞杂,因此,有关此问题的内容将于下文另立专题讨论。

---

① 许恪士:《如何从教育上破除青年们的烦恼》,《新民族》1938 年第 2 卷第 14 期,第 2 页。
② 许恪士:《如何从教育上破除青年们的烦恼》,《新民族》1938 年第 2 卷第 14 期,第 2 ~ 3 页。
③ 许恪士:《如何从教育上破除青年们的烦恼》,《新民族》1938 年第 2 卷第 14 期,第 3 页。
④ 许恪士:《如何从教育上破除青年们的烦恼》,《新民族》1938 年第 2 卷第 14 期,第 3 页。

第三节　对战时大学教育改革的讨论

根据战时政治、科技、文化、建设等方面的不同需求，有关大学教育改革问题的讨论也不仅集中在体制改革，还涉及大学教育所存在的问题、战时课程设置、教学方法、教材开发、师资培养、战时大学教育的服务目的、“二格”问题、战时教育内容等诸多方面，甚至关于大学分系时段的问题也成为学者们讨论的一项重要议题。

一、寻求中国教育质的提升

赵廷为先生在《如何谋划我国教育质的改善》一文中，专门对当时中国的教育问题提出了具体的指向性意见。①

关于学制、课程、教育方法等的问题一直是中国教育改革讨论的核心，但这些问题的解决并不能依赖于少数人或某个组织的决定，立足于中国特殊的国情，对这一系列问题系统地进行学术研究和论证，才能找出适合战时、战后中国教育发展的改革意见。因为这一系列问题繁复具体，如课程体系的构建、教育科目的重组、教材的选择与年级的适用等，又如如何选择有效的教学方法、如何加强品格教育的训练等，因此，对学制、课程、教学方法层面的讨论便需要学术研究的介入，通过全面细致的调查与研究，才能行之有效地推进中国教育改革的进程。除去学制、课程设置这些教育体制化的内容，教学方法的改进实际上需要每一位一线教师积极探索。“专科教材教法的科学知识，在目前非常幼稚。致此原因有三：①教育者对教材教法的研究，向来集中注意于小学各科，故小学读法算术等科的科学知识，虽已相当发达，而中学各科教材教法的研究，至今毫无成绩可言。②欧美各国对中等学校教学法的研究，近来颇有进步，但多属于普通教法及课程编制方面，而对专科教材教法方面，亦无多大成绩；我国一切落后，更不待言。③研究历史、地理、化学等科的专家，往往缺乏研究教育的兴趣，而专攻教育的人们，又缺乏历史、地理、化学等学科的素养，于是，胜任并志愿从事专科教材教法研究的人们，在国内竟寥无几人。”②这一系列的问题说明当时中国的教育改革任重而道远，尤其是教学方法革

---

① 赵廷为：《如何谋划我国教育质的改善》，《新民族》1938 年第 2 卷第 17 期，第 3 ~7 页。

② 赵廷为：《一个研究专科教材与教法的计划》，《新民族》1939 年第 3 卷第 6 期，第 6 页。

新仍处于初级阶段，即使是最为普通的日常教学方法的使用仍落后于其他诸国，因此，在培养师资的师范学院对未来的师资力量进行教学方法的培养，这对教学方法的革新而言，无疑是一项最为有效的方法，甚至可以说是具有决定性作用的，诚如赵廷为先生所言："这是我可以断言的，今后中学师资训练的成功或失败，将视师范学院学生对于专科教材教法研究至何程度而定。"①为此，赵廷为先生以中学历史学科为例，针对师范学院学生的师资训练，以"专科教材教法研究"为视角，构建了"一个研究专科教材及教法的计划"②，计划主要分成六个部分：分析教科书内容、征集专家意见、编造测验、确定教学单元、编造并研究各种不同的教法单元测验、编制教本及单元教案。由内容可知，此计划主要倾向于教材的编撰，在具体教授的过程中注重教学方法的改进。这说明学者们已经将关注和研究视角由学制弊端、学制建设转移到教材研究、教法研究等更为实用的层面。

如果说学制、课程及教学方法的改革是中国教育改革的核心问题，那么师资队伍便是中国教育改革得以实施的核心力量。关于师资队伍的建设，赵廷为先生的具体意见分为两个方面：首先，提高在职教师的待遇，以此作为稳定教师队伍、扩充教师队伍的基础，只有在生活稳定的前提下，教师们才能安心工作；其次，培养师范学生投身于教育事业的信仰和热情，注重对师范学生品格、学科、专业和社会方面的训练，同时明确中国教育改革的成败往往与师范教育的成败密切相关。实际上，学者们已经充分认识到在校师范学生对中国教育改革的重要作用，最直接而有效的做法无疑是打造在校师范学生过硬的教学技能，这既能为中国教育提供优秀的师资，又能使这些受过专业训练、拥有科学的教学方法的青年学生成为中国教育改革的中坚力量。赵廷为先生便强调："'专科教材教法研究'一学程，是师范学院各系最重要的必修科目中的一种。这一种学程的重要，是非常显然的。若让一个师范学院历史系的毕业生，不懂得历史教材如何选择如何组织，不懂得历史如何教学，这岂不是笑话！"③

如果说学制、课程、教学方法及师资的培养是中国教育改革的根本环节，那么与此相关的教育视导制度与组织则是中国教育改革得以开展并逐渐推行的不可或缺的补充与保障。视导区别于督学，其特点是"他们从容不迫地研究缺憾的所在，

① 赵廷为：《一个研究专科教材与教法的计划》，《新民族》1939 年第 3 卷第 6 期，第 6 页。
② 赵廷为：《一个研究专科教材与教法的计划》，《新民族》1939 年第 3 卷第 6 期，第 6 ~ 8 页。
③ 赵廷为：《一个研究专科教材与教法的计划》，《新民族》1939 年第 3 卷第 6 期，第 6 页。

而提出积极的建议”①。他们之所以能够找出教育的缺憾并提出积极的建议，是因为担任视导的人员“都必须要有三年以上的教育经验，必须要有一种健全的教育哲学，必须要有谨慎地测验和统计的技术，必须要具备种种做领袖的品格”②。因此，担任视导的人员往往是教育界某一学科或某一方面的专家，甚至是独当一面的厅长、局长或校长等。正因为这些视导人员是或者曾经是真正的教育者，所以，他们对教育体制、课程设置、教学方法和师资建设等方面存在的问题颇具敏感性，可以为当时中国教育改革的推进保驾护航。当然，视导人员队伍的建设、相关制度的完善也同当时中国教育的改革一样急需量的积累和质的推进。

二、对战时大学教育问题的探究

尽管对战时教育的讨论，学者们仁者见仁智者见智，但无论秉持何种观点，如何展开行之有效的战时教育是当务之急。以罗家伦先生为代表的一批学者关注的是战时中国的大学教育。这一教育对于战争中的中国来讲确实至关重要，因为战争破坏下的中国，抗战的同时更急需进行人才的教育与储备，而能够真正承担起这些重担的便是大学教育，能够行之有效地投身于这些工作的便是大学生。大学生既有相对成熟的心智和身体条件，又有投身于革命和实践的热情，这是其他年龄段的学生和从事其他工作的年轻人所不具备的先决条件。

（一）对大学课程与分系问题的反思

艾伟在《论整理大学课程》一文中对当时大学课程中所存在的问题进行了论述。论述主要涉及基本训练的设置、分系时限的问题、规定的统一、文理学科的沟通、毕业试验的重视等问题，另外，作者特别强调了大学一年级国文与外文的考量标准、开设人类心理学的必然性等问题。③ 其中分系时限的问题引起了学界的关注。艾伟先生的主张是将分系移至大学二年级进行，大一学生可以不分系进行学习，而相对专业的学科研究则留待于研究所阶段进行专门研究。梅仲协先生的意见是“最近教部主张大学一年级不分，颇切合实际的需要”④。杨端六先生认为“一

① 赵廷为：《如何谋我国教育上质的改善》，《新民族》1938 年第 2 卷第 17 期，第 6 页。
② 赵廷为：《如何谋我国教育上质的改善》，《新民族》1938 年第 2 卷第 17 期，第 6 页。
③ 艾伟：《论整理大学课程》，《新民族》1938 年第 2 卷第 1 期，第 7～10 页。
④ 吴学义：《一年级不分系与大学课程》，《新民族》1938 年第 2 卷第 20 期，第 6 页。

年级不分系,用意至为周密”[①]。吴学义先生在其文章《大学一年级应否分系》[②]中对大学一年级不分系的原因进行了分析,主要基于当时国民政府教育部所规定的各大学一年级每周都要进行必修课学习的考虑,当时的国民政府教育部设置了国文、英文、中国文化史、哲学概论、物理、化学、生物、文法、商学、自然、农工医学等众多必修科目,大一学生每周需要拿出至少二十个小时进行必修课的学习,因此,大学一年级不分系是有一定合理性的。

事实上,1938 年 9 月,当时的国民政府教育部已经通过了各大学开始实施大学一年级不分系的决定。如前文所述,这一决定是通过了一定的学术论证的,并得到了学者们的认同,但对不分系是否适用于当时中国的大学教育,或者说对大学一年级分系的决定,当时的学界还存在争议。

首先,学界中有一些相对中立并令人深思的声音。如朱自清先生的意见:“一年级不分系似仍值一谈”,“清华一年级课程,四五年来,亦采不分系办法,但一年级学生,中途每请改系。同人中亦有以分系为是者。其意以为学生多学习不相近功课,敷衍及格,费时鲜效。本年联大文法学院各系,即更倾向一年级分系办法。个人对此问题,暂无定见”。杨端六先生指出:“近年来,因为军事训练,以及战区学校辗转迁徙之故,(大学)实际修业不足四年。”尽管杨先生赞成大学一年级不分系,但出于上述原因的考虑,他又认为“自第二年始行分系……而延长大学修业年限,又为事实上所难能”。由此可知,大学一年级是否分系在实际过程中确实存在一定争议,妄下结论并不可取,这也进一步说明尽管当时的国民政府教育部已经明确规定了大学一年级不分系,但学者们对于这一举措是否适用于实际需要的问题仍莫衷一是。

其次,学界也有一些反对声音。吴学义先生对应将大学分系移至二年级进行的观点是持反对态度的,理由有二。首先,当时所设置的大学基础课,有相当一部分应当在高中阶段就完成基本学习,无须在大学期间进行补课。因此,大学教育更应该承担起对学生进行专门知识教育的任务,不过考虑到各地区高中教育的程度不同,“在大学一年级增加国文、外文,乃至添设中国文化史等科目,即足弥补事实上的缺陷,毋须矫枉过正,连累到大学一年级不分系”[③]。因为,若将大学分系移至

① 吴学义:《一年级不分系与大学课程》,《新民族》1938 年第 2 卷第 20 期,第 7 页。
② 吴学义:《大学一年级应否分系?》,《新民族》1938 年第 2 卷第 7 期,第 9 ~ 11 页。
③ 吴学义:《大学一年级应否分系?》,《新民族》1938 年第 2 卷第 7 期,第 10 页。

二年级进行，会产生诸如学业年限不够、学业进程先松后紧等问题，会为大学教育应开展的实质性教学内容的推进造成诸多不便。其次，为了不与大学一年级分系相冲突，大学教育和教师应与高中教学及教职员密切配合。因此，吴学义先生认为，与其让大学生利用一年的时间依据自己的实际选择将要学习的系，不如"在高中设升学指导委员会，由高中教职员，就学生的个性、成绩、环境，加以选课的指导，不必影响到大学一年级不分系"①，即充分考量学生在高中时段的学习优势与劣势，将考量结果作为学生入大学后进行选课或选系的基础。面对当时国民政府教育部已经颁发并开始执行的大学一年级分系的决定，吴学义先生在《一年级不分系与大学课程》一文中，再一次申明了自己的观点："应注意大学与中学的区别和使命。基本训练固然重要，但应属于中学的范围，大学应注重专门科目。为求名实相符，不能使大学一年级高中化，致减少专门学科的修业时间。"②也就是说，他认为大学教育应该充分利用其自身宝贵的三至四年时间，不应将过多的时间用于为原本属于中等教育的责任买单。

（二）大学生及大学教育存在的问题

前文中，我们已经对战时大学生所存在的焦虑情绪及相应的解决方法进行了讨论。事实上，战时大学生之所以焦虑是因为战争的爆发导致他们看不到自己的未来，以及平时所学与战时所需相互脱节致使拳拳报国之心无法施展等。总体看来，学者们针对学生的焦虑情绪，对战时教育进行了一定的反思，主要集中在以下几个方面。

第一，大学教育不仅要教育学生术业有专攻，还应提高他们的政治修养和人文修养。

相应的解决方法是设置战时课程，针对学生对未来生活的期待，如是安心于生活、致力于建设、专注于研究还是投身于革命等不同的学习目的，进行疏导。这一问题的解决对战时大学生教育具有一定的导向作用，但这一问题的解决在当时尚没有触及中国近代大学教育的根本问题。因此，本节我们所关注的大学教育问题主要是大学生及大学教育存在的问题。肃公先生在《我国大学教育的三大缺点》中对此进行了讨论，事实上，肃公先生所强调的正是当时大学生的三大缺点，这三大缺点也成为当时中国大学教育所需面对和解决的三大问题。这三个问题分别是

① 吴学义：《大学一年级应否分系？》，《新民族》1938 年第 2 卷第 7 期，第 11 页。

② 吴学义：《一年级不分系与大学课程》，《新民族》1938 年第 2 卷第 20 期，第 8 页。

“国文英文修养不充分”“无政治修养”和“无充分的常识”。① 第一个问题针对的是当时大学生更专注于自身感兴趣的科学,进而疏于对外国文学和国内文学进行学习的现象。当时有些大学生认为文学无用,殊不知当时大凡取得了社会领袖地位的成功者,“他们的思想见识和中西文字确有擅长的地方,不是初期的留学生可以企及的”,更不是当时大学生所能够企及的。第二个问题针对的是当时“知识分子对政治与经济是无充分的认识与修养的,民国建立以来三十年的纷乱,原因虽多,而这确是根本的原因”②的状况。自古以来,教育便与政治密不可分,但随着现代教育学科化的铺开,术业专攻之下,越来越多的知识分子和大学生表现出了对政治的淡漠,时至救亡图存的关键时期,如果“我们希望民主政治,我们希望取得政权,我们将来希望作选民作人民的代表,希望决定国策,我们就要及早地充实我们的政治修养”③。而作为国家未来建设主力的大学生,其政治修养的培养关系到中国未来政治经济建设的成败,因为,真正懂得政治常识与拥有政治修养的大学生才能真正做到将自己所学与国家命运紧密结合。第三个问题针对的是高等教育所培养的大学生缺乏较为全面的知识储备的状况。文章中将较为全面的知识储备称为“常识”,并且是较为高深的“常识”。这一问题是上述第二个问题的进一步延伸,肃公先生希望大学教育培养出来的学生不仅仅成为某一方面、某一专业或某一领域的专才,而要在专才的基础上仍能够储备历史、文化、地理、人文、政治、经济、医学、外国文化等诸方面的常识,以便这些作为未来领袖的大学生能够在国家建设中走上全面进步的道路。

第二,大学战时教育主要关注两个方面:服务于战时的需要和服务于战后建设的需要。

为了鼓励学生投身于实践,学者们倡导开设战时所需要的切实可行的课程。如民族诗歌、民族史、战时文学、新闻学等可唤起学生的民族意识;国际政治地理、欧洲独裁政府、国际组织、苏联讲座等可加深学生对国际政治局势的了解;本国经济地理、矿藏地理、四川地理、地形检测等可深化学生对国内地理形式的理解,以服务于本国多层面的战争需要;弹道学、无线电学、飞机机翼理论、相关航空课程等可增补学生应用于战争的科学性知识;战时经济、战时教育、军事心理、粮食问题等,

① 肃公:《我国大学教育的三大缺点》,《新民族》1939 年第 4 卷第 2 期,第 2 ~5 页。
② 肃公:《我国大学教育的三大缺点》,《新民族》1939 年第 4 卷第 2 期,第 3 页。
③ 肃公:《我国大学教育的三大缺点》,《新民族》1939 年第 4 卷第 2 期,第 3 页。

可对学生应对战争和服务战争的知识进行储备。

第三，大学战时教育需强调计划性。

当时中国大学战时教育强调计划性的目的是将教育的视角集中于战后的建设，对此，罗先生制订了一个五年执行计划，这一计划的目的就是为战后的国家建设培养大量人才。计划中具体的人才类型主要有：实业运输和其他建设事业的工人；能够使用犁田机器的农人、农事人才及受过高等教育的农事专门人才；技术人员及高等工程师；受过高等教育的教育工作人才、资格较低的教育工作人才；受过高等教育的医生、忠诚教育的医学和药剂师人才。[①] 由这一计划可知，学者们所推行的计划确实与当时中国的战争现实密切相关，无论是教育、医疗教育，还是农事、工程、技术、实业教育，均是为战后国家建设进行人才储备，甚至已经将各类人才储备细化到高、中、低等不同等次，为踏实、全面地铺开战后建设奠定了基础。事实上，这样的人才储备不仅切合战后国家建设的需要，而且是近代中国急需的一套相对可行的人才培养模式，为的是中华民族的长久发展。

第四，大学战时教育要关注文化的发展。

孙本文先生在其文章《抗战建国中之文化问题》中强调，抗敌与建国是实现民族复兴的根本，在这一前提下，我们应该一面迎头赶上欧美最新的趋向，力谋功用文化的发展，一面发扬我国固有自足文化的特长，以建设我国民族本位的新文化。[②] 而中国固有自足文化与欧美文化的差异主要表现在：前者是以人伦为中心的家族农群文化，注重理性、伦常和礼教；后者是以经济为中心的民族工业文化，注重科学、机器和组织三要素。[③] 我们的目的是以我国优良文化为基础，尽量采取西方现代文化的精华，来发展我们国家的四大事业即教育、实业、交通和国防。[④]

第五，大学战时教育要关注航空教育。

战时的中国民众面临着敌人不间断的轰炸，这使人们意识到空军与战争密不

---

① 罗家伦：《抗战的国力与文化的整个性（四）》，《新民族》1938 年第 1 卷第 11 期，第 2 页。

② 孙本文：《抗战建国中之文化问题》，《新民族》1938 年第 1 卷第 12 期，第 9 页。孙本文先生将抗战建国中的文化分为功用文化和自足文化。其中功用文化亦可称为工具文化，是指可以为我们利用的并满足各种需要的文化，例如运输火车、机器制造、政治机构、金融等，以满足人生各种需要为根本目的；其中自足文化是指文化本身可以直接满足我们需要的文化，音乐、绘画、文学、哲学、宗教、道德等便是自足文化。两种文化的最大区别是前者满足的人类生活的各种需要，需要一个中间转化的过程，后者则是可以直接满足人的需要。

③ 孙本文：《抗战建国中之文化问题》，《新民族》1938 年第 1 卷第 12 期，第 9 页。

④ 孙本文：《抗战建国中之文化问题》，《新民族》1938 年第 1 卷第 12 期，第 10 页。

可分。“九一八”事变后,中国的空军得到了长足发展。不过,仍无法企及同时期的美、德、苏、日等国。当时的广大人民群众对航空的认知往往来自敌人的空袭,对中国航空业发展的认知尚处于模糊甚至无知的状态,对于他们来说,如何投身于航空事业,或如何在敌人的狂轰滥炸中求得生存,无疑是更重要的问题。因此,余仲奎先生专门对战时中国的航空教育问题进行了论述。余先生所言的航空分为军用航空和民用航空,对提高我们的国防效率和生活效率具有重要的意义,也影响着与之相配备的军事、工业等关系到国计民生的各项产业。有鉴于此,余仲奎先生认为当时的中国航空教育尚需解决的问题便是“普及”与“基础”的问题。所谓“普及”就是利用种种方法来启导民众,使每个人都有航空的头脑;所谓“基础”就是用“由浅入深”的逐步训练,把航空知识和工作,做一个有系统的传授和指导。① 与此同时,徐先生还引入了德国、俄罗斯、美国甚至日本等航空事业相对发达国家的航空教育经验。总体看来,这些国家在发展航空事业上均注重从孩子、学生和青年抓起,在集中传授航空知识的同时,加大对建造航空模型、航空机械、滑翔、飞翔等航天技术的训练,进而培养出大量的航天人才,为中国航空教育的发展以及航天人才的培养提供了宝贵经验。②

第六,大学战时教育要关注“二格问题”。

关于“二格问题”的讨论反映出中国当时教育所存在的巨大缺陷。所谓“二格问题”即“人格问题”与“体格问题”。罗家伦先生强调:“不从这两方面积极改进,民族复兴简直没有希望,也只有从这两件事情上来改进,才是真正的抗战教育。”③ 其中“体格问题”的形成是长时间累积的结果,而当时中国人的体质往往要受到家庭卫生无法保证、教育欠缺、营养不足、不良习惯等因素的长期影响,还受到鸦片入侵等现实因素的影响。令人难以置信的是,虽然当时大学生出身条件相对较好,但他们中生病或身体有欠缺者亦达到了百分之八十九的比例。这是何等可怕的现实。因此,罗家伦先生倡导“改进学生的体格,应当值得教育当局十分的注意”,并提出,要加强对学生的“军事训练”和“体育训练”,通过军事训练来养成学生优良的生活习惯,通过足球、篮球、排球等群体性的活动训练出民族的政治社会道德。④ 从这一层面来看,“体格”教育的终极目标仍然是塑造“人格”。“人格”教育的提

① 余仲奎:《航空教育的普及运动与基础训练》,《新民族》1938 年第 2 卷第 10 期,第 7 页。
② 余仲奎:《航空教育的普及运动与基础训练》,《新民族》1938 年第 2 卷第 10 期,第 7 ~ 8 页。
③ 杨玉清:《学术与政治》,《新民族》1938 年第 1 卷第 10 期,第 4 ~ 5 页。
④ 杨玉清:《学术与政治》,《新民族》1938 年第 1 卷第 10 期,第 5 页。

出，则源于战争时期汉奸与卖国贼的出现，诚如罗先生所列举的梁鸿志、汤尔和、王克敏等汉奸和走狗，他们共同的特点便是接受过高等教育，甚至在大学校园中书写了他们的爱国热情，最终却经不起战争与困境的折磨。由此可知，受过高等教育的人若存在"人格"上的缺失，后果是不堪设想的。这些人为了私欲而让中国的革命力量陷入惨境，他们的存在的的确确成为桎梏战争时期中国前进的毒瘤。因此，战争时期对大学生进行"人格"教育不可或缺，这便进一步对当时的教职员工提出了要求："教职员应当以身作则，对学生不但是在知识方面，而且在做人处事方面，还在思想行动方面，应予以切实地指导。"[①]事实上，大学生是国家的未来，对承担树人大业的教职员来说，在当时战争形式下以及未来国家建设的前提下，培养真正热爱国家、奉献国家的建设者，成为他们从事教育工作的根本目的。

罗家伦先生提出的中国教育应关注的"体格"教育，也就是中国人的体质问题，乃至"最近教育部会议发表关于提倡体育的一个政策"[②]，都引起了社会的广泛关注。人们已经认识到体育锻炼的重要性，而加强体育锻炼则需"用种种科学方法，使人们的身体达到最良好的境遇，其动向是在增进人的健康程度，使个人及民族的生活得以丰满，使个人能充分的对国家民族有所贡献，使全民族能无限地前进"[③]。

不过，"体格"教育除去人们通常认可并熟知的体育锻炼，还包括与人们身体健康密切相关的其他教育。在徐苏恩发表的《提倡体育生中的健康教育》一文中，作者关注的重点并不是体育教育本身，而是卫生习惯和卫生教育的缺陷所导致的中国人身体机能的薄弱，作者将与此相关的教育统称为"健康教育"，进而总结出了一整套适用于战时中国的健康教育体系。在徐苏恩构建的健康教育体制中，作者关注的是"广义的体育，就是健康教育"，称之为"卫生教育"则更加普遍和简略，因此，所谓"健康教育"实际上就是卫生教育。[④] 不过，徐先生在行文中并没有直接论及卫生教育的具体内容，强调的是卫生教育推行的方式、原则、注意事项及卫生教育人才的培养，但从字里行间，我们可以总结出文章中关于卫生教育的主要内容：一是培养民众正确的卫生观念和态度，进而使他们养成良好的卫生习惯；二是向民众灌输空气、日光、水、废弃物、食物、建筑物、排泄物和安全等方面的卫生知识；三是培养民众在饮食、运动、工作、休息、睡眠、情绪控制、清洁及性生活等方面的个人

① 杨玉清：《学术与政治》，《新民族》1938年第1卷第10期，第5页。
② 赵廷为：《战时的小学教育(二)》，《新民族》1938年第2卷第7期，第12页。
③ 赵廷为：《战时的小学教育(二)》，《新民族》1938年第2卷第7期，第12页。
④ 徐苏恩：《提倡体育生中的健康教育(二)》，《新民族》1938年第2卷第9期，第13页。

卫生习惯；四是改善衣、食、住、行、作息和娱乐等方面的卫生条件；五是注重公共卫生的宣传与教育，使民众认可环境卫生设备的建设和维护、传染性疾病的预防和抑制、医院诊所和卫生设施的利用等，使新卫生知识得到有效传播。[①] 综上所述，我们认为与军事训练和体能训练相比，卫生教育的普及同样适用于战时的中国民众，因为，军事训练与体能训练的前提乃是民众身体的健康，而卫生教育是身体健康的保证，亦是对原本体质薄弱的中国民众进行身体调试的重要保障。因此，所谓的"'体格'教育"不应该仅以体育锻炼和军事训练为核心，更要辅以良好的卫生观念、卫生习惯、卫生体系、卫生设施，这样才能使中国人的体质革命更上一个台阶。

同时，有关中国人"人格问题"的讨论也越来越多地得到了学者们的关注。陈之迈先生将当时中国人人格缺失的原因概括为"政治教育"的缺乏，而当时"政治教育"的核心便是培养中国人民的民族国家意识。而当时的战争极大地暴露了中国教育的缺点："在固有教育上，我们日夜研读的是颓唐的、消极的哲学文学，或没有民族国家观念的学说理论。在新式教育上，我们一方面专讲无国界的纯粹科学，一方面惟恐赶不上时代，只要新，就提倡，人家因为民族主义太发达了，所以提倡反对民族主义，我们则根本尚无民族主义，也鹦鹉式地效仿，正所谓'先学养子而后嫁'。我们所谓公民教育，虽然已经提倡了多年，但考其内容则仍是肤浅的学术理论，只是将几门社会科学，简单化起来，对于公民应有的民族国家观念，未能达到灌输提倡的目的。"[②]由此可知，如果当时中国的教育不能够完成唤醒国民的民族国家意识的目标，那么这样的教育仍是失败的。而造成失败的原因是中国人所固守的文化，因为当时中国人所固守的文化本身缺少对民族国家观念的认知。陈之迈先生对此进行了详细解释："中国的道德系统是优美的，没有问题。但是修齐治平完全是由个人出发，先要'独善其身'，然后才'兼济天下'，先修身齐家，再治国平天下。这里注重之点在个人而不在群，而现代所需要的是群重而个人轻。"[③]"修齐治平"的意识影响了中国政治、哲学与文学等各个层面，也使得国家和民族这些概念一直没有成形和发展的沃土，而抗战阶段，人们急需的是"群重而个人轻"的全民性质的国家与民族意识。

---

① 徐苏恩：《提倡体育生中的健康教育（二）》，《新民族》1938 年第 2 卷第 9 期，第 12 ~ 14 页。
② 陈之迈：《论政治的教育》，《新民族》1938 年第 2 卷第 10 期，第 4 页。
③ 陈之迈：《论政治的教育》，《新民族》1938 年第 2 卷第 10 期，第 2 页。

※ ※ ※

《新民族》中尤为值得探析的是其中所蕴含的抗战建国教育思想。有着"学术政治化"的办刊理念与中西结合的教育背景的《新民族》,体现出的抗战建国教育思想具有鲜明的政治性与民族性相结合、当下性与长期性相结合的特点,同时还具有平衡性与合理性的特点。《新民族》的撰稿者们对抗战建国教育的制度与方法进行了探讨,提出了具体的改革方法和训育方法,涉及制度、政策、组织、师资、学制、课程、方法等方面,对战争背景下受教育者的焦虑心态、苦闷情绪,对国难背景下的战时教育观、中国教育问题以及战时中小学教育、战时大学教育改革等均进行了深刻剖析。他们对战时课程设置、教学方法、教材开发、师资培养、战时大学教育的服务目的、"二格问题"、战时教育内容等诸多方面,也提出了具体的规划和设计方案。

《新民族》的撰稿者们还提出了战时和未来建国的教育原则,主张从制度、政策、方法等方面进行自上而下的长期的教育改革。他们的教育主张通过《新民族》这一阵地,持续不断地宣传开来,为赢得抗战胜利、延续民族文化血脉以及战后国家建设提供了专业的方案,体现了抗战时期学术与政治之间的密切关系,以及知识分子的民族责任感和担当意识。

第六章　抗战建国之文化建构

正如一位研究者所指出的，“在整个抗战时期，文化建国一直是国民党文化工作的一个中心目标”[①]。换言之，文化建国一直是抗战建国的重要内容。1938 年 3 月 29 日至 4 月 1 日召开的国民党临时全国代表大会确定了抗战建国的基本纲领，还通过了陈果夫等人提出的关于确定文化建设原则和纲领的提案。提案认为，“建国之文化政策，即所以策进抗战之力量”，“而现阶段之中心设施，则尤应以民族国家为本位。所谓民族国家本位之文化，有三方面之意义，一为发扬我固有之文化，一为文化工作应为民族国家而努力，一为抵御不适合国情之文化侵略”。[②] 而对抗战建国中的文化问题及艺术问题的关注，及所展示的研究成果，也是《新民族》的一大亮点。

第一节　“建立有机体的民族文化”

《新民族》创立及刊行时期的中国正处于一个生死存亡的节点上。其时，除了探索立国强兵之路、将战时教育列入探索与讨论的重点，综合诸家观点、建立有机的民族文化统一体也是学界讨论的焦点。

事实上，“建立有机体的民族文化”的说法是罗家伦先生提出的，而他的全部教育活动就是为支持和打造有机的民族文化统一体服务的，正如他们说的：“文化是有机体的，换句话说，文化本身就是一个大的有机体……所以支持文化的教育，从纵的方面讲，自小学、中学、大学以至研究院，缺少一段就无从实施；从横的方面讲，无论文法教理工农医商，都是一整套的，缺了一件都配不起一个完整的国家机构；

---

① 倪伟著：《“民族”想象与国家统制：1928～1948 年南京政府的文艺政策及文学运动》，上海教育出版社 2003 年版，第 282 页。

② 倪伟著：《“民族”想象与国家统制：1928～1948 年南京政府的文艺政策及文学运动》，上海教育出版社 2003 年版，第 281～282 页。

再从性质方面讲，则无论是实的造枪、造炮、造飞机、造坦克车、造铁路、造桥梁，还是空的文学、哲学、美术、音乐，都是支配整个国家民族命运的一部分。”①罗家伦的这一深刻论断，无疑是对一个国家教育之格局、教育之意义的完整总结。在这一理论的指导下，我们对近代以来以至抗战期间教育问题的症结进行反思。换言之，这一有机体系下任何一个环节出现任何问题均将阻碍中国近代以来以及战时教育的建设与发展。

一、“建立有机体的民族文化”思想产生的历史背景

第一次鸦片战争后，西方的文化思潮、先进的教育观念伴随坚船利炮滚滚而来，中国的一些有识之士也开始意识到教育在民族文化的传承和培养以及民族振兴、富强中的重要作用，越来越多的先进人士积极投身于教育事业，或是著书立说或是创立新式学堂，是为中国近代教育发展的萌芽。

19 世纪 60 年代至 19 世纪 90 年代的洋务运动中，洋务派提出了“中学为体，西学为用”的文化教育观，以何子渊、盛宣怀、丘逢甲等为代表的先进的实业教育家，开风气之先，排除顽固守旧势力的干扰，秉承中体西用的办学方针，成功创办了新式学校。此外政府开始派遣成建制留学生，从而培养了大批实用人才，初步变革了传统教育制度。但总体来看，这些仍然只是囿于传统的儒家经典思想与制度的上层建筑对西方先进文化的适应性调节。1895 年，随着丧权辱国的《马关条约》的签订，迫切的政治上的危亡感与沉沦感使得腐朽专制的封建制度赖以维系的传统封建思想文化根基初步崩塌，激进的自我批判意识开始冒头，由表及里，直触封建文化核心，进一步刺激了中国教育界的改革，也推动了中国近代思想史的全方位转型。1898 年，以康有为、梁启超为主的维新派实施变法，提出了废八股、兴西学、设译书局、奖励科学发明等设想。虽然该运动最终仅持续百日，但也是一次有力的助推。随后，清政府迫于形势压力，对教育进行了一系列改革，于 1905 年末颁布新学制，废除科举制，并在全国范围内推广新式学堂。1909 年，地方科举考试停止以后，西学逐渐成为学校教育的主要形式，延续了千百年的传统封建教育机制土崩瓦解，中国近代教育的雏形初步确立，这为中国现代形式的学校制度奠定了基础，也因此涌现出了大批思想进步、锐意创新的才人智士。但由于彼时政权依然由晚清

① 罗家伦：《抗战的国力与文化的整个性》，《新民族》1938 年第 1 卷第 7 期，第 2 页。

封建政府所控制，资产阶级维新势力并未掌握实权，因此在顽固守旧势力的多方掣肘下，所谓的“新的学制系统”依旧保留有浓厚的封建主义思想，经史课的比重依然较大，进士馆革而复辟，“以忠孝为本，以中国经史之学为基”（1904 年《癸卯学制》）的办学思想更反映了清廷为保存国祚而施行愚民政策的企图，改革的不彻底也为日后风起云涌的辛亥革命埋下了伏笔。

1912 年，中华民国临时政府在南京成立，临时政府携学界的先进教育人士开始在民众间积极宣扬民主自由并使其深入人心，从根本上动摇了封建社会千百年来所推崇的限定人心的封建教育，更从根本上改变了中国老百姓“家天下”的传统国家观念，“天下为公”的思想逐渐唤起了民众的民族意识。《新民族》周刊在《今后教育的最高指导原则（特载）》中特别提到：“我们从前专制时代，政治不善，吏治不良，少数有志节有学问的人，隐于教书讲学，一般人奉为清高，以为天子不得而臣，这是一种维系士气的苦心，但是现在是民国时代，每个国民自政府官吏，以至于社会服务的人，实际上都是为国家和人们服务。”①民国初期是一个新旧更替的过渡时期，彼时的中国正面临着严重的内忧外患，欧洲以及美、日等帝国主义国家正不断加紧对中国政治、经济、文化等方面的侵略，在这样的形势下，中华民国临时政府针对国计民生进行了多方面的改革和重建工作，尤其重视教育上的改革。在接管旧教育后，中华民国临时政府通过一系列的方针政策的制定和颁布实施对其进行改造重组，欧洲及美、日等教育强国的先进教育模式被引进，外语、科学与技术等新的学科领域被开拓，中国教育的状况大为改观，国民文化素质总体水平得到了提高。20 世纪 20 年代，民族资本主义工商业的发展以及以杜威实用主义教育思想为首的西方教育思想与教育理论的传入为当时中国教育的科学化发展提供了肥沃的土壤，并进一步启迪了民智，增加了东西方文化交流。1927 年，南京国民政府成立，从形式上统一了中国，全国行政、司法、教育、军事、外交都趋于统一。至 1937 年“七七”事变抗日战争全面爆发，中华民国在政治、经济、基建、文化、社会政策、边疆民族政策、外交、军事等各方面皆取得了一定成就，工农业产值达到了清朝末期、民国肇建以来的最高水平，中国整体环境为 1840 年以来最优，因而 1927 年至 1937 年这十年被西方媒体誉为“黄金十年”。在此期间，国民党在教育上推行“三民主义教育”，政府从扫除文盲的识字运动做起，推广实行免费的义务教育，不断发展高等教育、职业教育、平民教育等，从 1928 年中央研究院成立开始，初步建构了一套

① 《今后教育的最高指导原则（特载）》，《新民族》1939 年第 3 卷第 15 期，第 10 页。

较为完整的教育体制。但这十年间,由于地方军阀、土匪、外国势力等各派势力林立,中国战事频发,所以教育的整体规模以及基础教育建设都比较有限,不过国民政府对教育的财政投入较多,教育的建制也臻于完善,教育尤其是高等教育成果显著,如罗家伦在《大学与中学之联系》一文中就提到,"近十年来,因为政府提倡学术,尽全力来谋教育经费和教育人事的安定,使研究设备迭有增加,所以许多青年和中年学者,更能充分利用这种安定和设备,自动的努力教学和研究,居然于十年之内——尤其是最近五年之内,使中国对于好几种科学,确实地立定了基础"①。中国该时期的教育在总体上受西方自由主义思潮影响较大,因此国民政府的党化教育推行得并不彻底,政府对于学术的干预总体较少,学校提倡培养人的独立人格,更是出现了如晏阳初、蔡元培、张伯苓、陈鹤琴这样的大教育家,亦有如鲁迅、胡适、林语堂这样的大思想家,办学环境、学术氛围、文化环境整体上是比较宽松的。

20世纪30年代是中国历史进程中非常特殊的时期,严重的民族危机使整个国家处于抗日救亡运动汹涌澎湃的浪潮之中。"九一八"事变后,东北地区很快沦为日寇的殖民地。中国的大片山河为日寇占领,富饶的矿藏为日寇盗取,众多的国人遭到日寇屠杀。特别是"七七"事变后抗日战争进入全面阶段,数月之内,日寇侵占了北平、天津、上海、南京,华北、华东、华南等地。日寇在其占领区内实行残酷屠杀与怀柔奴化相结合的政策,在用暴力手段血腥镇压中国人民反抗侵略和反抗奴役的斗争的同时,也以文化教育作为其推行殖民统治的工具。实际上,自明治维新以来,日本就将向中国人民灌输奴化思想当作灭亡中国的重要手段。抗战爆发后更是投入巨力进行这项工作。板垣征四郎说,在中国,"要用五十年至一百年来真正掌握民心"。这一长远打算,充分暴露了奴化教育在日本灭亡中国企图中的战略地位。从长远来看,日本侵略者更为恶毒的是对中国科学文化教育事业的武力摧残。为了达到长期统治中国的目的,日本侵略者极力摧残中国人民尤其是中国知识分子的爱国意识。侵华日本海军陆战队司令盐泽幸一曾说:"炸毁闸北几条街,一年半年就可恢复,只有把商务印书馆、东方图书馆这个中国最重要的文化机关焚毁了,它永远不能恢复。"②为此,日军对没有一兵一卒、一枪一弹的商务印书馆进行了一次又一次的打击,并且每一次都可以说是毁灭性的。同时,我国许多高等学

---

① 罗家伦:《大学与中学之联系》,《新民族》1938年第1卷第4期,第2页。

② 《日军当年为何要炸商务印书馆》,《文汇报》1999年11月22日第3版,转引自陈科美主编:《上海近代教育史1843—1949》,上海教育出版社2003年版,第253页。

校、藏书楼等文教单位一起被列入了日军的攻击目标。1938 年,杨端六先生在《关于教育和经济的几个问题》一文中回顾了抗战八个月来的损失:物质上,领土、煤炭、钢铁等各类产业上的损失自不必提;而精神上的损失,就包括各种有用人才的死亡以及各级学校的停顿,所造成的伤害是不可逆的,是中华民族最大的损失。"自从去年七月以来,有许多学校差不多要停顿一半。其中尤以各大学为最困难。除川滇黔三省原有的少数大学以外,其他南北各省一切大学都陷于无法继续的苦况","大学的迁移,就因为有图书仪器的缘故,不能很迅速地行动。它必须要有相当的房屋设备。它必须要长时期的运输。这种因为学校停顿而发生的精神上的损失,实在不可以以数量计"。① 1937 年 7 月 29 日,日机连续轰炸天津四个小时,"其轰炸的目标在南开大学",日军将军车开进学校,把尚未炸毁的楼房泼上汽油纵火烧毁。南开大学被日军轰炸得"鸡犬不留"。"日军和飞机所到之处,幸免轰炸的仅北平十余所大学,亦被日寇盘踞。"②这种暴行在 1937 年 11 月 5 日蔡元培、张伯苓、胡适、蒋梦麟、罗家伦、刘湛恩、梅贻琦等 102 人联合发表的《日本破坏我国教育机关之事实说明》中也得到了具体体现:"北自北平,南至广州,东起上海,西迄江西,我国教育机关被日本破坏,大学、专门学校有 23 处,中学、小学则不可胜数……日人之蓄意破坏,殆即以其为教育机关而毁坏之,且毁坏之使其不能复兴。"③有资料显示,"战时全国各级学校与教育人员所受损失,总额国币 3274819000 元,合美金 966023490 元"④。不仅如此,日军还屠杀我国进步的文化人士和知识分子,在学校强制推行奴化教育,宣扬日本文化并扶持汉奸文化。他们对沦陷区高校严加管制,不准师生传播爱国思想,严禁抗日宣传,并大肆抓捕仁人志士,残害革命者。沪江大学校长刘湛恩、上海女大校长吴志骞等就因拒绝投降日本而惨遭杀害;燕京大学被迫解散后,中外教职员和在校学生 30 余人被拘押。侵华日军一方面对沦陷区各阶层群众灌输奴化思想,另一方面又与中方争夺民众,特别是青年学生,试图摧毁中国人民的民族意识和爱国热情,以维护其殖民统治。彼时,教育界爱国人士强

---

① 杨端六:《关于教育和经济的几个问题》,《新民族》1938 年第 1 卷第 5 期,第 5 页。

② 齐红深主编:《日本对华教育侵略:对日本侵华教育的研究与批判》,昆仑出版社 2005 年版,第 78 ~ 79 页。

③ 高平叔编:《蔡元培全集》第七卷,中华书局 1989 年版,第 191 页。

④ 朱猷武、王俊芳著:《国统区的文化与文化人》,天津人民出版社 2009 年版,第 3 页。

烈要求“变更教育制度，以配合抗战需要……应征服役捍卫祖国”[①]。从其所作所为不难看出，日军不仅要摧残中国文化，更主要的是，企图通过文化侵略削弱我国人民的民族意识，麻痹我国人民的反抗精神，进而征服和称霸中国。这便触发了爱国志士们反对日本文化侵略的文化抗战。

总体来看，中国的近代史写满了“屈辱”二字，从鸦片战争西方的坚船利炮轰开国门开始，中国的民族危机日益深重。面对近一个世纪来被动挨打的民族命运和亡国灭种的民族危机，救死不遑的紧迫感和再难立足于世界的耻辱感使得当时的中国学界有了共同的愿望：重塑民族精神，建造一个自健勇武的民族共同体。实际上，民族主义一直是中国知识分子寻求救国救民道路的原动力，尤其是在民族存亡的关头，忧国忧民的使命感和历史责任感更容易唤醒知识分子的民族情结和爱国激情。曾受哥伦比亚大学海斯教授《族国主义论丛》的影响和强烈刺激的蒋廷黻便慷慨直言：“无疑的，我们当代的中国人都是民族主义者。抛开精神方面问题不谈，中国已因乡土观念和氏族观念而积弱。如果实行高度的民族主义，对中国人一定是有好处的。以当前政治而论，民族主义几乎成了教育界的宗教。”[②]他希望通过教育为建设现代民族国家而努力，使教育成为建国抗战的伟大力量。蔡元培早年也积极提倡国民教育，提出为应付“强邻交迫，亟图自卫”之需，须共谋国防建设以绵延民族生命。国民会议曾提出中国教育趋势为民族复兴运动，以后历次公布的教育宗旨都以民族复兴为主。而民族主义教育思潮在中国蔚然而起成为一种教育思潮则是在“九一八”事变之后。这一时期有许多教育家积极倡导民族主义教育的理论。邰元冲首先从世界各国的民族教育思想论及中国当时实施民族教育的重要性，提出中国教育应以民族为中心政策而努力，为国民改造运动进行总动员。罗家伦提出厉行民族教育，以创建有机体的民族文化的主张。崔载阳提出了以民族自救自存、协进为本质的民族中心教育。1932 年 9 月，推动民族教育最为有力的时任国民政府教育部部长朱家骅发表《教育部九个月来整理全国教育之说明》一文，详申民族教育之必要，指出：“中华民族的复兴必有待于教育者有二：一为养成国民之民族观念，一为恢复国民之民族自信。”他重申了孙中山“把世界文化迎头赶上去，

---

① 吴洪成、张华著：《血与火的民族抗争——日本侵华时期沦陷区奴化教育史纲》，内蒙古大学出版社 2007 年版，第 295 页。

② 蒋廷黻著：《蒋廷黻回忆录》，岳麓书社 2003 年版，第 83 页。

把中国民族从根救起来"的遗教。①

当时的进步教育家不但阐述民族主义教育的理论，而且还提出了"民族之生命即教育之生命"（陶行知语）的观点，并为建立民族主义的教育体系不遗余力积极实践。如陶行知组织了国难教育社，发起中国战时教育协会，起草《国难教育方案》《战时教育方案》。晏阳初把中国全民的抗日战争看作"民族自觉史的开端"，指出"这战争应该把几千年的宿命论粉碎，叫整个民族抬头"。他与平民教育促进会在定县、湖南、四川的平民教育实验中编辑了"国族教材"，向农民进行抗战教育。②

二、"建立有机体的民族文化"思想的教育支撑

可以肯定的是，"建立有机体的民族文化"思想在中国是伴随着帝国主义政治、经济、文化的侵略而出现的。从鸦片战争开始的百年的时间里，中华民族陷入了空前的大劫难，当中华民族的生存受到严重威胁的时候，民族主义思想被唤起。一代代知识分子掀起了不同形式的保国保种的运动。在鸦片战争、洋务运动、维新运动到辛亥革命、五四运动、国民革命运动中兴起的教育思潮里，已多有"民族复兴"的意义。缪凤林即称自己在1932年济南事变后即认定"近世国族之斗争，欲求其胜利，必先求全民族活动之任何方面皆能与敌人相抗衡"。而他此思想之起点，是西汉对匈奴之战。他依据该次战争，分析汉族得胜的原因并将其归纳为四点：(1)由于国家的统一；(2)由于国民的尽职；(3)由于民族心身的健全；(4)由于朝廷纪纲的树立。缪凤林以为，西汉由统一的国家集合国内各部分之力量，国民积极履行应有之义务，加之以国民体格智力发育健全，朝廷赏罚分明，政治清明，军队凶悍，方获得对匈奴战争之胜利。③ 他所归结的原因包含了国家与国民两个层面，国家须对民众有所保障，国民也须在智德体方面有所发展，并为国家履行义务。其所谈所引，虽是遥远的西汉，但其所指，则显然是当时之中国。还应指出的是，"建立有机体的民族文化"思想的提出，也有相应的教育支撑。

抗日战争全面爆发后，国家教育体系面临崩溃，如何处理教育和抗战之间的关系，成了摆在国民政府面前的一道难题。教育界内部也围绕着如何制定新的"战时

① "国立编译馆"主编，贾馥茗总编纂，教育大辞书编纂委员会编纂：《教育大辞书2》，(台湾)文景书局有限公司2000年版，第943页。

② 辽宁省教育史志编纂委员会编：《辽宁教育史志(第三辑)》，辽宁省教育史志编纂委员会1992年，第240页。

③ 缪凤林：《我现在想》，《新民族》1938年第1卷第1期，第15～16页。

教育方针”展开了论战。主流的意见认为教育应该完全服务于抗战:不但学科要调整,变为以军事课为主,如“化学师生可从事军用品制造”,教育对象也要调整,须“以民众为对象”,“高中以上学校与战事无关者,应予以改组或即停办”,“认为战端即开,国家民族濒于危险关头,举凡教育上所有非极端迫切的设施,应当立刻停止,而专致力举办应付目前战事所需之各种短期训练”。[①] 这种“战时教育速成论”在师生内部也相当有市场。南京失守后,北大、清华、南开三校组成的“长沙临时大学”准备再度南迁至昆明,决定甫一颁布,即在校内师生间引起激烈辩论,许多批评者认为,在国家急需调动三湘民众起来抗日的时刻,学校内迁至昆明,有损道义。学生自治会甚至派出了自己的代表向国民政府请愿,反对内迁,要求参加抗战。但也有部分教育界人士对上述意见持反对态度。如时任国民政府教育部高教司司长吴俊升认为教育是百年大计,只可因战争做若干临时调整,而不能全盘改弦更张。最具代表性的则莫过于胡适向蒋介石进言时所说的话:“国防教育不是非常时期的教育,是常态教育。”[②]但这类意见,在当时并不占主流。

最能体现当时教育方针意见分歧的,可推张治中和陈诚在“长沙临时大学”的两场演讲。张治中时任国民政府湖南省政府主席。其演讲时劈头就骂:“际兹国难当头,你们这批青年,不上前线作战、服务,躲在这里干吗?”陈诚时任国民政府军事委员会政治部主任。其演讲时极力赞成学校内迁,将学生誉为国宝,鼓励他们于国家危难之际努力完成学业,因为十年之后,国家的命运就掌握在他们手里。

当时的国民政府教育部为这场论战做出的最终“裁决”是“战时需作平时看”,虽有各种暂时措施,“但一切仍以维持正常教育为主旨”。换言之,也就是“裁决”否定了张治中等人的教育完全服务于抗战的意见。当时的国民政府教育部如此决策的理由有二:其一,“抗战既属长期,各方面人才直接间接均为战时所需要。我国大学本不甚发达,每一万国民中仅有大学生一人,与英美教育发达国家相差甚远。为自力更生抗战建国之计,原有教育必得维持,否则后果将更不堪”;其二,“就兵源而言,以我国人口之众,尚无立即征调此类大学生之必要”。[③]

在当时的舆论环境下,国民政府教育部如此决策,与国民政府最高领导层的认知关系极大。陈诚的意见已如前述。1938 年 3 月上任的教育部部长陈立夫也认

① 金以林著:《近代中国大学研究 1895—1949》,中央文献出版社 2000 年版,第 250 页。
② 金以林著:《近代中国大学研究 1895—1949》,中央文献出版社 2000 年版,第 251 页。
③ 金以林著:《近代中国大学研究 1895—1949》,中央文献出版社 2000 年版,第 253 页。

为:“国防之内涵,并不限于狭义之军事教育,各级学校之课程……均各有其充实国力之意义。纵在战时,其可伸缩者亦至有限,断不能任意废弃,致使国力根本动摇,将来国家有无人可用之危险。”①陈立夫的意见,与蒋介石的意见高度一致。在蒋介石看来,战时教育不仅仅要满足抗战救国的需要,更要满足战后建设的需要。1939 年 3 月,蒋介石在当时的一次全国教育会议上说道:“我们切不可忘记战时应作平时看,切勿为应急之故而丢弃了基本。我们这一战,一方面是争取民族生存,一方面就要于此时期中改造我们的民族,复兴我们的国家,所以我们教育上的着眼点,不仅在战时,还应该看到战后。”②可以说,蒋介石的这番言论与罗家伦的“建立有机体的民族文化”的教育思想是完全吻合的,正如前文所说,教育的作用,不仅在于让国民学习知识和技能,为国家和社会创造科研成果和物质财富,还包括让国民坚定正确的信念,锻造民族的精神,为支持和打造一个整个的有机的民族文化体系服务。赵廷为先生在《战时的小学教育》一文中就写道:“固然我们可以叫年龄幼小的小学生去做搜集废钢废铁、募集前方需用物品、宣传等工作,但是这类服务于抗战前途影响并不很大,而在时力上颇不经济。因此,小学教育在抗战时期中的重要性,容易被人忽视,有人甚至主张暂时停闭小学,以省出经费供作其他有关抗战教育的用途。这显然是由于过分重视战时教育的抗战功能的结果。”“抗战开始以来,未及一年,而失地数省,推究其失败的原因,大半可归咎于过去小学教育的未普及与缺乏效率。举一明显的例子来说,汉奸众多是抗战失败的最重要的原因之一。这一部分是由于小学教育的未普及和国民民族意识的缺乏;一部分是由于小学教育的缺乏效率,以致人格堕落,良心丧尽。鉴于既往的失败,我们岂可不再重视小学教育呢?”③官方明确肯定了“战时教育需作平时看”的政策,在独立自主、宽松自由的学术环境下,由罗家伦先生首倡的基于现实的“建立有机体的民族文化”的教育思想自然得到了国立中央大学众多知名学者、教授的一致认可。这些学者、教授还针对教育的时弊,围绕建立民族有机文化统一体进行了一系列论述与思考。

罗家伦主持国立中央大学工作时,认为当时国难深重,结合自身在欧美的留学经历,迫切地希望国立中央大学能像柏林大学、巴黎大学等著名学府那样,代表民族精神和灵魂,尽到对民族、国家特殊的责任与使命。1932 年 10 月 17 日,他在国

① 金以林著:《近代中国大学研究 1895—1949》,中央文献出版社 2000 年版,第 254 页。
② 金以林著:《近代中国大学研究 1895—1949》,中央文献出版社 2000 年版,第 254 页。
③ 赵廷为:《战时的小学教育(一)》,《新民族》1938 年第 2 卷第 6 期,第 11 ~ 12 页。

立中央大学"总理纪念周"上做演讲时就提出,中央大学的使命是为中国"建立有机体的民族文化",并强调:"创立民族文化的使命,大学若不能负起来,便根本失掉大学存在的意义;更无法领导一个民族在文化上的活动。一个民族要是不能在文化上努力创造,一定要趋于灭亡,被人取而代之的。"①

此后,国难日重,民族危亡感日深,由罗家伦先生首倡的"建立有机体的民族文化"的教育思想得到了不断发展,《新民族》对各级教育实际作用的说明,及对各学科均可为国家民族未来做出贡献而不可偏废的强调,表明这一系统性教育观在刊物对平时教育的重要性进行了说明的基础上更加完善了,将从初级教育到高校学术研究各级的全面发展与国家民族之全面进步联系了起来。"建立有机体的民族文化"思想为战时教育观提供了理论基础和保障,为中国战时教育的成功及人才的培养奠定了基础。

三、为民族复兴"建立有机体的民族文化"

"九一八"事变以后,中国大学教育有一个方向的转变,就是由于举国上下对民族竞争力虚弱的担心,"共以培养国力复兴民族为职志,国防方面、经济方面,需要科学人才尤亟,而高等教育几亦完全转一方向"②。毫无疑问,"建立有机体的民族文化"思想的提出,也是致力于培养国力、复兴民族的。

当然,"建立有机体的民族文化"的思想是与罗家伦执掌大学(尤其是国立中央大学)的人生际遇有莫大关系的。而从之前的国立中央大学校长朱家骅引咎辞职以及代理国立中央大学校长段锡朋仓皇离校、蒋介石下令解散中央大学的情形来看,博通中西的罗家伦无疑是当时出任国立中央大学校长的最佳人选。在国立中央大学校长这一职位上,罗家伦将其教育理念和大学思想付诸实践,并为民族复兴和建立有机体的民族文化努力。1932 年 9 月,罗家伦出任国立中央大学校长后,积极从事学校各方面建设工作,很快提升了中央大学的实际学术水平和管理水平。1932 年 10 月 17 日,他在国立中央大学"总理纪念周"发表了题为《中央大学的使命》的演说,直接表明了其大学理念。

---

① 周谷平、赵师红编:《走向一流的历史轨迹:中外著名大学校长治校理念与办学制度文献选编(中国卷之一)》,浙江大学出版社 2015 年版,第 258 页。

② 黄建中:《十年来的中国高等教育》,收入中国文化建设委员会编:《近代史史料丛刊》续辑 · 第九辑第 82 册(二)《抗战十年前之中国(1927—1936)》,(台湾)文海出版社 1991 年版,第 503 页。

相较于同时代的大学校长，罗家伦最令人瞩目的是他的大学“理念”的自觉。在他看来，办理大学绝不仅是办理大学的行政事务，而且“一定要把一个大学的使命认清，从而创造一种新的精神，养成一种新的风气以达到一个大学对于民族的使命”，“当然对于民族和国家，应尽到特殊的责任，就是负担起特殊的使命”，因此，罗家伦明确指出，大学的使命“就是为中国建立有机体的民族文化”，“这种使命应当是中央大学永久的负担”①。当然，这也是最难得的。

对于他提出的“建立有机体的民族文化”思想，罗家伦阐述了其中最重要的含义：“大家必须具有复兴中华民族的共同意识……我们每个人都应当在这个共同意识之下，成为互相协调的……无论学文的，学理的，学工的，学农的，学法的，学教育的都应当配合得当，精神一贯，步骤整齐，以趋于民族文化之建立的共同目标。”他认为，旧中国之所以积贫积弱，沦落到惨遭列强宰割的境地，一个关键的因素就“在于没有一种整个的民族文化，足以振起整个民族的精神”②。

罗家伦强调，“文化是有机体的”，“因为文化是有机体的，所以他的生命不可中断。中断以后，是很难继续的。所以有人以为战时中学小学甚至大学都可以停办，是不对的。不但大学不能停办，就是义务教育也不能停办，而且要积极扩充。停顿是文化的脱节，甚至于断气。脱节与断气都是生命最危险的事。文化是民族的生命，民族的生命不能中断，所以文化也不能中断”③。

与蔡元培重点关注学术研究不同，罗家伦关注的重心则是大学在民族文化复兴中的重要作用。正因如此，民众对一般大学及大学教育的不了解，自然使罗家伦感触良多。为此，他特地开展了对大学院系的检讨，以便于让读者和公众了解大学究竟干些什么工作，工作的对象是什么。关于大学，罗家伦强调，“大学可以说是文化高层的表现，对于文化的各部分分别最详细”。进而，他便以自己最为了解的国立中央大学为例，介绍了其完备而复杂的大学体系：“就事实来讲，国民政府颁布的大学组织法里规定大学最多的是文、理、法、教、工、农、医、商八学院。中央除医、商学院独立以外，又添办了一个医学院，共有了七院。就是商学院的功课，法学院的经济系里也是有一部分的。中央大学实在是一个奇怪的大学。在南京的时候，从

---

① 周谷平、赵师红编：《走向一流的历史轨迹：中外著名大学校长治校理念与办学制度文献选编（中国卷之一）》，浙江大学出版社 2015 年版，第 257 页。

② 周谷平、赵师红编：《走向一流的历史轨迹：中外著名大学校长治校理念与办学制度文献选编（中国卷之一）》，浙江大学出版社 2015 年版，第 259、257 页。

③ 罗家伦：《抗战的国力与文化的整个性》，《新民族》1938 年第 1 卷第 7 期，第 2 页。

纵的系统来讲，则自幼稚园、六年小学、六年初高中学、四年或六年（医学院）大学，两年研究院（算学研究所与农艺研究所）一律齐全。从横的种类来讲，则文、理、法、教、工、农、医七个学院共三十个以上的系科（尚不连系内的分组）而外，还有一个附属的牙医专科学校，一个实验学校，一个专修科（畜牧兽医专修科），一个招收大学毕业生的机械特别研究班（航空工程），两个研究所，一个业务教育的学校（采光小学），二十二个实验稻场、麦场、棉场、畜牧场。”①可见，以国立中央大学为代表的近代大学本身也是一个有机体。文、理、法、教、农、工、医各学院诸系科均应目标一致，互相协调，以创造有机体的民族文化进而推动民族复兴为己任。

教育之于民族复兴的重要意义一直是罗家伦关注的重点之一。关于教育，罗家伦有其独到的理解，在他看来，“教育就是将先民智慧经验的结晶，交给后代，使其能有所凭借，而不为其所压倒；使其得以利用，而不为其所束缚；俾能发扬光大，创造增益，辗转传递，以启迪后昆；使得一个民族的生命，得以永久延续，人类幸福，得以无限增进的一种方法和制度”②。可见，罗家伦在他的教育理解中，早已克服了孤立地就个体来谈教育的问题，而是完全从民族的立场来立论的。他强调指出，民族与教育相互依存：“离开民族，想借教育的力量来实现人类的幸福，只是空话。离开民族，而欲以教育为个人发展之工具，则民族不存，又何有个人？所以从民族的立场来观察教育，在已进大同之世，则民族教育为整个人类分工合作之努力；在未进大同社会中，尤为民族生存之必要条件。至于个人，唯有于整个民族发展中求发展才有意义。从历史的眼光看是如此，从将来民族的责任看，也是如此。”③罗家伦不满于当时教育与民族复兴脱节的状况，于是，旗帜鲜明地亮出了他的观点：“我的目的是在使大家认清中国教育的危险与趋向，我们要复兴民族，究竟需要一种什么教育？大家明白了这一点，将来出去，才可以担任民族复兴的工作。我们常说我们的民族有几千年的历史，但是看了现在民族教育的状况，对民族历史的延续，不得不深深地担着忧虑。我们可以说没有教育，就没有将来。教育是什么？教育就是民族生命有意识的指导。整个民族的生存，应该有生存的理想，这种理想，唯有借教育的指导，才可以确立，才可以实现。整个民族的存在，应该有整个生存的协调，这种协调，也只靠教育的指导，才能够成立，才能够发展。我们国家和民族一切

① 罗家伦:《抗战的国力与文化的整个性》,《新民族》1938 年第 1 卷第 7 期,第 3 页。

② 罗家伦:《民族与教育》,《罗家伦先生文存》第六册,(台湾)“国史馆”1982 年版,第 582 页。

③ 罗家伦:《民族与教育》,《罗家伦先生文存》第六册,(台湾)“国史馆”1982 年版,第 584 页。

的现在问题,是要靠教育来解决,将来的趋势,也要靠教育来形成。”[①]教育与民族的紧密结合,是罗家伦的一个关键理念:“教育就是传授民族性的工具,没有教育就没有法子可以保持这个民族性。”[②]这既是其“新民族观”的核心,也是其“新人生观”的自然发展。他分析说:“中国民族近代颓丧,就是因为力量差了。在一个民族强盛的时代,非独武功,就是文事也有力量。汉唐的武功之盛,自不必说,就是文章也有力量,如司马迁的《史记》,杜甫、李太白的诗都是例证。韩愈的文章,可以起八代之衰,其气魄之雄伟,迥非现代所及。现代民族精神颓丧、萎靡,所以未能产生大文学家。我们所看到的只是一些小巧玲珑的作品,所谓短文、散文等等,实际不过是一些刻象牙签的作品而已。”[③]正因如此,罗家伦不遗余力地推动人生教育与民族教育的结合,并倡导强健、勇猛、无畏的人生观,期冀复兴中华民族强盛时代的民族性。

“建立有机体的民族文化”是罗家伦应抗战之需而提出的。身处国难深重的全国抗战的防御阶段,罗家伦提出了“国力基于文化”的深刻见解。在他看来,近代的战争,“不是单纯的武力战争,而是文化的战争”,正因如此,“要看一国的胜败,不只是看他兵力的强弱,而且要看他国内文化水平的高下”,军事家所谓“战争之胜败要决于未战之先”[④]就是这个道理。他进而言之,近代战争的对决,所比拼的乃是各民族(尤其是各国族)文化的整体实力,即“整个的民族文化”和“整个的民族精神”,对此,罗家伦予以特别强调,“一个民族要能自立图存,必须具备自己的民族文化,这种文化,乃是民族精神的结晶和民族团结图存的基础。如果缺乏这种文化,其国家必定无生命的质素,其民族必然要被淘汰。一个国家形式上的灭亡,不过是最后的结局,其先乃由于民族文化和民族精神上的衰亡”[⑤]。作为一个同时还对历史有深入研究的学者,罗家伦一方面看到,法国政治学校“更在普法战争之后,出现了许多政治外交的特殊人才,复兴了法国的第三共和国”[⑥],与此同时,他更注意到

---

① 罗家伦:《民族与教育》,《罗家伦先生文存》第六册,(台湾)“国史馆”1982 年版,第 609 页。

② 罗家伦:《中华民族的存在与发展的道理》,《罗家伦先生文存》第六册,(台湾)“国史馆”1982 年版,第 667 ~ 668 页。

③ 罗家伦:《人生哲学要旨》,《罗家伦先生文存》第六册,(台湾)“国史馆”1982 年版,第 157 ~ 158 页。

④ 罗家伦:《抗战的国力与文化的整个性》,《新民族》1938 年第 1 卷第 7 期,第 2 页。

⑤ 周谷平、赵师红编:《走向一流的历史轨迹:中外著名大学校长治校理念与办学制度文献选编(中国卷之一)》,浙江大学出版社 2015 年版,第 257 页。

⑥ 罗家伦:《政大的诞生与成长》,《罗家伦先生文存》第一册,(台湾)“国史馆”1982 年版,第 696 ~ 697 页。

德国的柏林大学对普鲁士复兴的重大贡献。他认真剖析了德国复兴的三种伟大力量，认为除了政治和军事改革，“第三种便是民族文化的创立，这种力量最伟大，其影响最普通最深刻，其体现便是冯波德(Wihelm von Humbolt)创立的柏林大学和柏林大学的弗斯德(Fichte)一班人……尤其能使我们佩服的便是当年柏林大学的精神。正当法军压境，内部散乱的情况之下，德国学者居然能在危城之中讲学，以创造德意志民族文化自任”①。罗家伦认为，抗日战争进入全国抗战的防御阶段的中国之国情，正与昔日德意志在普法战争中的情形相似。在某种意义上，正是费希特所发表的《告德意志国民书》重整了德意志民族文化，正是柏林大学所创造的民族文化铸就了德意志的精神和灵魂，并使得全德意志民族形成一个有机的组织。故此，罗家伦向国立中央大学全体师生强调，国立中央大学必须担负起当年柏林大学对德国一样的责任，以柏林大学为参照担负起“建立有机体的民族文化”的使命。为此，他激励中大师生，“本人办中大之理想即在效法当日柏林大学之精神，以建设中华民族之文化，使国人有此共同意识，努力奋斗，以复兴我民族”，并认为中央大学虽不及柏林大学，然五年之内，中国会有更为严重的国难发生，中华民族存在的关键即在于此。②

作为战时国立中央大学的校长，罗家伦始终围绕“中央”二字做文章：“我来中大的时候，希望中大做民族复兴的参谋本部，这还是就校内的学术研究工作而言的。”③与此同时，他设想以中央大学做风炉，来锻造一个新的中华民族的灵魂，复兴我们的民族文化。正因如此，他创办了《新民族》杂志，鼓舞大家效法19世纪柏林大学的那批学人，为从文化上创造独立民族精神而努力。后来国立中央大学西迁重庆之后，罗家伦为使全校学生了解其意义，每周向学生演讲一次，在《新民族》杂志上发表。他的演讲如费希特演讲有唤醒国人的用意。后来，他的演讲词汇集成《新人生观》一书，其中便蕴含铸成青年共同意识以建立有机体的民族文化的意义。故此，此书在当时极为流行，现在已印行三十余版，对青年思想有正确之指示与莫大之启发。④

致力于民族复兴是罗家伦终生一以贯之的使命，即便在他随蒋介石逃亡台湾

---

① 罗家伦：《中央大学之使命》，《国立中央大学日刊》第820号，1932年10月20日，第62页。

② 罗家伦：《提高学术创立有机体的民族文化》，《罗家伦先生文存》第五册，(台湾)“国史馆”1982年版，第231～235页。

③ 罗家伦：《七七与中大》，收入《中央大学之回顾与前瞻》，国立中央大学1941年印，第70页。

④ 罗久芳著：《我的父亲罗家伦》，商务印书馆2013年版，第268页。

之后，尤其是在其中国国民党党史会主委与国史馆馆长任内，针对日本及其他外国势力对台湾仍存有狼子野心、部分“皇民化”的后代也有死灰复燃的趋势，他引述大量史料证明大陆与台湾“血浓于水”的关系，并特别强调：“复兴中华，恢复台湾同胞自由，俾能重归祖国怀抱，正是多少年来先烈先进所殷切期望，不惜尽全力以赴的大事。”足见其对中华民族的拳拳爱心。

毫无疑问，民族文化建设对国家和民族的生存发展具有极为重要的意义。正是因为以罗家伦为代表的《新民族》编撰者具有复兴中华民族的共同意识和深刻的文化自觉，他们自觉地承担起民族精神象征的重任，并沉潜于文化的传承与创造，保持民族文化创造的活力，从而使《新民族》成为抗战时期文化坚守与文化守望的重要堡垒之一。这对于我们今天的大学创办者和教育工作者均有重要的启示意义。

好的大学总是深深扎根于民族文化，使民族文化免于在全球化的巨流中随波逐流，失去自我认同。大学应担负建立民族文化的使命，不断引领民族文化。大学承担着民族文化与人类文明积淀与传承的任务：一是民族精神的传递，二是知识的传授。大学在民族和国家总体结构中是一个文化符号和精神象征，是守望民族精神的特殊堡垒。

当今，我们身处全球化的浪潮之中，但全球化愈发展，民族文化愈重要。只有把二者融合，才能在对其他文化开放的同时，保持自己的文化传统和历史根基。大学有责任保存和弘扬民族传统。大学首先是民族传统文化的博物馆，在大学里面，我们可以看到一个民族走过的道路，领略到民族文化的结晶。大学有一种内在精神，有一种宽松活跃的学术氛围，使大学能够通过不断的学术研究去引领民族文化传统，并且利用民族的传统资源进行创造性转化，以契合于新的时代精神。今天的大学要敢于追求真理，捍卫正义，不断引领先进文化。通过培养全面发展的人，通过对人本文化的坚持与弘扬，大学可以创造、建设新社会，形成新文化的种子。

“建立有机体的民族文化”对于今天的大学而言仍然是不可推卸的使命。在这一点上，罗家伦仍然能够给予我们巨大的启示。“建立有机体的民族文化”同样意味着正确对待中西文化，要在汲取西方先进文化的基础上，致力于建设本位的中国文化和中国学术基础，“全盘西化”和“全盘中化”都不是建设现代化国家之路。他曾说过，文化交流的关键是理智地选择和扬弃，“无论什么民族文化都是为保持它民族的生存，它自身也附在这民族的生存上，处今之世而无变古之俗，若是国粹，自然应当保留；若是国糟，自然应当扬弃。文化是交流的，必须有外来的刺激，才能有新的反应；必须吸收外来的成分，才能孳乳、增长和新生。我国在汉唐时代，不知道吸收了多少外来的文化。到今天吸收西洋文化是当然的事，是不可避免的事。科学方法最忌笼统，所以‘全盘中化’‘全盘西化’这种名词，最为不通”①。正因如此，在经济全球化所带来的文化多元化的影响下，我们一方面要具有融合中西文化为我所用、继承和创造民族文化的勇气，更好地担负起中华民族伟大复兴的历史重任；另一方面也要努力促进不同民族、不同国家文化的和谐共生，做到和而不同，共同发展，为促进不同文化的沟通和融合而努力。

第二节　抗战建国中的文化及艺术

对抗战建国中的文化问题及艺术问题的关注，无疑也是《新民族》不应被后人忽视的一大亮点。除主编、国立中央大学校长罗家伦力倡“建立有机体的民族文化”并撰写《民族与语言文字及文学》长文（分五期刊发），国立中央大学社会学系系主任孙本文曾撰写了《抗战建国中之文化问题》，国立中央大学教育学院艺术系教授吕斯百也撰写了《艺术与建国》，文章提倡艺术，将艺术教育纳入抗战建国工作。下面我们对这些文章进行简要评述。

一、抗战建国中的文化

在《抗战建国中之文化问题》②中，孙本文立足于英国功利主义创始者边沁“民族主义的目的，是使最大多数的个人与民族得到最大的幸福”这一基本论断，并援引蒋中正的话语“民族主义是要求我们中华民族的独立，享得真正自由平等的幸福”“我们目前最大的责任，就是要恢复中华民族和国家的真正独立，来保持我们中华民国在国际上的自由和平等”，在此基础上提出：“民族复兴的目的，是在谋我中华民族与国家的自由独立与平等，进而求我民族与国家的发扬光大，以增进最大的幸福。”在他看来，为了达到民族复兴的目的，当时之要务有二：第一是抗敌，第二是建国。其理由在于，正因为日本帝国主义的侵略，已经成为我民族复兴的唯一障碍，“所以非扫除敌人的侵略势力，不能尽全力谋民族的复兴。我们要万众一心，以

---

① 罗久芳著：《我的父亲罗家伦》，商务印书馆 2013 年版，第 55 页。

② 孙本文：《抗战建国中之文化问题》，《新民族》1938 年第 1 卷第 12 期，第 8 ~ 10 页。

最大的忍耐、最强的毅力，在我最高领袖领导之下，与敌人作长期抗战”。所以，他认定：“长期抗战，是民族复兴的永久保障。我们相信，只有长期抗战，始可扫除敌人的侵略势力。所以，我们以为，这次自卫抗战，是我民族复兴的必经的阶段。”他又辩证地看到：“我们一面要抗战，来奠定我们复兴的基础，一面要建设，来实现我们复兴的计划。所以在抗战以外，还须同时努力从事建国。”他认同当时国内一般学者提出的“我们今后国家的建设，有一个基本原则，就是我们的建设，是要以我国家民族现时需要为标准，一方面发扬民族固有的特长，一方面吸收现代文化的精华”的建议，进而，他对“究竟可以使我国家民族复兴的，是哪一部分的文化？可以使我国家民族富强的，是哪一部分的文化？又我民族固有的特长应该保存的，是哪一部分的文化？”这些事关国家民族复兴的文化问题提出了自己的思考。在他看来，首先应当确立一个标准对整个社会的文化内容进行区分，然后再依据各部分文化的性质与效用选择相应的途径。孙本文认为，在性质与效用方面，全部文化的内容有功用文化与自足文化两大系统，由此他提出，“西洋之所长，而为我国之所短者，即在功用文化方面。至于自足文化如道德、哲学、文学、艺术等方面，我们有我们自己的特长。我们要保存我固有的特长，发扬我民族的精神。只要不与现时国家民族的需要相抵触的，都可以保存。至于西洋自足文化，凡与我固有文化不相抵触的，亦不妨力予介绍，所谓相得益彰”，“我们国家建设的趋向，在利用文化方面应该采取西洋优良的文化；而在自足文化方面，应该根据现时民族的需要，一方面斟酌新书，尽力保存我固有优良的文化，一方酌量采取西洋优良文化”。他的基本结论是：“总之，我们应该一面迎头赶上欧美最新的趋向，力谋功用文化的发展，一面发扬我国固有自足文化的特长，以建设我国家民族本位的新文化。”在此基础上，他再度肯定了原来孙中山先生与蒋介石的洞见：“孙先生要我们一面恢复民族固有的道德、知识与能力，一面迎头赶上去学欧美所长的科学。蒋先生提倡新生活运动，要发扬我民族固有的德性，并提倡国民经济建设运动，以发展生产事业，并时时要国人研究科学发展科学。因为这样的途径，是文化建设的正当途径，也就是民族复兴的光明大道。”在文章的篇末，孙本文还在文化比较的基础上得出这样的认识：“中国固有文化，为一种人伦中心的家庭农业文化；欧美现代文化，为一种经济中心的民族工业文化。中国固有文化的特点，是在自足文化方面，注重理性、伦常、礼教三原素；欧美现代文化的特点，是在功用文化方面，注重科学、机器、组织三原素。”尽管其关于中国与欧美文化特征的概括在今天看来仍有商榷的余地，但孙本文对功用文化与自足文化两大文化系统的区分无疑是带有创造性的，他的文化比较的方法及其研究的广阔视野无疑也是值得肯定的。这在《新民族》刊行的时代，自然也是令读者耳目一新的。

与孙本文教授立足于文化比较来探讨抗战建国中的文化问题不同，吕斯百教授则探讨了艺术建国的问题。正如罗家伦所指出的，艺术教育本就是大学教育中不可或缺的重要内容，正因如此，中央大学特设艺术科，尤其重视音乐、绘画，归根结底，“音乐是中国古代最注重的‘乐教’。有礼无乐，便是干枯。乐是陶冶心身、振作士气最好的东西”，此外，“代表一个时代的精神，转移一个时代的风尚，调剂一个民族的情感，绘画是一个有效的工具”。[1]

二、抗战建国中的艺术

在《艺术与建国》[2]中，吕斯百教授首先强调了艺术在抗战中之重要地位，他提醒国人：“不要以为艺术在抗战中被淘汰了，落伍了，相反的，‘艺术家不仅是梦想家，同时亦是创造与领导者’。”在他看来，艺术并非始终安居所谓“象牙塔”中的关乎少数人的创造活动，虽然“艺术在平时偏于个人生活的调剂作用”，但是在国难深重的抗战时期，艺术责无旁贷地“应当发挥其更大的功能，唤起全民的民族意识，激发对浴血抗战的战士的崇敬与同情，使人人抛弃懦弱畏惧的心理，而振奋起抗战卫国的决心”。他进而指出，“艺术具有明了、直接、能了解的普遍性，不仅能使无智识的平民认识国家与仇敌、残暴与忠良，而且能积下更广泛的爱国思想；同时还有感化敌人的可能。所以艺术在抗战中的地位，是不可抹杀的”，“抗战是全民的，民众的力量是无穷的，唤起民众为当今急切之务，艺术就成了唤起民众的重要工具”，“目前的艺术还负起了团结全国民众的使命。每个抗战画展、音乐会，或戏剧的上演，都能够把观众和听众，无分老幼，无分阶级，无分党派，给他们燃烧起同仇敌忾的火焰，激发起对伤兵、难民、难童的同情。它直接增加了抗战的力量，间接地培养了爱国精神与道德教育；促进内心的反省、进步、决心，团结最大的原动力”，而就抗战建国而言，“艺术固然可以增进抗战力量，同时也是建国所不可少的”，因此“我们一方面要发挥艺术对抗战的效能，同时，要建设新的完善的艺术”。出于抗战建国的需要，吕斯百强调，为了“挽救与改造我们的民族性，就得在艺术上推翻过去的落伍思想，使艺术为一般人民所了解，提高他们的精神，改善他们的生活”。鉴于中

---

① 罗家伦：《抗战的国力与文化的整个性》，《新民族》1938 年第 1 卷第 7 期，第 6 页。

② 吕斯百：《艺术与建国》，《新民族》1938 年第 2 卷第 16 期，第 4 ~ 7 页。

国自“五四”运动以来，由于没有坚定的目标、没有系统而导致提倡艺术教育的失败，吕斯百强调，在抗战建国的国策下，应当对艺术进行系统提倡，以迎接正式建设新艺术时期的到来，并最终达到建国必成的目标。为此他提出了一系列切实可行的主张：(1)“请教育部添设艺术司”以推动古物之发掘保管与美术事业的发展，以及当时宜成立的抗战艺术事业和对外的文化宣传；(2)当由政府制定完善的“艺术教育制度与目标”，一则通过艺术教育以养成专门人才，二则通过技术教育以培养职业人才；(3)“提倡民族艺术”，在艺术上既当保持东方的色彩，又应采取西方的长处，一致努力于创造完善的民族艺术；(4)通过“奖励”以提倡学术，选择真才；(5)倡导“艺术职业化”，使政府的提倡与艺术家自己的觉悟相结合，同时为民众道德与修养计，希望尽人都能欣赏艺术，要废除画面题款的恶习；(6)最后，要“设立美术馆、戏剧音乐厅”，以求既能保存过去与现在的文化风俗习惯，同时亦启发未来。其中，令人瞩目的是，吕斯百还对艺术教育的学校体制、师资培养、修业期限等做出了明确设计。最后，他得出结论：“现在提倡抗战教育颇有重物质而轻精神的趋势，其实要适应国防之需要，谋民族国家独立永存，当不以物质为限。今后我们为保存民族文化，发扬与改造民族文化，领导民族革命精神，就非提倡艺术不可。古人有言，‘不备不虞，不可以师’。过去艺术教育未能发挥抗战的力量，由于无通盘之计划，希望贤明的当局，在抗战建国中，把艺术教育纳入切实的轨道进一步使能做有效的抗敌救国工作，则艺术幸甚，国家幸甚。”可以肯定的是，吕斯百教授关于艺术对抗战建国的重要意义及其历史使命的见解是深刻的，即便在今天看来，仍然富于洞见。

在《民族与语言文字及文学》这篇长文中，罗家伦则深入地论述了语言文字及文学对民族与民族性的形成的重大意义。他开宗明义地指出，“一个民族与民族性的形成，语言文字及其所产生的文学都是重要的因素。因为一个民族共同的感情，共同的想象，共同的理想，共同的生活，都是由语言文字来表现的，其中的结晶就是文学。若是没有语言文字，这些要素固然无从表现，就是有了而不是共同的，——尤其是共同的精神所寄托的文学——那也不易形成一个统一的民族和完整的民族性”①。较之于《新民族》其他撰稿人，罗家伦对文学予以了极大的关注。他强调指出：“文学是以语言为根据的，是和语言为一体的；它是活的，有生命的，是一个民族

① 罗家伦：《民族与语言文字及文学》，《新民族》1938年第3卷第3期，第2页。

在长期生活中用来表情达意的一种历史的产物。”①这就点出了文学作为语言艺术的基本属性及其历史性。与此同时，他还高度肯定了文学对民族生活的总体表现并影响整个民族的生活和人生的功用，认为“文字不仅是表达思想的符号，而且是文学建筑的原料。有完备的文字，才能产生完好的文学。文学可说是经过锻炼的文字；它更可反映一个民族的生命，发抒一个民族的情感，表现一个民族的理想。文学的功用，固然在表示个性，但是它更大的功用，却在表示民族性，因为文学所描写的，不只是个人生活单独的表现。它不只表示个人的情感和想象，而且表示共同的情感和共同的想象；它不只是民族生活某一方面的表现，而且是民族生活各方面的总表现。它所写的虽然有时只限于一件事，而其所反映的是全体。它表现地理环境的反映，它表现政治社会的趋向，它表现宗教的情操，它表现道德的情感，它表现教育的观念，它表现大家所感受的共同的伤感、共同的快乐和共同的命运。所以各国的文学，都有特殊的风味；这种特殊的风味，就是那蕴蓄在一个国家或民族生活当中的特质，从文学里透射出来的。所以，我们可以说文学是民族生活的总表现，或是民族精神的总寄托。但是反过来看，文学也影响整个的人生，影响整个民族的生命和命运。在文学当中所表现的观念，所描写的情景，所暗示的道路，往往可以帮助决定一个民族的思想，涵育一个民族的情感，确定一个民族生活的动向和竞争的途径。往往文学里面的几个字或几句话，能够鼓舞一个民族，使其兴起奋发；或是做一个民族共同理想的标帜，使其朝着一个方向而共同前进。它往往含蓄着一种力量——一种说不出的伟大的力量——使得一个民族‘可兴可观，可群可怨’。所以要复兴一个民族，不得不注意其文学的内容和特质……我们也不妨说文学乃是对于民族生命的鉴赏。”②继而，罗家伦对中国文学（偏重于美文方面）的主要特质进行了探讨，得出了中国文学的五个特质：第一个特质是充满了忧乱伤离的情绪，第二个特质是颓废，第三个特质是形式主义，第四个特质是山林主义，第五个特质是个人主义。在罗家伦看来，中国文学的以上五种特质，“如果拿纯文艺的眼光来看，未尝没有独到之处，但是拿整个生命的眼光来看，就表现出很多的缺陷了”。他很认同所谓“文学的时代性”即“文学是时代的反映，某时代有某种文学的产生”，正因如此，他提出，过去的时代和文学都已经过去了，迷恋是不必要的，硬性模仿更是一种笨事。对生于现在的这民族生存竞争剧烈的现代人来说，“就应该创

① 罗家伦：《民族与语言文字及文学》，《新民族》1938 年第 3 卷第 3 期，第 2 页。
② 罗家伦：《民族与语言文字及文学》，《新民族》1938 年第 3 卷第 3 期，第 5 ~ 6 页。

造一种现在的文学"[1]。在此基础上，针对现代人从事新文学创作，罗家伦提出了以下八个必须注意的问题。

第一个问题是建设民族的文学。罗家伦强调，"所谓民族文学并不一定是要表现民族主义的文学。一个民族'歌于斯，哭于斯，聚国族于斯'，即有民族的集团生活，当然就有一种民族的文学情绪需要表现"。他所说的民族文学，并不一定要创作者慷慨激昂，"只是要表现一个民族共同的理想，共同的愿望，共同的想象，共同的情感，共同的生活。这种作品不仅描写少数人的喜怒哀乐，而且表现整个民族的悲欢离合。它所表现的必须是一个民族所共同感觉或共同需要的东西，所以悲则大家同悲，乐则大家同乐……造成一种共同的偶像，代表一种特殊的精神"。

第二个问题是建设人生的文学。罗家伦认为，"人们所以喜欢文学，乃因为文学是人生的艺术表现……真正的文学，不仅要反照出个人的生命来，而且要能反照出集体的生命来。从这反照的光里，可以看见人生的缺陷，也可以看见人生的美丽，可以看见现在的环境，也可以看见未来的道路"，正因如此，"我们应该从建设人生文学着手，以充实生命和扩大人生……从事这种文学创作的人，必须对人生广大的经验有深切的体会"。对此，罗家伦特别指出，他所谓的"人生"当然不是指遁世的人生，因为，"遁世的人，只解生命的寂灭，而不解生命丰富的内容，于是体会不够，不能产生好的文学"；而且他所谓"人生"，"并不是指少数人的生活，更不是指个人的哀乐喜怒，乃是指一个民族或国家的共同生活"。质言之，"文学反照的区域愈广，则其影响的范围愈大"。

第三个问题是打破形式主义。罗家伦指出："形式主义是一种固定的范畴，一种死板的形式，一落进他的窠臼是动弹不得的。所以，中国文学要求新的进展，必定要他能从形式主义里解放出来。旧的形式一旦不适用了，就必须另找新的形式，因为新的文学需要有新材料，而新材料往往不是旧形式所能表现的。"[2]

第四个问题是打破颓废主义。在罗家伦看来，"颓废主义是代表一种衰败、腐朽或没落。颓废主义如不打破，高尚的理想就无从表现，积极的人生也无从透露"，正因如此，文学创作者"要表现我们民族的生力，不能不打破中国文学里的颓废主义"。此外，罗家伦还强调不仅要"打破中国文学里的颓废主义，还要注意防止外国颓废文学的侵入"。

---

① 罗家伦：《民族与语言文字及文学（二）》，《新民族》1938 年第 3 卷第 4 期，第 2 ~4 页。
② 罗家伦：《民族与语言文字及文学（三）》，《新民族》1939 年第 3 卷第 5 期，第 2 ~3 页。

第五个问题是打破怨恨主义。罗家伦直截了当地指出:“怨恨是一种无可奈何的表示,同时也是一种破坏性的根苗。抱怨恨主义的往往缺乏积极建设的勇气和观念,而只有消极嗟叹。本来高尚的文学,都应该具有对人类充分的同情,以提高人类的理想,不应使其偏窄怨毒,以恨为能事,以恨为止境。我们要创造新的文学,就须从积极的方面着手,不应当陷入偏狭的怨恨主义之旋涡。”进而,他特意解释,不是说社会的黑暗方面不应当写,而是说社会光明方面更应当写;不是说社会的不平应当存在,而是说我们应积极地提倡如何能使不平化为平。他认为,其中的关键“不在材料方面而在作者的态度方面”。由此,他的基本看法是:“我们现在的文学,应该提高人类优美的天性,而不应该培养人类怨恨的根苗。人类低等的天性发育滋长起来了,是不容易消灭的,是改进社会的障碍。”

第六个问题是创造伟大的作品。罗家伦强调:“唯有伟大的作品,才能够奠定整个的文学,也唯有伟大的作品,才能够鼓舞整个的民族。”

第七个问题是提倡历史传记文学。罗家伦指出:“历史传记文学对树立民族的精神,固然有很大的效果;就是酿成有文学价值的作品,也较容易。因为纯粹文艺的作品,多凭想象,是一种创作,往往可遇而不可求。所以一个时代之中,很难有几部具永久价值的作品。但是整个长期的历史,不但是极好文学的材料,而且它本身,就是一部极美丽的英雄诗。若是根据这些繁复而有价值的史事,以文学的艺术写下来,为多少千万人牺牲生命而遗留的事迹,存着一个悠久的记载,使多少忠臣义士、英雄豪杰,一切可歌可泣、可兴可观的丰功伟业永垂不朽,岂不是千古的盛事。”正因如此,罗家伦提出,为了启发青年、鼓舞民族的精神,应当提倡一种新式的传记文学。就此而言,“不只是伟大的政治家、军事家应当有好的传记,就是伟大的思想家、科学家、艺术家也应当有好的传记。这是近代中国文学上最值得努力的一件事”①。

第八个问题是建立文学与音乐的关系。罗家伦对此进行了说明,认为他的这一主张有两重意思:“一重是美文里面多掺加音乐的质素,务求美文与音乐的自然节奏相接近。一重是使音乐家将可谱成乐章的文学,多多作谱,使家传户诵,广为流传。这不但可使文学普遍化,而且可提高一般人艺术生活的兴趣。”

罗家伦除了归纳出他“所希望的新文学中可以包含,而且在创造程序中所应当注意的”以上八点,还特意强调了以下四点。

---

① 罗家伦:《民族与语言文字及文学(四)》,《新民族》1939 年第 3 卷第 6 期,第 2 ~4 页。

1. 要抓住时代的精神

罗家伦指出,"文学没有时代的精神,就是没有生命,没有灵魂";进而言之,复古与仿古,都是不足取的:"古人好的东西,我们可以吸收以为我用。但是吸收之后,便是我们的而不是古人的。我们不过运用这种基础,以为进一步的创造。不仅形式不必模仿,而且内容也不必模仿。因为古人有古人的环境,我们有我们的环境;古人有古人的思想,我们有我们的思想;古人有古人的时代,我们有我们的时代。"

2. 要扩大自己的经验

罗家伦深刻地指出:"经验不丰富,作品便枯燥,便偏窄,便拘泥。闭门造车固不可,闭门造文学也不可。要创造伟大文学的作品,必须创造的人自己看得多,听得多,经历得多,体会得多。'取精用宏',才能有好的成就。"他看到了现代人交通上之便利、各种生活之复杂、时代震动之剧烈。有鉴于此,他认为:"若能扩大我们经验的范围,广事吸收,酝酿,吐纳,我相信一定会有伟大文学作品产生的。"

3. 要研究外国文学

对于这易于为常人所忽视的一点,罗家伦特意进行了强调:"除了能自然而且纯熟地运用本国文学外,还要精通一种或一种以上的外国文字。不但外国文学中有许多作品可以供我们借鉴,而且有许多方法供我们采取,许多词句供我们吸收。使我们看了,能得新的领悟、新的启示。我们的人生不是闭关自守的人生,我们的文学也不是闭关自守的文学。"当然,他还不忘附带给人们一种提醒:"我们要研究介绍他国文学,必须研究介绍他们第一流的作品,不要拿人家第二第三甚至第四流的东西来做资货。"这一提醒在外国文学作品不分良莠纷纷涌入的今天,仍然不失其警醒意义。

4. 要有科学的训练

作为一个学贯中西的饱学之士,罗家伦以其跨学科的开阔的视野向国人指出:"我们生在科学的时代,我们的文学作品决没有不受科学陶镕而可以成功之理。我们的文学决不是咬文嚼字可以成功的,也不是皓首穷经可以成功的。我们的见解,我们的判断,我们的方法,有赖于社会科学和自然科学的增多。"罗家伦的这一见解即使与今天的专业研究相比,仍然是有高度的。

在《民族与语言文字及文学》的篇末,罗家伦还综述了中国语言文字与文学的关系。在他看来,"在中国最初的时代,言文是合一的。到春战国时代还是如此……以后言文相隔渐远,于民族文化间起了鸿沟。现在我们要消灭这种鸿沟,非实行创造新的国语文学不可"。为此,他回顾了自从"五四"运动以来二十年的实际经验,认为这已经证明"我们现在已经有了一种通行可用的国语"。有鉴于此,他对伟大的新文学作品的诞生信心满满，认为“我们只需假以相当时日，等候中国文学中产生这同样伟大重要的作品罢了”。最后，他再度满怀信心地鼓舞国人：“在这个伟大的时代，我们的刺激多，经验广，心弦震动厉害，我们应当产生伟大的文学作品了！何况我们已经有了国语的基础，可以供我们充分地运用，我们现在的工作，只要把国语普通化、文学化。但是这就需要我们藏蓄深厚的感情，培养雄奇的气魄，善用众多的方法，去从事新文学的创造。”①

简言之，尽管罗家伦不是专事文学批评的学者，但是正因为他高屋建瓴、博古通今、理性辩证，所以他的文章经常充满闪光的思想，不时地给予人们智慧的启迪。毫无疑问，在克服传统的中国文学的弊端的基础上创造新的中国文学，对抗战建国具有重大意义。创刊之始，“有充满了生机的充满了真理的伟大文艺”“去烧起民族同情的烈焰，去掀起民族精诚的爱潮”②，便是《新民族》应有的题中之义。因此，《新民族》刊行的全部45种文艺作品（诗歌39首，小说2部，记行作品3部，散文1篇）以及10篇通讯、特载，其意义也就不言自明了。

※　　※　　※

文化建国一直是战时抗战建国的重要内容。关于抗战建国之文化的探讨，是《新民族》相较于同时期刊物又一个鲜明的特点。

出于民族自救图存的需要，《新民族》主编罗家伦首倡“建立有机体的民族文化”的思想，这一思想的酝酿无疑是伴随着帝国主义政治、经济、文化的侵略而出现的，得到了国立中央大学众多知名学者的一致认可。毋庸讳言，“建立有机体的民族文化”思想，也是致力于培养国力、复兴民族这一宏旨而提出的。

与此同时，《新民族》还探讨了艺术建国的问题。撰稿者“为保存民族文化，发扬与改造民族文化，领导民族革命精神”而大力提倡艺术建国，并由此提出了一系列切实可行的主张。

《新民族》对于抗战建国中的文化问题及艺术问题的关注，及其所展示的研究成果，无疑是其对抗战建国、民族复兴的重要贡献，也是不应被后人忽视的一大亮点。

---

① 罗家伦：《民族与语言文字及文学（五）》，《新民族》1939年第3卷第7期，第2～4页。

② 罗家伦：《〈新民族〉的前奏曲》，《新民族》1938年第1卷第1期，第1页。

结论　《新民族》的价值及其贡献

《新民族》虽然仅存在了一年零四个月的时间，但在抗战建国的宣传上却独树一帜，成为他人难以企及的舆论重镇。借助这一平台，以中央大学教授为主体的知识精英对抗战建国进行了深入思考和阐发，以学术服务于抗敌御侮、国家建设与民族复兴。爱国主义的引领，学术造诣的深厚，使他们的思考与探索别开生面。《新民族》具有两个鲜明的特色。

其一是阐发的系统性。从民族理论建构到民主建政与法治立国，从经济建设到军事国防，从战时教育到文化艺术，这些事关抗战前途和民族命运的重大问题，《新民族》无一处不着意，且既有宏观的理论阐释，具有很强的指导性，又有微观的政策措施的设计，具有很强的可操作性。例如，《新民族》中，关于抗战建国的经济建设，有对战时农业经济建设"以农为本"的思考，又有对农业机械化、农产品的商业化、战时粮食供给等具体问题的翔实研究；关于工业经济，既有对工业布局的探讨，也有对作为国统区重要税收来源之一的盐业盐务改革的细心设计。这些知识精英"在教书育人的同时，勇于担当社会责任，具有强烈的社会责任感和使命感"①。虽然除了论述抗战建国的相关重大问题的学术论文，知识精英们也写过战况报道、时局评论甚至是文艺作品，但核心是抗战建国，唤起民族的觉醒，形成新的现代性的中华民族。所有的研究探讨都服从这个目标，在这个大系统之内。

其二是研究的创新性。近代以来，围绕现代国家建设与民族身份重塑，仁人志士有多种方案，引进过多种政治学说，或学西，或仿俄。但他们往往忽视中国社会实际，有理想化、虚幻化的倾向，由此产生的政治建设、制度建设无法落实，停留于文本状态或虚悬状态。以《新民族》为大本营的知识精英们认识到了这一点，有针对性地提出了若干有亮点、令人耳目一新的观点，如孟云桥对西方"自然权利"的批

---

① 罗玲：《国立中央大学抗战救亡抗战救亡运动刍议》，《重庆师范大学学报》（社会科学版），2011 年第 4 期。

判和新的解读[①],陈之迈关于道德与法律的关系以及道德与法治建设的关系的分析[②],“政治学术化”与“学术政治化”关系的办刊理念[③],罗家伦倡导为民族复兴“建立有机体的民族文化”并将其定位为大学的永久使命。这些观点都发人之所未发,使人耳目一新。

为了更好地理解《新民族》,我们有必要将其还原到中国抗战大后方出版界的语境之中,估价其地位、价值及贡献。

据现有资料统计,1937 年 7 月至 1938 年 10 月,武汉共有期刊 180 种。[④] 其中,“政治、时事(抗日)类”期刊多达 78 种,所占比例最高,达 43.33%;“一般评论综合类”16 种,占比 8.90%。“如以主办的背景分,则党派办的刊物,占有很大比例”。其中,“中国国民党主办的刊物有 16 种,中国共产党主办的刊物有 14 种,其他党派主办的刊物有 4 种,国民政府军事委员会系统主办的刊物有 6 种,国民政府系统主办的刊物有 8 种,救国会、抗敌后援会等社团主办的刊物有 14 种,一般社团主办的刊物有 100 种”[⑤]。《新民族》被划入“一般社团主办的刊物”之中。

这 180 种期刊之中的政治刊物,中国国民党主办的有《民意周刊》《血路》《中山周刊》《战斗周刊》《创导》《前途杂志》《国魂》《民心》《荡寇》《黄埔月刊》《时事月刊》等,中国共产党主办的有《群众周刊》《战斗旬刊》《抗战》《全民抗战》等,其他党派主办的有《再生》《国光》《抗战行动》《抗战向导》等,救国会、抗敌后援会等社团主办的有《全民周刊》等,一般社团主办的有《大时代》《政论》《奋勉》《民主》《抗战》《国民参政论坛》《国民谠论》《东北周刊》《复苏》《民族革命》《西南导报》《中华论坛(英文)》《展望》《前导》《政治周报》《祖国半月》《呼声》《战时日本》《东北》《政论》等。然而,这些刊物,无论在办刊宗旨、内容题材,还是在学术水准上,都与《新民族》有明显不同。试以《民意周刊》为例说明之。《民意周刊》是全民抗战初期出版的一份综合性刊物,1937 年 12 月 15 日创刊于武汉,后迁往重庆,1941 年 8 月 6 日停刊,前后共出版 190 期。《民意周刊》的重点是宣传国民党的抗战建国主张,号召民众坚持抗战,“主要刊登有关国际形势、抗日战局、政治与外交、经济与财政、教育与文化等方面的评述。先后在该刊发表文章的主要作者有陶希圣、陶

---

① 孟云桥:《论自然人权》,《新民族》1939 年第 3 卷第 7、第 8 期。

② 陈之迈:《现代政治的特征》,《新民族》1939 年第 3 卷第 19 期。

③ 罗家伦:《〈新民族〉的前奏曲》,《新民族》1938 年第 1 卷第 1 期。

④ 叶再生著:《中国近代现代出版通史》,华文出版社 2002 年版,第 100 页。

⑤ 苏朝纲、王志昆、陈初蓉撰:《中国抗战大后方出版史》,重庆出版社 2015 年版,第 18 ~ 19 页。

百川、杨公达、柳诒征、吴泽、梅思平、王平陵、潘公展、谷正纲、叶溯中、陈钟浩、朱家骅、汪精卫、杨亮功、陈高傭、李仆园、洪深、胡秋原、范寿康、陈之迈、蒋介石、陈独秀、老舍、周鲠生、刘百闵、阮毅成、张君劢、张忠绂、鲁彦、罗香林、程沧波、陈立夫、周佛海、宋美龄、萨孟武、赵清阁、安娥、陈瘦竹、叶楚伧、陈诚、冰莹、吴稚晖、方振武、冯玉祥、王觉源、易君左、梁寒操、叶青等"①。由此可见,抗战建国乃是《民意周刊》的一大主题,"民族复兴"则未必是其关注的重点;另外,《民意周刊》的撰稿人以名人或政客为主,其中学者占比不大。相比之下,《新民族》的撰稿人中学者占了绝大多数,且多为当时国内重要大学的知名教授,更因其"由当时在中央大学执教的第一流专家学者执笔,因此,在当时的学术水平来说是国内第一流的"②。更何况,《新民族》既关注和拥护抗战建国,又高扬民族复兴旗帜。这自是同时期其他刊物所不具备的。

这 180 种期刊中,1938 年 4 月 15 日创刊于武昌、由今论衡社主办的《今论衡》尤其值得关注。这份刊物由武昌科学教育社编辑和发行。在《今论衡旨趣(代发刊词)》中,编者坦陈了其文字内容的选取原则:"一,提倡科学的思想;二,提倡教育之科学的改造;三,提倡集体的与理智的生活态度;四,提倡为国服务的精神;五,对国家实际问题的讨论;六,研究抗战期间精神总动员之方法,以发扬民族复兴之自信心。"③客观地说,像这样明确地表示关注抗战时期的国家问题并以民族复兴为旨趣的期刊在当时并不多见。而且,从后三条原则来看,《今论衡》的办刊方针与《新民族》有相似之处。此外,《今论衡》也是由当时的一批著名学者为推动抗战而创办的。尽管如此,综观这份刊物,"他们从科学教育着手,紧密地联系抗战,推动抗战。文章中,一是论述科学教育、科学家与抗战的关系的;二是论述国际关系和国际法为中国的反侵略战争服务的;三是研究改革教育制度以适应抗战需要的。还有以论述中国历史为当前的抗日战争服务的连载"④。这与拥护抗战建国纲领、认真分析抗战形势和前景、以学术服务国家建设并倡导建立新的人生观和致力于凝聚民族意识、弘扬民族精神、高扬民族复兴旗帜的《新民族》还是略有区别的。更

---

① 丁守和、马勇、左玉河、刘丽主编:《抗战时期期刊介绍》,社会科学文献出版社 2009 年版,第 866 页。

② 宓超群:《怀念罗家伦校长》,见高澎编:《永恒的魅力——校友回忆文集》,南京大学出版社 2002 年版,第 69 页。

③ 《代发刊词》,《今论衡》第 1 卷第 1 期,1938 年 4 月 15 日,转引自苏朝纲、王志昆、陈初蓉撰:《中国抗战大后方出版史》,重庆出版社 2015 年版,第 42 页。

④ 苏朝纲、王志昆、陈初蓉撰:《中国抗战大后方出版史》,重庆出版社 2015 年版,第 73 页。

何况,《今论衡》在当时并未受到特别关注,未能发挥其应有的影响作用,这种情形今日犹然。相形之下,《新民族》甫一刊发,便受到了热烈欢迎,"当时印重庆、武汉两版,不一月而销数逾万"①。可见,《新民族》的影响要比《今论衡》大得多。

诚如梁实秋先生所言,在当时的各种刊物中,"周刊一类中比较令人注意的当推胡适主编的《独立评论》,中大教授主编的《时代公论》"②。当年也有一位读者提出,在当时国民政府战时首都重庆,殊无刊物可言,"近有《新民族》出现,系中大校长罗家伦主编。内容不脱教授气,颇似以前的《独立评论》"③。有鉴于此,我们在此就将《新民族》与《独立评论》进行简要对比。

《独立评论》周刊是一份标榜"独立"精神的中国现代政论杂志,1932 年 5 月 10 日创办于北平,由胡适任主编,蒋廷黻、丁文江任编委。《独立评论》创办之时,正值日本帝国主义侵占我国东北并加紧侵略中国、民族危机日益加深之际,在这种国难当头的形势下,面对实行不抵抗政策的国民党当局,关注国家的命运前途的各类知识分子,只能以笔为旗,用笔墨报国。有研究者指出:"九一八事变后,胡适的参政意识与日俱增。他通过主编《独立评论》周刊,对国民党的内政、外交等方面频频地贡献意见,发表议论"④。可见,发起创办《独立评论》的胡适、蒋廷黻、丁文江、傅斯年、翁文灏、任鸿隽、吴景超等北大、清华的学者名流原本"企图以他们的'独立言论'来影响国民党当局,按他们的意志来改良国民党政权"⑤。刊物发起人坦言:"我们叫这个刊物作《独立评论》,因为我们都希望永远保持一点独立的精神。不依傍任何党派,不迷信任何成见,用负责任的言论来发表我们个人思考的结果:这是独立的精神。"⑥刊物的主要撰稿人,除胡适、蒋廷黻、丁文江,"还有傅斯年、翁文灏、吴景超、任叔永、陈衡哲、陶孟和、吴宪、姚森、杨振声、朱经农、陶希圣等人"。其内容涉及政治、经济、外交、历史、文化、教育等方面,但大多数是时论,也有书评、译稿和游记。"从 1932 年到 1937 年,它总共出了 244 期,发表了 1309 篇文章。"⑦尽管这个刊物的发起人政治主张并不一致,"常常聚会讨论国家和社会的问题,有时

① 罗家伦著:《黑云暴雨到明霞》,商务印书馆 1943 年版,第 18 页。
② 陈子善编:《雅舍谈书》,山东画报出版社 2006 年版,第 62 页。
③ 施康强编:《四川的凸现》,中央编译出版社 2001 年版,第 7 页。
④ 陈玉申编著:《中国新闻史研究导引》,南京大学出版社 2015 年版,第 190 页。
⑤ 陈玉申编著:《中国新闻史研究导引》,南京大学出版社 2015 年版,第 189 页。
⑥ 胡适著:《胡适说:社会与文明》,广东旅游出版社 2014 年版,第 89 页。
⑦ 蒋廷黻著:《中国近代史》,中国华侨出版社 2016 年版,第 125 页。

候辩论地很激烈,有时候议论居然颇一致”,“我们都不期望有完全一致的主张,只期望各人根据自己的知识,用公平的态度,来研究中国当前的问题”[①]。但这些都并不影响其巨大影响,以至于“大学生、公务员、开明绅商乃至青年军官都是其读者群”[②]。

值得注意的是,“《独立评论》出刊时期,正是我国外交上的多事之秋。胡适在抗日救亡问题上,漠视中国民众的力量,寄希望于国联,主张与日谋妥协”[③]。这倒也真的验证了胡适等人在《独立评论》“引言”中所预先声明的:“我们几个人的知识见解是很有限的,我们的判断主张是难免错误的。我们很诚恳地请求社会的批评。”[④]早在日本帝国主义全面侵华之前,《独立评论》的主办者就提出与日妥协这样的错误观点。毫无疑问,《新民族》的观点与此是截然相反的。《新民族》撰稿人从未放弃过抗战的主张,方东美教授的《抗战无畏论》足以代表他们的共识。

诚如学者傅长禄所言,在内政问题上,胡适在《独立评论》上反复宣传“建国”和“改制”的主张。他认为中国当时的主要问题是“建国”,是“救治病根”。“综观胡适的政治主张,是要在当时的中国以蒋介石为领袖,以国民党政府为社会重心,实际上是维护国民党的统一,帮助处于内外交困的国民党政府,这是胡适此时政治主张的主导方面。然而另一方面,胡适要求国民党放弃党治,公开政权,主张建立民意机关,监督国民党政府,限制蒋介石的权限,又带有资产阶级民主主义色彩,仍属于资产阶级改良主义的范畴。”[⑤]由此可见,尽管“建国”既是《独立评论》也是《新民族》的关注重心,但只有后者明确提出“抗战建国”和“民族复兴”,而并非囿于某些政治见解。更何况,在《新民族》中,那些多为一流学者的专家撰稿人还对战时政治建设具体的方方面面均有不同程度的涉及,对“民族复兴”也有深刻的研究与阐发。尽管《独立评论》中也不乏建设性的主张,但前述关于战时政治建设和“民族复兴”的探讨等无疑是《独立评论》所不具备的。

《时代公论》也是一份政治观点非常鲜明、极具代表性的时政评论刊物。它是以国立中央大学法学院教授为主体的学人于 1932 年 4 月 1 日创办的,其核心成员“有杭立武、梅思平、萨孟武、阮毅成等,另有中国政治学会的一些骨干成员”,刊物

① 胡适著:《胡适说:社会与文明》,广东旅游出版社 2014 年版,第 89 页。
② 蒋廷黻著:《中国近代史》,中国华侨出版社 2016 年版,第 125 页。
③ 陈玉申编著:《中国新闻史研究导引》,南京大学出版社 2015 年版,第 190 页。
④ 胡适著:《胡适说:社会与文明》,广东旅游出版社 2014 年版,第 89 页。
⑤ 陈玉申编著:《中国新闻史研究导引》,南京大学出版社 2015 年版,第 193 页。

内容驳杂,“除政论文章外,刊登时事述评、读者论坛及通讯,也出版专刊…… 自1932 年 4 月 1 日出版至 1935 年 3 月 22 日休刊,共出版了 156 期。据不完全统计,前后有 206 人在该刊上发表政论性文章 842 篇”①。

粗略地比较《时代公论》和《新民族》,其差别大致如下。

第一,时代背景及由此带来的心绪感受不同。《时代公论》创刊于 1932 年,正值日本军国主义加紧侵略步伐之际,创办者对即将到来的侵略战争深感忧虑;《新民族》创刊于抗日战争全面爆发、民族危亡的大背景下,面对沦丧的国土,面对深重的国难,比起《时代公论》的创办者和撰稿人,《新民族》的同人对于战争和国难的感受无疑更为深切。正因如此,在创刊词中,他们明言自己在谈话中充满了“苦恼、自责、自惭”。

第二,作者群体与学术圈不同。研究表明,尽管在《时代公论》和《新民族》两份刊物中,国立中央大学教授均扮演着重要角色,他们不仅是杂志的发起者,也是杂志的主要撰稿人,但两份刊物的核心作者群之间存在明显区别:“从学科背景来看,《时代公论》的作者更多来自中大法学院和教育学院,与此相比,《新民族》的学科、院系畛域较为模糊。在罗家伦的领导下,杂志表现出更强大的整合力,其作者群涵盖了中央大学所有的学院。值得注意的是,在《新民族》主要撰稿人中,各院院长、系主任占据了很大比例……因此,《新民族》杂志更多体现了以校长、院长、主任为代表的‘校方’立场。这也反映了在 20 世纪 30 年代初,教授‘自由论道’的局面因为战争爆发而逐步让位于更能体现当局决策力的‘校方主讲’。”②由此可以看出,《时代公论》和《新民族》两份刊物体现出国立中央大学两个不同的学者圈,“不管是围绕杨公达的‘几个朋友’……抑或是罗家伦与一群大学教书人之间的‘谈话场’,在他们的背后都存在一个长期交往的人脉网络。而刊物的创办,不过是为他们的集聚和言说提供了一个更好的公开平台”③。当然,这些并不是影响刊物质量的关键因素。

第三,挽救国难的立场主张不同。《时代公论》“把重点放在了对现有政治体制与政府制度的改进上,主张建立强有力的中央政府,改革国民党组织和政府机构,推进渐进的民主政治改革,以应对国内外的严峻局势”,“《新民族》则直面抗战

① 刘大禹著:《蒋介石与中国集权政治研究(1931—1937)》,浙江大学出版社 2012 年版,第 179 页。
② 牛力著:《罗家伦与国立中央大学》,南京大学出版社 2015 年版,第 208 ~209 页。
③ 牛力著:《罗家伦与国立中央大学》,南京大学出版社 2015 年版,第 209 页。

的现实需求，紧密围绕‘抗战建国’的主题，倡导建设性的实际工作和负责任的言论主张，即通过重建国民的人生观，凝聚民族意识，实现民族的救亡与复兴”。此外，基于不同的取向，两份刊物选择的救国路线各有不同。“《时代公论》认为，杂志旨在通过对文字和学理的探讨，‘于国事略有贡献。对不对，只好让当局采纳，让大家批评了’。他们通过学理分析，结合现实政治需求，提出了具有可操作性的政治改革途径，并希望影响政府政策，推动国内政治的改进，增强抵御外侮的能力……《新民族》对抗战建国的服务重点放在对实际问题的科学研究上，强调为政府献计献策，并表现出更为鲜明的技术主义路线取向。”①

从以上简要的比较和分析中，我们可以看出《新民族》在抗战时期中国大后方出版物中的地位、价值及其贡献。毫无疑问，它是当之无愧的“新中华民族降临前的一个小小号兵”。正如一位研究者指出的，综观《新民族》，虽然其内容繁杂，类别不一，但仍可归为如下几个方面：“第一，分析抗战形势和前景，拥护抗战建国纲领，倡导政府领导下的长期抗战。第二，注重抗战建国的实际问题，尤其是科学问题的研究，不仅包括‘战时有用的问题，而且应该讨论战后建设的问题’。这类文章占据了杂志文章的半数以上。《新民族》对抗战建国各类问题的探讨，表现出知识分子积极的参与意识。这些基于理性探究的审慎言说，正是知识分子不可替代的社会功用，也体现了中央大学强调以学术服务国家建设的办学宗旨。第三，倡导建立新的人生观，凝聚民族意识，弘扬民族精神。”②正因如此，国民党高层人士曾对《新民族》的办刊立场尤其是对其影响舆论、领导群言的重要作用予以了高度评价和认可。③ 鉴于此，我们更有理由认为，由共同拥有“在抗战中同时建国的意识”的以中央大学教授为主体的知识分子创办的《新民族》是当时“抗战建国”和抗战时期“民族复兴”话语的重要载体。

虽已时过境迁，但如今翻阅《新民族》上的文章，我们仍然能领略到民族危亡大背景下的《新民族》各位同人对战争和国难的真切感受，也就更加赞叹以国立中央大学教授为核心的大学知识分子群体同心协力为政府献计献策、以学术服务于抗战建国、用语言文字来表述民族气魄和唤起民族责任感的可贵用心。他们致力于“建设新民族”和复兴中华民族的积极性、进取心，及其对社会、时代与政治的独特

---

① 牛力著：《罗家伦与国立中央大学》，南京大学出版社 2015 年版，第 205 ~ 206 页。
② 牛力著：《罗家伦与国立中央大学》，南京大学出版社 2015 年版，第 197 ~ 200 页。
③ 牛力著：《罗家伦与国立中央大学》，南京大学出版社 2015 年版，第 203 ~ 204 页。

影响力,都是极其珍贵而又历久弥新的。

正如罗家伦先生所言,“凡是一件历史的事迹,时代隔得愈远,其意义和影响,愈看得清楚”①。抗战胜利虽已70余年,但那段历史离我们并不遥远。亦如2012年11月29日习近平总书记在参观《复兴之路》展览时所强调的:“现在,我们比历史上任何时期都更接近中华民族伟大复兴的目标,比历史上任何时期都更有信心、有能力实现这个目标。”我们已经走上了中华民族伟大复兴的康庄大道,“展望今后中华民族前途,两岸必须以沟通取代仇恨,以对话取代对抗,求同存异,搁置争议,才能一致对外,共同振兴中华!这就需要以民族精神的现代诠释,在两岸建立新时代的人生观,然后才能以自强不息的精神,创造光明灿烂的民族前程!唯有如此,两岸青年共同本着民族精神,建立正确的人生观,才能共同完成民族复兴大业,那才是中华整体民族之幸,也才是全体中国人之幸!”②

正因如此,今天,我们就有必要再度聚焦《新民族》,发掘其对“抗战建国”和“民族复兴”的重要意义,最终为接过《新民族》的创办者及其撰稿人等前贤手中的接力棒而共同努力,为实现伟大复兴的“新的中华民族降临”而不懈努力。

---

① 罗久芳著:《罗家伦与张维桢——我的父亲母亲》,百花文艺出版社2006年版,第36页。

② 冯沪祥编著:《罗家伦论人生》,北京大学出版社2010年版,第168页。

参考文献

[1]国立中央大学档案[A].南京:中国第二历史档案馆(全宗648).

[2]南京大学校庆办公室校史资料编辑部.南京大学校史资料选编(内部印行)[G].南京:南京大学,1982.

[3]昆明市社会科学界联合会,云南省中国近代史研究会.中华民族伟大复兴的历史转折——纪念中国人民抗日战争胜利60周年理论研讨会论文集[C].昆明:云南大学出版社,2006.

[4]经盛鸿.罗家伦与"鸡犬不留"的南京中央大学[J].百年潮,2001(11).

[5]廖其发,周昆.论陶行知的抗战建国教育思想[J].河北师范大学学报(教育科学版),2007(4).

[6]牛力.罗家伦与国立中央大学[M].南京:南京大学出版社,2015.

[7]蔡文熙.国难下的民族主义理论与教育:以《新民族》周刊为中心之考察[D].武汉:华中师范大学,2014.

[8]施康强.四川的凸现[M].北京:中央编译出版社,2001.

[9]高澎.永恒的魅力——校友回忆文集[G].南京:南京大学出版社,2002.

[10]罗久芳.五四飞鸿——罗家伦珍藏师友书简集[G].天津:百花文艺出版社,2010.

[11]冯沪祥.罗家伦论人生[M].北京:北京大学出版社,2010.

[12]罗家伦.黑云暴雨到明霞[G].北平:商务印书馆,1943.

[13]张晓京.近代中国的"歧路人"——对罗家伦生平与思想的再认识[J].湖南科技大学学报(社会科学版),2008(2).

[14]许纪霖.20世纪中国知识分子史论[M].北京:新星出版社,2005.

[15]罗玲.国立中央大学抗战救亡运动刍议[J].重庆师范大学学报(哲学社会科学版),2011(4).

[16]陈春生.新文化的旗手[M].台北:近代中国出版社,1985.

[17]重庆市政协文史资料研究委员会,中共重庆市委党校.国民参政会纪实

1938—1948:上卷[M].重庆:重庆出版社,2016.

[18]吕思勉.中国近代史:经典珍藏版[M].北京:群言出版社,2015.

[19]贺麟.文化与人生[M].北京:商务印书馆,2005.

[20]中国人民抗日战争纪念馆.中国人民抗日战争纪念馆文丛:第三辑[G].北京:北京燕山出版社,1992.

[21]斯大林.斯大林全集:第2卷[G].北京:人民出版社,1953.

[22]张可荣.试论全面抗战时期的民族复兴思潮[J].长沙理工大学学报(社会科学版),2008(4).

[23]明文书局.中国史学史辞典[M].台北:明文书局,1986.

[24]罗家伦.新民族观:上[M].北平:商务印书馆,1946.

[25]梁启超.梁启超散文[G].上海:上海科学技术文献出版社,2013.

[26]霍布斯鲍姆.民族与民族主义[M].李金梅,译.上海:上海人民出版社,2006.

[27]"中国文化建设协会".抗战十年前之中国(1927—1936)[M].台北:文海出版社,1991.

[28]孟丹青.罗家伦的教育思想及实践[M].南昌:江西人民出版社,2012.

[29]许小青.诚朴雄伟泱泱大风——中央大学校长罗家伦[M].济南:山东教育出版社,2012.

[30]刘新如.历史的拷问:抗战期间"汉奸现象"的文化透视与现实反思[J].解放军报,2015-07-13.

[31]黄东.塑造顺民——华北日伪的"国家认同"建构[M].北京:社会科学文献出版社,2013.

[32]李家禄.天道[M].北京:中国广播电视出版社,2006.

[33]倪伟."民族"想象与国家统制:1928~1948年南京政府的文艺政策及文学运动[M].上海:上海教育出版社,2003.

[34]齐红深.日本对华教育侵略:对日本侵华教育的研究与批判[M].北京:昆仑出版社,2005.

[35]高平叔.蔡元培全集:第七卷[G].北京:中华书局,1989.

[36]朱猷武,王俊芳.国统区的文化与文化人[M].天津:天津人民出版社,2009.

[37]吴洪成,张华.血与火的民族抗争——日本侵华时期沦陷区奴化教育史纲

[M].呼和浩特:内蒙古大学出版社,2007.

[38]蒋廷黻.蒋廷黻回忆录[G].长沙:岳麓书社,2003.

[39]“国立编译馆”.教育大辞书2[M].台北:文景书局有限公司,2000.

[40]辽宁省教育史志编纂委员会.辽宁教育史志:第三辑[G].沈阳:辽宁省新闻出版局,1992.

[41]金以林.近代中国大学研究1895—1949[M].北京:中央文献出版社,2000.

[42]周谷平,赵师红.走向一流的历史轨迹:中外著名大学校长治校理念与办学制度文献选编[G].杭州:浙江大学出版社,2015.

[43]罗家伦先生文存编辑委员会.罗家伦先生文存:第六册[G].台北:“国史馆”,1988.

[44]罗家伦先生文存编辑委员会.罗家伦先生文存:第一册[G].台北:“国史馆”,1976.

[45]罗家伦先生文存编辑委员会.罗家伦先生文存:第五册[G].台北:“国史馆”,1988.

[46]罗家伦.中央大学之回顾与前瞻[M].重庆:国立中央大学,1941.

[47]罗久芳.我的父亲罗家伦[M].北京:商务印书馆,2013.

[48]叶再生.中国近代现代出版通史[M].北京:华文出版社,2002.

[49]苏朝纲,王志昆,陈初蓉.中国抗战大后方出版史[M].重庆:重庆出版社,2015.

[50]丁守和,马勇,左玉河,刘丽.抗战时期期刊介绍[M].北京:社会科学文献出版社,2009.

[51]陈子善.雅舍谈书[G].济南:山东画报出版社,2006.

[52]陈玉申.中国新闻史研究导引[M].南京:南京大学出版社,2015.

[53]胡适.胡适说:社会与文明[G].广州:广东旅游出版社,2014.

[54]蒋廷黻.中国近代史[M].北京:中国华侨出版社,2016.

[55]刘大禹.蒋介石与中国集权政治研究(1931—1937)[M].杭州:浙江大学出版社,2012.

[56]罗久芳.罗家伦与张维桢——我的父亲母亲[M].天津:百花文艺出版社,2006.

[57]陈博.罗家伦与中央大学[J].聊城大学学报,2008(2).

[58]吴中胜.旧时代的杂志精神[J].粤海风,2008(3).

[59]蒋宝麟.抗战时期的国家与大学的政治文化:中央大学的“易长”研究[J].史林,2009(3).

[60]李雅娟.罗家伦与中央大学[J].云梦学刊,2009(5).

[61]吴密.汉奸考辨:兼评“汉奸”:想象中的单一民族国家话语[D].“清代政治与国家认同”国际学术研讨会论文,2010.

[62]丁希宇.中央大学六易校长:高校史上一大奇观[J].文史月刊,2011(12).

[63]金浪.处群追问下的儒学“转向”:“谈修养”与抗战时期朱光潜的美学建国思想[J].当代文坛,2015(6).

[64]国立东南大学.国立东南大学一览[R].南京:国立东南大学,1923.

[65]邵力子,等.建国在作战的时候:第2版[M].北平:独立出版社,1938.

[66]罗家伦.外交与国际政治[M].北平:独立出版社,1939.

[67]国立中央大学学生自治会.国立中央大学概况:二十九周年校庆纪念[M].重庆:国立中央大学学生自治会,1944年.

[68]罗家伦.文化教育与青年[M].北平:商务印书馆,1947年版.

[69]罗家伦先生文存编辑委员会.罗家伦先生文存:第二册[G].台北:“国史馆”,1976.

[70]罗家伦先生文存编辑委员会.罗家伦先生文存:第三册[G].台北:“国史馆”,1976.

[71]罗家伦先生文存编辑委员会.罗家伦先生文存:第四册[G].台北:“国史馆”,1976.

[72]中国第二历史档案馆.中华民国史档案资料汇编:第一辑[G].南京:江苏人民出版社,1979.

[73]“中华民国建国史讨论集编辑委员会”.中华民国建国史讨论集:第4册[G].台北:“中华民国建国史讨论集编辑委员会”,1981.

[74]清华大学校史编写组.清华大学校史稿[M].北京:中华书局,1981.

[75]南京大学校庆办公室校史资料编辑组,南京大学学报编辑部.南京大学校史资料选辑[G].南京:南京大学印刷厂,1982.

[76]“中央研究院近代史研究所”.抗战建国史研讨会论文集1937—1945[C].台北:“中央研究院近代史研究所”,1985.

[77]许倬云,丘宏达.抗战胜利的代价:抗战胜利四十周年学术论文集[G].台北:联经出版事业公司,1985.

[78]王桧林.中国现代史参考资料[M].北京:高等教育出版社,1988.

[79]中央教育科学研究所.中国现代教育大事记[M].北京:教育科学出版社,1988.

[80]罗家伦先生文存编辑委员会.罗家伦先生文存:第七册[G].台北:“国史馆”,1988.

[81]罗家伦先生文存编辑委员会.罗家伦先生文存:第八册[G].台北:“国史馆”,1989.

[82]罗家伦先生文存编辑委员会.罗家伦先生文存:第九册[G].台北:“国史馆”,1989.

[83]罗家伦先生文存编辑委员会.罗家伦先生文存:第十册[G].台北:“国史馆”,1989.

[84]罗家伦先生文存编辑委员会.罗家伦先生文存:第十一册[G].台北:“国史馆”,1989.

[85]罗家伦先生文存编辑委员会.罗家伦先生文存:第十二册[G].台北:“国史馆”,1989.

[86]朱一雄.东南大学校史研究[M].南京:东南大学出版社,1989.

[87]中国第二历史档案馆.中华民国史档案资料汇编:第三辑[G].南京:江苏古籍出版社,1991.

[88]朱一雄.东南大学校史研究:第二辑[M].南京:东南大学出版社,1992.

[89]周川.百年之功:中国近代大学校长的教育家精神[M].福州:福建教育出版社,1994.

[90]耿云志.胡适遗稿及秘藏书信:第20册[G].合肥:黄山书社,1994.

[91]中国第二历史档案馆.中华民国史档案资料汇编:第五辑[G].南京:江苏古籍出版社,1994.

[92]罗家伦先生文存编辑委员会.罗家伦先生文存附编[G].台北:“国史馆”,1996.

[93]刘维开.罗家伦先生年谱[M].台北:“中国国民党中央委员会党史委员会”,1996.

[94]罗家伦.新人生观[M].沈阳:辽宁教育出版社,1997.

[95]罗家伦. 历史的先见:罗家伦文化随笔[G]. 上海:学林出版社,1997.

[96]“中国国民党中央委员会党史委员会”. 罗家伦先生文存补编[G]. 台湾:近代中国出版社,1999.

[97]余子侠. 民族危机下的教育应对[M]. 武汉:华中师范大学出版社,2001.

[98]王德滋. 南京大学百年史[M]. 南京:南京大学出版社,2002.

[99]南大百年实录编辑组. 南大百年实录中央大学史料选[G]. 南京:南京大学出版社,2002.

[100]杨东平. 大学精神[M]. 上海:文汇出版社,2003.

[101]智效民. 胡适和他的朋友们[M]. 昆明:云南人民出版社,2004.

[102]钟叔河,朱纯. 过去的大学[M]. 武汉:长江文艺出版社,2005.

[103]涂文学,邓正兵. 抗战时期的中国文化[M]. 北京:人民出版社,2006.

[104]杜维运. 史学方法论[M]. 北京大学出版社,2006.

[105]张晓唯. 旧时的大学和学人[M]. 北京:中国工人出版社,2006.

[106]韩子渝. 学界拾遗[M]. 重庆:重庆出版社,2006.

[107]冯夏根. 文化关怀与民族复兴:罗家伦的思想人生[M]. 北京:人民出版社,2009.

[108]罗久芳,罗久蓉. 罗家伦先生文存补遗[G]. 台北:“中央研究院近代史研究所”,2009.

[109]徐文钦. 中日谍战第一案[M]. 北京:西苑出版社,2012.

[110]孟德斯鸠. 法意[M]. 严复,译. 北京:北京时代华文书局,2014.

[111]张铁柱,曹智,陶德言. 伟大的胜利[M]. 武汉:长江文艺出版社,2015.

[112]张彦,刘长喜,吴淑凤. 社会研究方法:第二版[M]. 上海:上海财经大学出版社,2016.

[113]储德天. 西南联大知识分子共同体研究[D]. 上海:上海师范大学,2005.

[114]张淑娟. 民族主义与近代中国民族理论[D]. 北京:中国社会科学院研究生院,2010.

附　　录

附录 1:《新民族》目录索引

第 1 卷第 1 期(1938 年 2 月 23 日)

1.《〈新民族〉的前奏曲》(罗家伦)

2.《建立新人生观》(罗家伦)

3.《抗战无畏论》(方东美)

4.《日本战时财政鸟瞰》(朱偰)

5.《航空效率应如何提高》(萧孝嵘)

6.《建设的新认识》(袁昌英)

7.《我现在想》(缪凤林)

8.《最近外交形势》(罗家伦)

9.《流亡》(徐仲年)

10.《诗二首》(罗家伦)

11.《德奥问题与欧潮》(短评)

12.《冤钱孽债日本两项新预算》(短评)

13.《波兰!》(短评)

14.《封神榜斗法宝式的战争》(短评)

第 1 卷第 2 期(1938 年 3 月 5 日)

15.《民族与民族性》(罗家伦)

16.《中日绝交和宣战问题》(黄正铭)

17.《抗战形势的检讨》(胡焕庸)

18.《我们现在怎样研究学术》(邹树文)

19.《地狱中的南京》(南京通讯)

20.《诗二篇》(罗家伦)

21.《艾登辞职与英国外交动向》(短评)
22.《感谢同我们民族共患难的朋友》(短评)
23.《感谢各国同情的民众——(尤其是伦敦的民众)》(短评)
24.《民族的正气》(短评)
25.《早应当走了》(短评)
26.《有预定计策的恐怖》(短评)

第1卷第3期(1938年3月12日)
27.《民族的国家》(罗家伦)
28.《瓦解与复兴》(张贵永)
29.《动荡中的欧洲》(朱偰)
30.《植物油代替柴油之商榷》(杜长明)
31.《忆南京》(长诗)(罗家伦)
32.《战局的鸟瞰》(短评)
33.《松岛献的对华妙计》(短评)
34.《日本通与通日本》(短评)

第1卷第4期(1938年3月19日)
35.《大学与中学之联系》(罗家伦)
36.《长期抗战与长期抗战之教育》(许恪士)
37.《增进航空效率目前应该注意的问题》(吕炯)
38.《迫切的国际宣传问题》(陈岱础)
39.《伟大的孤城》(长诗)(罗家伦)
40.《绅士笼着手,强盗背了走》(短评)
41.《奥亡后的国际大局如何?》(短评)
42.《英帝国的悲哀》(短评)
43.《受过高等教育的汉奸》(短评)

第1卷第5期(1938年3月26日)
44.《道德的勇气》(罗家伦)

45.《关于教育和经济的几个问题》(杨端六)
46.《中国与日本有共同的文化?》(孙本文)
47.《如何增进空袭警报工作之效率?》(萧孝嵘)
48.《英意谈判与国际政局》(黄正铭)
49.《临死的悲歌》(长诗)(罗家伦)
50.《哀江南》(诗)(朱偰)
51.《历史上少见的神勇》(短评)
52.《世界——冒险家的乐园》(短评)
53.《"给狗一个恶名,把他绞死好了!"》(短评)

第1卷第6期(1938年4月2日)
54.《过去教育的错误在哪里?》(艾伟)
55.《一个战时青年组织的提议》(许恪士)
56.《战时的农业》(邹树文)
57.《德奥合并以后》(胡焕庸)
58.《林语堂先生救国》(潘菽)
59.《一封家信》(徐仲年)
60.《再生》(长诗)(罗家伦)
61.《英勇牺牲换来的乐观》(短评)
62.《张伯伦开口了》(短评)
63.《美国态度转好的酝酿》(短评)
64.《请看英狮换毛以后》(短评)

第1卷第7期(1938年4月10日)
65.《抗战的国力与文化的整个性》(罗家伦)
66.《一个民族的复兴》(商承祖)
67.《战时教育与平时教育》(常道直)
68.《论中日宣战》(张觉盦)
69.《人间的悲剧》(长诗)(罗家伦)
70.《历史上的重要会议》(短评)

71.《鲁南大胜的由来》(短评)
72.《比日俄战争规模大多了!》(短评)
73.《日本在华现有的兵力》(短评)
74.《板垣矶谷受训》(短评)
75.《积小胜以成大胜》(短评)

第1卷第8期(1938年4月17日)
76.《捷音到会场》(罗家伦)
77.《推行战时所得税建议》(朱偰)
78.《中国盐务行政机构的变迁和目前应有的调整》(何维凝)
79.《抗战期中四川矿产之供给》(李学清)
80.《敬悼刘湛恩先生》(罗家伦)
81.《忆杭州》(诗)(宓超群)
82.《鲁南战局仍在我控制之下》(短评)
83.《专毁文化机关的野蛮种子!》(短评)
84.《英义协约的成立》(短评)

第1卷第9期(1938年4月24日)
85.《抗战的国力与文化的整个性(二)》(罗家伦)
86.《中国史上可考见的伪组织》(金静庵)
87.《航空工作中的高度问题》(萧孝嵘)
88.《实用军事气象知识》(黄厦千)
89.《春恨》(诗)(罗家伦)
90.《鲁南大军团运动战》(短评)
91.《将星的升沉》(短评)
92.《尽量动用基金建立后方科学文化中心》(短评)

第1卷第10期(1938年5月2日)
93.《抗战的国力与文化的整个性(三)》(罗家伦)
94.《学术与政治》(杨玉清)

95.《飞行人员应有之体格》(赵敏学)
96.《横断山间露宿两月记》(徐近之)
97.《成吉思汗军歌》(诗)
98.《微妙的英国外交》(短评)
99.《希望远见的苏联当局不会如此》(短评)
100.《"中国事件"》(短评)

第1卷第11期(1938年5月9日)
101.《抗战的国力与文化的整个性(四)》(罗家伦)
102.《近代史上的人口移动》(刘南溟)
103.《爱护民族生命的萌芽》(张维桢)
104.《横断山间露宿两月记(二)》(徐近之)
105.《武汉空军大捷凯歌》(长诗)(罗家伦)
106.《镭绽放式的战局》(短评)
107.《踊跃购买金公债及国防公债》(短评)
108.《又炸文化机关——厦门大学》(短评)
109.《新女性的产生》(短评)

第1卷第12期(1938年5月16日)
110.《从英义妥协想到远东问题》(周鲠生)
111.《论提高科学的研究》(袁翰青)
112.《抗战建国中之文化问题》(孙本文)
113.《横断山间露宿两月记(三)》(徐近之)
114.《沙拉煞斯查的夜歌》(译尼采诗)(罗家伦)
115.《大会战中的鲁南》(短评)
116.《我们对于毒气战应取的态度》(短评)
117.《希特勒报聘罗马以后》(短评)
118.《亟应扩大的"养子运动"》(短评)

第1卷第13期(1938年5月22日)
119.《四行壮士与租界中立问题》(黄正铭)
120.《从法国政治得来的教训》(杨玉清)
121.《横断山间露宿两月记(四)》(徐近之)
122.《嘉陵江畔》(长诗)(缪凤林)
123.《这才是自主的外交》(短评)
124.《我国在国联外交胜利后如何办》(短评)

第1卷第14期(1938年5月28日)
125.《炸药库中的火星——捷克问题》(罗家伦)
126.《铁路与国防》(胡焕庸)
127.《把苏联比中国》(丁骕)
128.《横断山间露宿两月记(五)》(徐近之)
129.《空军东征日本凯歌》(诗)(罗家伦)
130.《陇海战局》(短评)
131.《中国的新军力之空军》(短评)
132.《这才叫做"共存"呢?》(短评)

第1卷第15期(1938年6月5日)
133.《民族与地理环境》(罗家伦)
134.《从经济的立场观察德捷争端》(朱偰)
135.《陷落后的南京》(范存忠)
136.《横断山间露宿两月记(六)》(徐近之)
137.《媚娘》(诗)(罗家伦)
138.《空中照放国花》(短评)
139.《旁观者的良心》(短评)
140.《全武行的敌阁》(短评)
141.《人家放炸弹我们放红中》(短评)

第1卷第16期(1938年6月13日)
142.《客座中的敌情》(罗家伦)
143.《〈马赛曲〉的前前后后》(徐仲年)
144.《倭阁改组之检讨》(杨希震)
145.《横断山间露宿两月记(七)》(徐近之)
146.《雨血》(诗)(罗家伦)
147.《拿围棋来比战局》(短评)
148.《进而谈中原战况》(短评)
149.《感谢英勇的铁路员工》(短评)
150.《从速建立飞机制造工业》(短评)

第1卷第17期(1938年6月20日)
151.《弱是罪恶,强而不暴是美》(罗家伦)
152.《电机工程在抗战建国中的地位》(陈章)
153.《横断山间露宿两月记(八)》(徐近之)
154.《偕亡》(诗)(罗家伦)
155.《战场转变的新趋势》(短评)
156.《不是垦荒乃是夺田》(短评)
157.《这次河决的责任问题》(短评)
158.《不是决口乃是改道》(短评)

第1卷第18期(1938年6月27日)
159.《知识的责任》(罗家伦)
160.《抗战财政的根本认识》(崔敬伯)
161.《四川与林牧》(李寅恭)
162.《横断山间露宿两月记(九)》(徐近之)
163.《采茶女的悲哀》(诗)(宓超群)
164.《和平空气是敌人散布的烟幕》(短评)
165.《敌人滥炸广州的教训》(短评)
166.《英美苏应当首先禁油》(短评)

167.《美国的新动向》(短评)

第1卷第19期(1938年7月4日)
168.《恢复汉唐以前形体美的标准》(罗家伦)
169.《农业工业化(上篇)》(邹树文)
170.《如何提高军事效率?》(萧孝嵘)
171.《天助中国的新兵器》(朱晓寰)
172.《横断山间露宿两月记(十)》(徐近之)
173.《大江东去曲》(诗)(罗家伦)
174.《华南军事与英国态度》(短评)

第1卷第20期(1938年7月11日)
175.《近代技术的精神价值》(宗白华)
176.《农业工业化(下篇)》(邹树文)
177.《德国中世纪英雄诗尼伯龙根》(商承祖)
178.《七七周年怀卢沟桥》(诗)(罗家伦)
179.《天朗气清》(短评)
180.《傅作义将军近讯》(短评)
181.《敌军的死伤》(短评)

第2卷第1期(1938年7月17日)
182.《民族与人口》(罗家伦)
183.《值得注意的大学生出路问题》(曾昭抡)
184.《论整理大学课程》(艾伟)
185.《蒋委员长告全国军民(特载)》
186.《南京的黄昏》(诗)(沈汝乾)
187.《五虎防江》(短评)
188.《大学的正声》(短评)

第 2 卷第 2 期(1938 年 7 月 24 日)
189.《民族与人口(二)》(罗家伦)
190.《战时社会统制的必要》(孙本文)
191.《西南各省水力发电事业之前途》(原素欣)
192.《新扬州十日记的一段》(通讯)
193.《我们何时再见？苏州!》(诗)(施两仪)
194.《正告西门财相》(短评)
195.《战局的稳定与好转》(短评)
196.《精兵主义》(短评)
197.《一个最有效果的命令》(短评)

第 2 卷第 3 期(1938 年 7 月 31 日)
198.《空中的战争权利》(黄正铭)
199.《汉奸的心理分析》(潘菽)
200.《抗战建国中盐业改革方案》(何维凝)
201.《媚娘》(诗)(罗家伦)
202.《国际外交姿态》(短评)
203.《大战鄱阳》(短评)
204.《收之桑榆》(短评)

第 2 卷第 4 期(1938 年 8 月 7 日)
205.《日苏冲突的冷静观察》(罗家伦)
206.《农业商业化(一)》(邹树文)
207.《气象与军事之关系》(吕炯)
208.《抗战建国程序中的司法改造》(张庆桢)
209.《伟大的工程》(诗)(唐秋帆)
210.《敌人战略的改变》(短评)
211.《苏联此时不做卡庄子还待何时?》(短评)

第2卷第5期(1938年8月14日)
212.《抗战建国教育的原则》(王书林)
213.《农业商业化(二)》(邹树文)
214.《新民族与新文字》(潘重规)
215.《孤岛中守灯塔的人》(诗)(罗家伦)
216.《苏联不要中日本缓兵之计》(短评)
217.《乐观的战局》(短评)
218.《从战略上观察武汉的稳定》(短评)

第2卷第6期(1938年8月21日)
219.《民族与种族(一)》(罗家伦)
220.《农业商业化(三)》(邹树文)
221.《论战时节约》(伍启元)
222.《战时的小学教育(一)》(赵廷为)
223.《日伪无划界权》(短评)
224.《敌人攻我们的兵力和死伤》(短评)
225.《"王生耀德不观兵"》(短评)

第2卷第7期(1938年8月28日)
226.《民族与种族(二)》(罗家伦)
227.《德国经济建设的中心工作》(吴景超)
228.《什么的效力比较四十二生的米突的炮还要大得多?》(萧孝嵘)
229.《大学一年级应否分系?》(吴学义)
230.《战时的小学教育(二)》(赵廷为)
231.《红海中深夜的仰卧》(诗)(罗家伦)
232.《不可做蒋干》(短评)
233.《德国大失所望》(短评)
234.《英美的动态》(短评)

第2卷第8期(1938年9月4日)
235.《民族与种族(三)》(罗家伦)
236.《西南水道交通建设刍议》(沈百先)
237.《改进测量事业的展望》(曾世英)
238.《法治与抗战建国》(张知本)
239.《提倡体育生中的健康教育》(徐苏恩)
240.《长江两岸历史上未有之大战》
241.《焦山晓望》(诗)(罗家伦)
242.《欧洲和战与捷克问题》(短评)
243.《德国的军事动向》(短评)

第2卷第9期(1938年9月11日)
244.《所望于本届国联大会者》(周鲠生)
245.《由抗战建国谈到大学工程教育》(杨家瑜)
246.《提倡体育生中的健康教育(二)》(徐苏恩)
247.《一面强硬一面压迫》(短评)
248.《恶战中之大江两岸》(短评)
249.《中英庚款董事会的远见》(短评)

第2卷第10期(1938年9月18日)
250.《论政治的教育》(陈之迈)
251.《中国人种优秀之科学根据(一)》(欧阳翥)
252.《航空教育的普及运动与基础训练》(余仲奎)
253.《双尾蝎(一)》(小说)(徐仲年)
254.《感谢忠勇的将士》(短评)
255.《阴云四布雷电交作之欧洲》(短评)
256.《张伯伦惊人的一幕》(短评)
257.《中国提案在国联》(短评)

第2卷第11期(1938年9月25日)
258.《训练机械化部队的基本认识》(罗家伦)
259.《中国人种优秀之科学根据(二)》(欧阳翥)
260.《“乐以忘忧”》(潘菽)
261.《双尾蝎(二)》(小说)(徐仲年)
262.《金风中之捷报》(短评)
263.《对捷克洒一掬同情之泪》(短评)
264.《中国在国联初步的胜利》(短评)
265.《早应调整的使节》(短评)

第2卷第12期(1938年10月2日)
266.《从国际条约上观察欧局与我国立场》(黄正铭)
267.《目前战局之地势》(胡焕庸)
268.《“我们为什么而战?”》(孟云桥)
269.《中国人种优秀之科学根据(三)》(欧阳翥)
270.《双尾蝎(三)》(小说)(徐仲年)
271.《血染山河中之重大胜利》(短评)
272.《欧洲大致是不打了》(短评)
273.《国联如此运用第十六条》(短评)

第2卷第13期(1938年10月9日)
274.《论外交根本政策》(钱端升)
275.《编纂抗战史的重要》(金静庵)
276.《介绍一种有关抗战的新兴科学》(吕炯)
277.《双尾蝎(四)》(小说)(徐仲年)
278.《血战之中》(短评)
279.《张伯伦胜利了! 希特勒更胜利了!》(短评)
280.《哀捷克!》(短评)

第2卷第14期(1938年10月16日)
281.《如何从教育上破除青年们的烦恼》(许恪士)
282.《盐业国营论(一)》(何维凝)
283.《替心理学辩护》(潘寂)
284.《捷报声中的战局》(短评)
285.《敌军伤亡的总估计》(短评)
286.《欧局与中国》(短评)
287.《宇垣为什么下台》(短评)

第2卷第15期(1938年10月23日)
288.《建国最高原则或理想的商榷(一)》(汪少伦)
289.《论敌军的死伤》(刘南溟)
290.《盐业国营论(二)》(何维凝)
291.《双尾蝎(五)》(小说)(徐仲年)
292.《英国难道退出远东?》(短评)
293.《还不制裁,更待何时?》(短评)
294.《什么是张伯伦的外交政策》(短评)
295.《青年的模范》(短评)

第2卷第16期(1938年10月30日)
296.《建国最高原则或理想的商榷(二)》(汪少伦)
297.《艺术与建国》(吕斯百)
298.《勖故乡海盐》(朱偰)
299.《双尾蝎(六)》(小说)(徐仲年)
300.《有计划的撤退》(短评)
301.《英美究将怎么办?》(短评)
302.《亟应举办的过分利得税》(短评)

第2卷第17期(1938年11月6日)
303.《政治建设的基本工作》(杭立武)

304.《如何谋我国教育上质的改善》(赵廷为)
305.《国联九月三十日议决案》(邵循恪)
306.《双尾蝎(七)》(小说)(徐仲年)
307.《敌人死亡的自供》(短评)
308.《广州陷落的教训》(短评)
309.《第四期抗战的开始》(短评)

第2卷第18期(1938年11月13日)
310.《国联盟约上之对日制裁问题》(黄正铭)
311.《为接近战区及被轰炸区域的儿童说的话》(凌叔华)
312.《飞机结构与一般结构之比较(一)》(李寿同)
313.《双尾蝎(八)》(小说)(徐仲年)
314.《战局的近况》(短评)
315.《"保境安民"是汉奸思想》(短评)
316.《英美的接近》(短评)
317.《凯末尔总统的贡献》(短评)

第2卷第19期(1938年11月20日)
318.《国难的病源(一)》(张昌圻)
319.《飞机结构与一般结构之比较(二)》(李寿同)
320.《新闻记者之训练问题》(马新野)
321.《双尾蝎(九)》(小说)(徐仲年)
322.《粤汉路的南北》(短评)
323.《英国继续扩军》(短评)
324.《英义协定实施》(短评)
325.《美国也继续扩军》(短评)

第2卷第20期(1938年11月27日)
326.《国难的病源(二)》(张昌圻)
327.《一年级不分系与大学课程》(吴学义)

328.《飞机结构与一般结构之比较(三)》(李寿同)
329.《双尾蝎(十)》(小说)(徐仲年)
330.《张伯伦外交政策的效验》(短评)
331.《长沙大劫的教训》(短评)
332.《积下的编辑后语》(短评)
333.《不开放长江也好》(短评)

第3卷第1期(1938年12月4日)
334.《错读历史与乱用公式》(罗家伦)
335.《战时军事统计之编制(一)》(刘南溟)
336.《“军官智慧测验”》(萧孝嵘)
337.《双尾蝎(十一)》(小说)(徐仲年)
338.《日德意军事同盟可能吗?》(短评)
339.《不知人间羞耻的丑剧》(短评)
340.《法国的政潮》(短评)

第3卷第2期(1938年12月11日)
341.《侠出于伟大的同情,侠气就是革命的精神》(罗家伦)
342.《战时军事统计之编制(二)》(刘南溟)
343.《抗战期中重庆的米(一)》(孙醒东)
344.《双尾蝎(十二)》(小说)(徐仲年)
345.《前方消息》
346.《德法和平宣言签字》(短评)
347.《英国的表示不够》(短评)

第3卷第3期(1938年12月18日)
348.《民族与语言文字及文学》(罗家伦)
349.《抗战期中重庆的米(二)》(孙醒东)
350.《介绍〈日本人〉》(书评)(顾一樵)
351.《双尾蝎(十三)》(小说)(徐仲年)

352.《日寇不过是张学良的徒弟》(短评)
353.《张伯伦的外交演说》(短评)
354.《近卫为什么还不演说》(短评)
355.《真难伺候》(短评)

第3卷第4期(1938年12月25日)
356.《民族与语言文字及文学(二)》(罗家伦)
357.《从地形学的观点解释中国历史(一)》(丁骕)
358.《外汇管理之前途》(褚葆一)
359.《双尾蝎(十四)》(小说)(徐仲年)
360.《三千多也好》(短评)
361.《英美借款的真实重要性》(短评)
362.《欢迎中美白银协定的延长》(短评)
363.《一死一生的为国宣劳者》(短评)
364.《后方要像后方的样子》(短评)
365.《见犬而顾兔》(短评)

第3卷第5期(1939年1月1日)
366.《民族与语言文字及文学(三)》(罗家伦)
367.《九国公约之诠释(一)》(李子欣)
368.《从地形学的观点解释中国历史(二)》(丁骕)
369.《蒋委员长英明伟大的宣言(特载)》
370.《诡谲的阴谋》(短评)
371.《不要乱猜,乱猜易中敌计》(短评)
372.《法义间的危机》(短评)
373.《严正的申斥》(短评)

第3卷第6期(1939年1月8日)
374.《民族与语言文字及文学(四)》(罗家伦)
375.《九国公约之诠释(二)》(李子欣)

376.《一个研究专科教材与教法的计划》(赵廷为)
377.《西康地质调查旅行记略(一)》(李承三)
378.《民族哲学大纲》(书评)(李长之)
379.《国旗的爱》(诗)(罗家伦)
380.《敌近卫内阁崩溃的原因》(短评)
381.《平沼敌阁的动向》(短评)
382.《积极的美国态度》(短评)
383.《希望英国不要落后》(短评)
384.《可宝贵的学术界同情》(短评)
385.《感谢加拿大与菲律宾政府》(短评)

第3卷第7期(1939年1月16日)
386.《民族与语言文字及文学(五)》(罗家伦)
387.《论自然人权(一)》(孟云桥)
388.《行政效率的文化基础》(吕学海)
389.《西康地质调查旅行记略(二)》(李承三)
390.《英国当迅速继美而起》(短评)
391.《欧洲大战何时爆发》(短评)
392.《张伯伦在罗马》(短评)
393.《英美维持我国币制》(短评)
394.《山西的捷报》(短评)
395.《美国竟做到停止以飞机售暴日》(短评)
396.《敌军侵华的损失》(短评)

第3卷第8期(1939年1月23日)
397.《中华民族之威力》(郑鹤声)
398.《民国以来银行自由发行之研究》)(朱偰)
399.《论自然人权(二)》(孟云桥)
400.《西康地质调查旅行记略(三)》(李承三)
401.《创世纪》(诗)(马文珍)

402.《英国正式响应了》(短评)
403.《法国也正式响应了》(短评)
404.《英法海军联合大操》(短评)
405.《关税担保的债务》(短评)

第3卷第9期(1939年1月30日)
406.《英美照会以后的外交动向》(周鲠生)
407.《怎样解决伤兵问题》(张查理)
408.《民国以来银行自由发行之研究(二)》(朱偰)
409.《西康地质调查旅行记略(四)》(李承三)
410.《孤城》(译司德恩诗)(罗家伦)
411.《中国国民党的复兴》(短评)
412.《这才是实际的威胁》(短评)
413.《美国中立法搁浅了吗?》(短评)
414.《西班牙问题的严重性》(短评)
415.《感谢国际文化界的同情》(短评)
416.《大学对国际的表示》(短评)

第3卷第10期(1939年2月6日)
417.《事业欲——我们需要的一针强心剂》(袁翰青)
418.《军粮研究的重要及一点实验的结果》(郑集)
419.《怎样解决伤兵问题(二)》(张查理)
420.《西康地质调查旅行记略(五)》(李承三)
421.《重大的敌军损失数字》(短评)
422.《希特勒演说中的动向》(短评)
423.《围棋式的战局》(短评)
424.《罗斯福总统态度愈趋积极》(短评)

第3卷第11期(1939年2月13日)
425.《目的与手段》(罗家伦)

426.《吾国最近史学之趋势(一)》(金静庵)
427.《西康地质调查旅行记略(六)》(李承三)
428.《临别》(小说)(袁昌英)
429.《欧洲所患的伤寒症》(短评)
430.《英法军事同盟的正式宣告》(短评)
431.《欢迎美国扩军的预算通过》(短评)
432.《我空军又活跃》(短评)
433.《游击战的收获》(短评)

第3卷第12期(1939年2月20日)
434.《〈新民族〉的周岁》
435.《太平洋形势展望》(胡焕庸)
436.《吾国最近史学之趋势(二)》(金静庵)
437.《对于新小说的批评》(张月超)
438.《西康地质调查旅行记略(七)》(李承三)
439.《月》(诗)(李长之)
440.《暴日占海南岛的国际军事意义》(短评)
441.《德意日军事同盟》(短评)
442.《无所谓沦陷区,沦陷区就是战区》(短评)
443.《苏联对日的调侃》(短评)

第3卷第13期(1939年2月27日)
444.《荣誉与爱荣誉》(罗家伦)
445.《吾国最近史学之趋势(三)》(金静庵)
446.《西康地质调查旅行记略(八)》(李承三)
447.《民主政治建设之途径(特载)》
448.《思乡曲》(诗)(宓超群)
449.《如何达到民主政治》(短评)
450.《飞将军天表立功》(短评)
451.《不可小视的胜利》(短评)

452.《回到祖国怀抱里来吧?》(短评)
453.《最近敌军反战哗变的数字》(短评)
454.《壮烈的锄奸》(短评)
455.《"让步时代已成过去"》(短评)
456.《看英国对日机炸英界让步否?》(短评)
457.《欢迎美国与国联合作》(短评)
458.《世界和平的支柱》(短评)

第3卷第14期(1939年3月6日)
459.《战时间谍问题》(黄正铭)
460.《对于水力发电应有的认识》(陈章)
461.《贡献给出席全国教育会议者的几点意见》(赵廷为)
462.《吾国最近史学之趋势(四)》(金静庵)
463.《西康地质调查旅行记略(九)》(李承三)
464.《诗(二首)》(朱偰)
465.《竭泽而渔的日本军费》(短评)
466.《西班牙事件的教训》(短评)
467.《苏联究竟有多少兵力?》(短评)
468.《不戢自焚》(短评)
469.《豫东之捷》(短评)

第3卷第15期(1939年3月13日)
470.《地方政治与大学教育》(周鲠生)
471.《天气预告的回顾与前瞻》(吕炯)
472.《吾国最近史学之趋势(五)》(金静庵)
473.《西康地质调查旅行记略(十)》(李承三)
474.《无题》(诗)(宓超群)
475.《今后教育的最高指导原则(特载)》
476.《全国教育会议宣言(特载)》
477.《英国助我外汇平衡》(短评)

478.《英美的新动向》(短评)
479.《重要的教育会议》(短评)
480.《大战序幕前得敌军损失》(短评)
481.《“新生活就是战时生活”》(短评)

第3卷第16期(1939年3月20日)
482.《亡国的记录与欧洲的命运》(罗家伦)
483.《盐荒之检讨及其对策(一)》(何维凝)
484.《吾国最近史学之趋势(六)》(金静庵)
485.《西康地质调查旅行记略(十一)》(李承三)
486.《担保》(译诗)(商章孙)
487.《战局的主客之势》(短评)
488.《史达林报告》(短评)
489.《颜李之学的光辉》(短评)
490.《敬谢美国的同情》(短评)
491.《学术的整个性与时代性》(短评)

第3卷第17期(1939年3月27日)
492.《纵谈世界和战局势》(罗家伦)
493.《盐荒之检讨及其对策(二)》(何维凝)
494.《西康地质调查旅行记略(十二)》(李承三)
495.《血肉淋漓的办法》(短评)
496.《我们最喜欢听希特勒演说》(短评)
497.《新战略的收获》(短评)
498.《国家民族高于一切》(短评)

第3卷第18期(1939年4月3日)
499.《希特勒与魏玛宪法》(王季高)
500.《盐荒之检讨及其对策(三)》(何维凝)
501.《积极的儒家精神》(李长之)

502.《西康地质调查旅行记略(十三)》(李承三)
503.《赣北战事与南昌》(短评)
504.《有关抗战的美国中立法修正案》(短评)
505.《大学校长的呼声与美国当局的回答》(短评)
506.《欧洲的新合纵连横》(短评)
507.《艾登是将来的鲁易乔治》(短评)
508.《玛德里陷落》(短评)

第3卷第19期(1939年4月10日)
509.《再谈世界和战局势》(罗家伦)
510.《中学毕业会考与大学统一招生》(常道直)
511.《现代政治的特征》(陈之迈)
512.《西康地质调查旅行记略(十四)》(李承三)
513.《史汀生与中立法》(短评)
514.《克莱齐与卡尔的会见》(短评)
515.《一与五之比》(短评)
516.《这是消耗战》(短评)

第3卷第20期(1939年4月17日)
517.《实验政治》(刘乃诚)
518.《金代信用货币之研究》(朱偰)
519.《对于林垦企业家之希望》(李寅恭)
520.《湘西的苗族》(王云路)
521.《胜利的反攻》(短评)
522.《阿兄阿弟》(短评)
523.《墨索里尼可以罢手了!》(短评)
524.《世界大战会不会爆发?》(短评)

第4卷第1期(1939年4月24日)
525.《柏林罗马的长途电话》(罗家伦)

526.《阿尔巴尼亚之史的回顾》(唐诚)
527.《会考制度与标准测验》(赵廷为)
528.《产生批评文学的条件》(李长之)
529.《西康生物调查记行》(何景,朱启承)
530.《集体安全公约里应有中国(特载)》(罗家伦)
531.《中国字典里无"降"字》(短评)
532.《反攻的伟大收获》(短评)
533.《白天使与黑天使》(短评)
534.《谢他们促成好事》(短评)
535.《为什么不提到这里?》(短评)
536.《英法采取攻势》(短评)
537.《中立法在美国国会》(短评)
538.《欧美动态对中国军事的影响》(短评)

第4卷第2期(1939年5月1日)
539.《我国大学教育的三大缺点》(肃公)
540.《美国的"现款自运"政策》(陈耀东)
541.《改进中国吏制刍议(一)》(孟云桥)
542.《西康生物调查记行(二)》(何景,朱启承)
543.《不断的胜利外交战》(短评)
544.《一倨一恭》(短评)
545.《新伊索寓言》(短评)
546.《想做蝙蝠的日本》(短评)
547.《纪念"五四"》(短评)
548.《文化汉奸》(短评)

第4卷第3期(1939年6月5日)
549.《先尽己责再谈人权》(罗家伦)
550.《改进中国吏制刍议(二)》(孟云桥)
551.《美国的新外交政策和远东战争》(美国通讯)(张沅长)

552.《希特勒演说后的国际动态(特载)》(罗家伦)
553.《这是敌军的反攻》(短评)
554.《苏联外交易长》(短评)
555.《英苏谈判的症结》(短评)
556.《火的洗礼》(短评)
557.《伟大同情的表现》(短评)

第4卷第4期(1939年6月12日)
558.《我国先民伦理的评价(上)》(张弘伯)
559.《改进中国吏制刍议(三)》(孟云桥)
560.《安诺德的文艺批评》(张月超)
561.《西康生物调查记行(三)》(何景,朱启承)
562.《春至忆江南——杭州》(散文)(宓超群)
563.《过于台儿庄的胜利》(短评)
564.《津沪租界的危机》(短评)
565.《好事总可完成》(短评)
566.《汉奸榜》(短评)

附录 2:《新民族》作者发文统计表[①]

作者	篇名及刊载期数
罗家伦	1.《〈新民族〉的前奏曲》;1938－1－1 2.《最近外交形式》;1938－1－1 3.《敌机炸后的南京》(诗);1938－1－1 4.《祈祷》(诗);1938－1－1 5.《建立新人生观》;1938－1－1 6.《民族与民族性》;1938－1－2 7.《卢沟桥的守兵》(诗);1938－1－2 8.《宛平的居民》(诗);1938－1－2 9.《民族的国家》;1938－1－3 10.《忆南京》(长诗);1938－1－3 11.《大学与中学之联系》:1938－1－4 12.《伟大的孤城》(长诗):1938－1－4 13.《道德的勇气》;1938－1－5 14.《临死的悲歌》(长诗);1938－1－5 15.《再生》(长诗);1938－1－6 16.《抗战的国力与文化的整个性》;1938－1－7 17.《抗战的国力与文化的整个性(二)》;1938－1－9 18.《抗战的国力与文化的整个性(三)》;1938－1－10 19.《抗战的国力与文化的整个性(四)》;1938－1－11 20.《人间的悲剧》(长诗);1938－1－7 21.《捷音到会场》;1938－1－8 22.《敬悼刘湛恩先生》;1938－1－8 23.《春恨》(诗);1938－1－9 24.《武汉空军大捷凯歌》(长诗);1938－1－11 25.《沙拉煞斯查的夜歌》(译诗);1938－1－12 26.《炸药库中的火星——捷克问题》;1938－1－14 27.《空军东征日本凯歌》(诗);1938－1－14 28.《媚娘》(诗);1938－1－15 29.《民族与地理环境》;1938－1－15 30.《血雨》(诗);1938－1－16

① 刊载的文章,除去文艺作品、短评、通讯等,专论文章共计 227 篇。

续表

作者	篇名及刊载期数
罗家伦	31.《客座中的敌情》;1938－1－16 32.《弱是罪恶,强而不暴是美》;1938－1－17 33.《偕亡》(诗);1938－1－17 34.《知识的责任》;1938－1－18 35.《恢复汉唐以前形体美的标准》;1938－1－19 36.《大江东去曲》(诗);1938－1－19 37.《七七周年怀卢沟桥》(诗);1938－1－20 38.《民族与人口》;1938－2－1 39.《民族与人口(二)》;1938－2－2 40.《媚娘》(诗);1938－2－3 41.《日苏冲突的冷静观察》;1938－2－4 42.《孤岛中守灯塔的人》(诗);1938－2－5 43.《民族与种族(一)》;1938－2－6 44.《民族与种族(二)》;1938－2－7 45.《红海中深夜的仰卧》(诗);1938－2－7 46.《民族与种族(三)》;1938－2－8 47.《焦山晓望》(诗);1938－2－8 48.《训练机械化部队的基本认识》;1938－2－11 49.《错读历史与乱用公式》;1938－3－1 50.《侠出于伟大的同情,侠气就是革命的精神》;1938－3－2 51.《民族与语言文字及文学》;1938－3－3 52.《民族与语言文字及文学(二)》;1938－3－4 53.《民族与语言文字及文学(三)》;1939－3－5 54.《民族与语言文字及文学(四)》;1939－3－6 55.《民族与语言文字及文学(五)》;1939－3－7 56.《国旗的爱》(诗);1939－3－6 57.《孤城》(译诗);1939－3－9 58.《目的与手段》;1939－3－11 59.《荣誉与爱荣誉》;1939－3－13 60.《亡国记录与欧洲的命运》;1939－3－16 61.《纵谈世界和战局势》;1939－3－17 62.《再谈世界和战局势》;1939－3－19 63.《柏林罗马的长途电话》;1939－4－1 64.《集体安全公约里应当有中国(特载)》;1939－4－1 65.《先尽己责在谈人权》;1939－4－3 66.《希特勒演说后的国际动态(特载)》;1939－4－3

续表

作者	篇名及刊载期数
方东美	1.《抗敌无畏论》;1938－1－1
朱偰	1.《日本战时财政鸟瞰》;1938－1－1 2.《动荡中的欧洲》;1938－1－3 3.《哀江南》(诗);1938－1－5 4.《推行战时所得税建议》;1938－1－8 5.《从经济的立场观察德捷争端》;1938－1－15 6.《勖故乡海盐》;1938－2－16 7.《民国以来银行自由发行之研究》;1939－3－8 8.《民国以来银行自由发行之研究(二)》;1939－3－9 9.《出征歌》(诗);1939－3－14 10.《还我河山歌》(诗);1939－3－14 11.《金代信用货币之研究》;1939－3－20
萧孝嵘	1.《航空效率如何提高》;1938－1－1 2.《如何增进空袭警报工作之效率?》;1938－1－5 3.《航空工作中的高度问题》;1938－1－9 4.《如何提高军事效率?》;1938－1－19 5.《什么的效力比较四十二生的米突的炮还要大得多?》;1938－2－7 6.《“军官智慧测验”》;1938－3－1
袁昌英	1.《建设的新认识》;1938－1－1 2.《临别》(小说);1939－3－11
缪凤林	1.《我现在想》;1938－1－1 2.《嘉陵江畔》(长诗);1938－1－13
徐仲年	1.《流亡》;1938－1－1 2.《一封家信》;1938－1－6 3.《〈马赛曲〉的前前后后》;1938－1－16 4.《双尾蝎(一)》(小说);1938－2－10 5.《双尾蝎(二)》(小说);1938－2－11 6.《双尾蝎(三)》(小说);1938－2－12 7.《双尾蝎(四)》(小说);1938－2－13

续表

作者	篇名及刊载期数
徐仲年	8.《双尾蝎(五)》(小说);1938-2-15 9.《双尾蝎(六)》(小说);1938-2-16 10.《双尾蝎(七)》(小说);1938-2-17 11.《双尾蝎(八)》(小说);1938-2-18 12.《双尾蝎(九)》(小说);1938-2-19 13.《双尾蝎(十)》(小说);1938-2-20 14.《双尾蝎(十一)》(小说);1938-3-1 15.《双尾蝎(十二)》(小说);1938-3-2 16.《双尾蝎(十三)》(小说);1938-3-3 17.《双尾蝎(十四)》(小说);1938-3-4
黄正铭	1.《中日绝交和宣战问题》;1938-1-2 2.《英意谈判与国际政局》;1938-1-5 3.《四行壮士与租界中立问题》;1938-1-13 4.《空中的战争权利》;1938-2-3 5.《从国际条约上观察欧局与我国立场》;1938-2-12 6.《国联盟约上之对日制裁问题》;1938-2-18 7.《战时间谍问题》;1939-3-14
胡焕庸	1.《抗战形势的检讨》;1938-1-2 2.《德奥合并以后》;1938-1-6 3.《铁路与国防》;1938-1-14 4.《目前战局之地势》;1938-2-12 5.《太平洋形势展望》;1939-3-12
邹树文	1.《我们现在怎样研究学术》;1938-1-2 2.《战时的农业》;1938-1-6 3.《农业工业化(上篇)》;1938-1-19 4.《农业工业化(下篇)》;1938-1-20 5.《农业商业化(一)》;1938-2-4 6.《农业商业化(二)》;1938-2-5 7.《农业商业化(三)》;1938-2-6
张贵永	1.《瓦解与复兴》;1938-1-3

续表

作者	篇名及刊载期数
杜长明	1.《植物油代替柴油之商榷》;1938－1－3
许恪士	1.《长期抗战与长期抗战之教育》;1938－1－4 2.《一个战时青年组织的提议》;1938－1－6 3.《如何从教育上克服青年人们的烦恼》;1938－2－14
吕炯	1.《增进航空效率目前应该注意的问题》;1938－1－4 2.《气象与军事之关系》;1938－2－4 3.《介绍一种有关抗战的新兴科学》;1938－2－13 4.《天气预告的回顾与前瞻》;1939－3－15
陈岱础	1.《迫切的国际宣传问题》;1938－1－4
杨端六	1.《关于教育和经济的几个问题》;1938－1－5
孙本文	1.《中国与日本有共同的文化》;1938－1－5 2.《抗战建国中之文化问题》;1938－1－12 3.《战时社会统制的必要》;1938－2－2
艾伟	1.《过去教育的错误在哪里?》;1938－1－6 2.《论整理大学课程》;1938－2－1
潘菽	1.《林语堂先生救国》;1938－1－6 2.《汉奸的心理分析》;1938－2－3 3.《“乐以忘忧”》;1938－2－11 4.《替心理学辩护》;1938－2－14
商承祖	1.《一个民族的复兴》;1938－1－7 2.《德国中世纪英雄诗尼伯龙根》;1938－1－20
常道直	1.《战时教育与平时教育》;1938－1－7 2.《中学毕业会考与大学统一招生》;1939－3－19
张觉盦	1.《论中日宣战》;1938－1－7
何维凝	1.《中国盐务行政机构的变迁和目前应有的调整》;1938－1－8 2.《抗战建国中盐业改革方案》;1938－2－3 3.《盐业国营论(一)》;1938－2－14 4.《盐业国营论(二)》;1938－2－15

续表

作者	篇名及刊载期数
何维凝	5.《盐荒之检讨及其对策(一)》:1939－3－16 6.《盐荒之检讨及其对策(二)》:1939－3－17 7.《盐荒之检讨及其对策(三)》:1939－3－18
李学清	1.《抗战期中四川矿产之供给》;1938－1－8
马文珍	1.《创世纪》(诗);1939－3－8
宓超群	1.《忆杭州》(诗);1938－1－8 2.《采茶女的悲哀》(诗);1938－1－18 3.《乡思曲》(诗);1939－3－13 4.《无题》(诗);1939－3－15 5.《春至忆江南——杭州》(散文);1939－4－4
金静庵	1.《中国史上可考见的伪组织》;1938－1－9 2.《编纂抗战史的重要》;1938－2－13 3.《吾国最近史学之趋势(一)》;1939－3－11 4.《吾国最近史学之趋势(二)》;1939－3－12 5.《吾国最近史学史趋势(三)》;1939－3－13 6.《吾国最近史学之趋势(四)》;1939－3－14 7.《吾国最近史学之趋势(五)》;1939－3－15 8.《吾国最近史学之趋势(六)》;1939－3－16
黄厦千	1.《实用军事气象知识》;1938－1－9
杨玉清	1.《学术与政治》;1938－1－10 2.《从法国政治得来的教训》;1938－1－13
赵敏学	1.《飞行人员应有之体格》;1938－1－10
徐近之	1.《横断山间露宿两月记》;1938－1－10 2.《横断山间露宿两月记(二)》;1938－1－11 3.《横断山间露宿两月记(三)》;1938－1－12 4.《横断山间露宿两月记(四)》;1938－1－13 5.《横断山间露宿两月记(五)》;1938－1－14 6.《横断山间露宿两月记(六)》;1938－1－15 7.《横断山间露宿两月记(七)》;1938－1－16

续表

作者	篇名及刊载期数
徐近之	8.《横断山间露宿两月记(八)》;1938－1－17 9.《横断山间露宿两月记(九)》;1938－1－18 10.《横断山间露宿两月记(十)》;1938－1－19
刘南溟	1.《近代史上的人口移动》;1938－1－11 2.《论敌军的死伤》;1938－2－15 3.《战时军事统计之编制(一)》;1938－3－1 4.《战时军事统计之编制(二)》;1938－3－2
张维桢	1.《爱护民族生命的萌芽》;1938－1－11
周鲠生	1.《从英义妥协想到远东问题》;1938－1－12 2.《所望于本届国联大会者》;1938－2－9 3.《英美照会以后的外交动向》;1939－3－9 4.《地方政治与大学教育》;1939－3－15
袁翰青	1.《论提高科学的研究》;1938－1－12 2.《事业欲——我们需要的一针强心剂》;1939－3－10
丁骕	1.《把苏联比中国》;1938－1－14 2.《从地形学的观点解释中国历史(一)》;1938－3－4 3.《从地形学的观点解释中国历史(二)》;1939－3－5
范存忠	1.《陷落后的南京》;1938－1－15
杨希震	1.《倭阁改组之检讨》;1938－1－16
陈章	1.《电机工程在抗战建国中的地位》;1938－1－17 2.《对于水力发电应有的认识》;1939－3－14
崔敬伯	1.《抗战财政的根本认识》;1938－1－18
李寅恭	1.《四川与林牧》;1938－1－18 2.《对于林垦企业家之希望》;1939－3－20
朱晓寰	1.《天助中国的新兵器》;1938－1－19
宗白华	1.《近代技术的精神价值》;1938－1－20
曾昭抡	1.《值得注意的大学生出路问题》;1938－2－1

续表

作者	篇名及刊载期数
沈汝乾	1.《南京的黄昏》(诗);1938－2－1
施两仪	1.《我们何时再见？苏州!》(诗);1938－2－2
原素欣	1.《西南各省水力发电事业之前途》;1938－2－2
张庆桢	1.《抗战建国程序中的司法改造》;1938－2－4
唐秋帆	1.《伟大的工程》(诗);1938－2－4
王书林	1.《抗战建国教育的原则》;1938－2－5
潘重规	1.《新民族与新文字》;1938－2－5
伍启元	1.《论战时节约》;1938－2－6
赵廷为	1.《战时的小学教育(一)》;1938－2－6 2.《战时的小学教育(二)》;1938－2－7 3.《如何谋我国教育上质的改善》;1938－2－17 4.《一个研究专科教材与教法的计划》;1939－3－6 5.《贡献给出席全国教育会议者的几点意见》;1939－3－14 6.《会考制度与标准测验》;1939－4－1
吴景超	1.《德国经济建设的中心工作》;1938－2－7
吴学义	1.《大学一年级应否分系?》;1938－2－7 2.《一年级不分系与大学课程》;1938－2－20
沈百先	1.《西南水道交通建设刍议》;1938－2－8
曾世英	1.《改进测量事业的展望》;1938－2－8
张知本	1.《法治与抗战建国》;1938－2－8
徐苏恩	1.《提倡体育生中的健康教育》;1938－2－8 2.《提倡体育生中的健康教育(二)》;1938－2－9
杨家瑜	1.《由抗战建国谈到大学工程教育》;1938－2－9
陈之迈	1.《论政治的教育》;1938－2－10 2.《现代政治的特征》;1939－3－19

续表

作者	篇名及刊载期数
欧阳翥	1.《中国人种优秀之科学根据(一)》;1938－2－10 2.《中国人种优秀之科学根据(二)》;1938－2－11 3.《中国人种优秀之科学根据(三)》;1938－2－12
余仲奎	1.《航空教育的普及运动与基础训练》;1938－2－10
孟云桥	1.《“我们为什么而战?”》;1938－2－12 2.《论自然人权(一)》;1939－3－7 3.《论自然人权(二)》;1939－3－8 4.《改进中国吏制刍议(一)》;1939－4－2 5.《改进中国吏制刍议(二)》;1939－4－3 6.《改进中国吏制协议(三)》;1939－4－4
钱端升	1.《论外交根本政策》;1938－2－13
汪少伦	1.《建国最高原则或理想的商榷(一)》;1938－2－15 2.《建国最高原则或理想的商榷(二)》;1938－2－16
吕斯百	1.《艺术与建国》;1938－2－16
杭立武	1.《政治建设的基本工作》;1938－2－17
邵循恪	1.《国联九月三十议决案》;1938－2－17
凌叔华	1.《为接近战区及被轰炸区域的儿童说的话》;1938－2－18
李寿同	1.《飞机结构与一般结构之比较(一)》;1938－2－18 2.《飞机结构与一般结构之比较(二)》;1938－2－19 3.《飞机结构与一般结构之比较(三)》;1938－2－20
张昌圻	1.《国难的病原(一)》;1938－2－19 2.《国难的病原(二)》;1938－2－20
马新野	1.《新闻记者之训练问题》;1938－2－19
孙醒东	1.《抗战期中重庆的米(一)》;1938－3－2 2.《抗战期中重庆的米(二)》;1938－3－3
顾一樵	1.《介绍〈日本人〉》(书评);1938－3－3

续表

作者	篇名及刊载期数
褚葆一	1.《外汇管理之前途》;1938 - 3 - 4
李子欣	1.《九国公约之诠释(一)》;1939 - 3 - 5 2.《九国公约之诠释(二)》;1939 - 3 - 6
李承三	1.《西康地质调查旅行记略(一)》;1939 - 3 - 6 2.《西康地质调查旅行记略(二)》;1939 - 3 - 7 3.《西康地质调查旅行记略(三)》;1939 - 3 - 8 4.《西康地质调查旅行记略(四)》;1939 - 3 - 9 5.《西康地质调查旅行记略(五)》;1939 - 3 - 10 6.《西康地质调查旅行记略(六)》;1939 - 3 - 11 7.《西康地质调查旅行记略(七)》;1939 - 3 - 12 8.《西康地质调查旅行记略(八)》;1939 - 3 - 13 9.《西康地质调查旅行记略(九)》;1939 - 3 - 14 10.《西康地质调查旅行记略(十)》;1939 - 3 - 15 11.《西康地质调查旅行记略(十一)》;1939 - 3 - 16 12.《西康地质调查旅行记略(十二)》;1939 - 3 - 17 13.《西康地质调查旅行记略(十三)》;1939 - 3 - 18 14.《西康地质调查旅行记略(十四)》;1939 - 3 - 19
李长之	1.《民族哲学大纲》(书评);1939 - 3 - 6 2.《月》(诗);1939 - 3 - 12 3.《积极的儒家精神》;1939 - 3 - 18 4.《产生批评文学的条件》;1939 - 4 - 1
吕学海	1.《行政效率的文化基础》;1939 - 3 - 7
郑鹤声	1.《中华民族之威力》;1939 - 3 - 8
张查理	1.《怎样解决伤兵问题》;1939 - 3 - 9 2.《怎样解决伤兵问题(二)》;1939 - 3 - 10
郑集	1.《军粮研究的重要及一点实验的结果》;1939 - 3 - 10
张月超	1.《对于新小说的批评》;1939 - 3 - 12 2.《安诺德的文艺批评》;1939 - 4 - 4
商章孙	1.《担保》(译诗);1939 - 3 - 16

续表

作者	篇名及刊载期数
王季高	1.《希特勒与魏玛宪法》;1939－3－18
刘乃诚	1.《实验政治》;1939－3－20
王云路	1.《湘西的苗族》;1939－3－20
唐诚	1.《阿尔巴尼亚之史的回顾》;1939－4－1
何景,朱启承	1.《西康生物调查记行》;1939－4－1 2.《西康生物调查记行(二)》;1939－4－2 3.《西康生物调查记行(三)》;1939－4－4
肃公	1.《我国大学教育的三大缺点》;1939－4－2
张沅长	1.《美国的新外交政策和远东战争》(美国通讯);1939－4－3
陈耀东	1.《美国的“现款自运”政策》;1939－4－2
张弘伯	1.《我国先民伦理的评价(上)》;1939－4－4
作者不详	1.《地狱中的南京》(南京通讯);1938－1－2 2.《成吉思汗军歌》(诗);1938－1－10 3.《蒋委员长告全国军民(特载)》;1938－2－1 4.《新扬州十日记的一段》(通讯);1938－2－2 5.《长江两岸历史上未有之大战》;1938－2－8 6.《前方消息》;1938－3－2 7.《蒋委员长英明伟大的宣言(特载)》;1939－3－5 8.《〈新民族〉的周岁》;1939－3－12 9.《民主政治建设之途径(特载)》;1939－3－13 10.《今后教育的最高指导原则(特载)》;1939－3－15 11.《全国教育会议宣言(特载)》;1939－3－15

附录3:《新民族》刊载短评统计表

刊登日期	期数	篇名	当期备注
1938－02－23	第1卷第1期	1.《德奥问题与欧潮》 2.《冤钱孽债日本两项新预算》 3.《波兰!》 4.《封神榜斗法宝式的战争》	
1938－03－05	第1卷第2期	1.《艾登辞职与英国外交动向》 2.《感谢同我们民族共患难的朋友》 3.《感谢各国同情的民众——(尤其是伦敦的民众)》 4.《民族的正气》 5.《早应当走了》 6.《有预定计策的恐怖》	
1938－03－12	第1卷第3期	1.《战局的鸟瞰》 2.《松岛献的对华妙计》 3.《日本通与通日本》	简单介绍前三期撰文者
1938－03－19	第1卷第4期	1.《绅士笼着手,强盗背了走》 2.《奥亡后国际大局如何?》 3.《英帝国的悲哀》 4.《受过高等教育的汉奸》	1. 简单介绍本期撰文者 2. 勘误

续表

刊登日期	期数	篇名	当期备注
1938－03－26	第1卷第5期	1.《历史上少见的神勇》 2.《世界——冒险家的乐园》 3.《“给狗一个恶名，把他绞死好了！”》	编辑后的话
1938－04－02	第1卷第6期	1.《英勇牺牲换来的乐观》 2.《张伯伦开口了》 3.《美国态度转好的酝酿》 4.《请看英狮换毛以后》	撰文者介绍
1938－04－10	第1卷第7期	1.《历史上的重要会议》 2.《鲁南大胜的由来》 3.《比日俄战争规模大多了》 4.《日本在华现有的兵力》 5.《板垣矶谷受训》 6.《积小胜以成大胜》 7.《全国振奋的山东大捷(目录未标)》	本期第21页有《新民族》周刊第1卷第5、第6两期勘误表
1938－04－17	第1卷第8期	1.《鲁南战局仍在我控制之下》 2.《专毁文化机关的野蛮种子！》 3.《英义协约的成立》	编辑部启事
1938－04－24	第1卷第9期	1.《鲁南大军团运动战》 2.《将星的升沉》 3.《尽量动用基金建立后方科学文化中心》	简单介绍最近三期的撰文者

续表

刊登日期	期数	篇名	当期备注
1938－05－02	第1卷第10期	1.《微妙的英国外交》 2.《希望远见的苏联当局不会如此》 3.《“中国事件”》	
1938－05－09	第1卷第11期	1.《镭绽放式的战局》 2.《踊跃购买金公债及国防公债》 3.《又炸文化机关——厦门大学》 4.《新女性的产生》	简单介绍前期与本期撰文者
1938－05－16	第1卷第12期	1.《大会战中的鲁南》 2.《我们对于毒气战应取的态度》 3.《希特勒报聘罗马以后》 4.《亟应扩大的“养子运动”》	1. 简单的介绍 2. 优待教育界直接订户启事
1938－05－22	第1卷第13期	1.《这才是自主的外交》 2.《我国在国联外交胜利以后如何办》	1. 编辑后语 2. 优待教育界直接订户启事
1938－05－28	第1卷第14期	1.《陇海战局》 2.《中国的新军力之空军》 3.《这才叫做“共存”呢?》	编辑后语
1938－06－05	第1卷第15期	1.《空中照放国花》 2.《旁观者的良心》 3.《全武行的敌阁》 4.《人家放炸弹我们放红中》	编辑后语

续表

刊登日期	期数	篇名	当期备注
1938－06－13	第1卷第16期	1.《拿围棋来比战局》 2.《进而谈中原战况》 3.《感谢英勇的铁路员工》 4.《从速建立起飞机制造工业》	
1938－06－20	第1卷第17期	1.《战场转变的新趋势》 2.《不是决口乃是改道》 3.《这次河决的责任问题》 4.《不是垦荒乃是夺田》	编辑后语
1938－06－27	第1卷第18期	1.《和平空气是敌人散布的烟雾》 2.《敌人滥炸广州的教训》 3.《美国的新动向》 4.《英美苏应当首先禁油》	编辑后语
1938－07－04	第1卷第19期	1. 华南军事与英国态度	编辑后语
1938－07－11	第1卷第20期	1.《天朗气清》 2.《敌军的死伤》 3.《傅作义将军近讯》	编辑后语
1938－07－17	第2卷第1期	1.《五虎防江》 2.《大学的正声》	编辑后语

续表

刊登日期	期数	篇名	当期备注
1938－07－24	第2卷第2期	1.《战局的稳定与好转》 2.《正告西门财相》 3.《一个最有效果的命令》 4.《精兵主义》	1. 编辑后语 2. 致歉
1938－07－31	第2卷第3期	1.《国防外交姿态》 2.《大战鄱阳》 3.《收之桑榆》	编辑后语
1938－08－07	第2卷第4期	1.《敌人战略的改变》 2.《苏联此时不做卡庄子还待何时?》	编辑后语
1938－08－14	第2卷第5期	1.《苏联不要中日本缓兵之计》 2.《乐观的战局》 3.《从战略上观察武汉的稳定》	编辑后语
1938－08－21	第2卷第6期	1.《日伪无划界权》 2.《敌人攻我们的兵力和死伤》 3.《“王生耀德不观兵”》	
1938－08－28	第2卷第7期	1.《不可做蒋干》 2.《德国大失所望》 3.《英美的动态》	编辑后语

续表

刊登日期	期数	篇名	当期备注
1938－09－04	第2卷第8期	1.《欧洲和战与捷克问题》 2.《德国的军事动向》	编辑后语
1938－09－11	第2卷第9期	1.《恶战中之大江两岸》 2.《一面强硬一面压迫》 3.《中英庚款董事会的远见》	1. 编辑后语 2. 更正
1938－09－18	第2卷第10期	1.《感谢忠勇的将士》 2.《阴云四布雷电交作之欧洲》 3.《张伯伦惊人的一幕》 4.《中国提案在国联》	
1938－09－25	第2卷第11期	1.《金风中之捷报》 2.《对捷克洒一掬同情之泪》 3.《中国在国联初步的胜利》 4.《早应调整的使节》	
1938－10－02	第2卷第12期	1.《血染山河中之重大胜利》 2.《欧洲大致是不打了》 3.《国联如此运用第十六条》	
1938－10－09	第2卷第13期	1.《血战之中》 2.《张伯伦胜利了！希特勒更胜利了！》 3.《哀捷克！》	

续表

刊登日期	期数	篇名	当期备注
1938－10－16	第 2 卷第 14 期	1.《捷报声中的战局》 2.《敌军伤亡的总估计》 3.《欧局与中国》 4.《宇垣为什么下台》	
1938－10－23	第 2 卷第 15 期	1.《英国难道退出远东?》 2.《还不制裁,更待何时?》 3.《什么是张伯伦的外交政策》 4.《青年的模范》	
1938－10－30	第 2 卷第 16 期	1.《有计划的撤退》 2.《英美究将怎么办?》 3.《亟应举办的过分利得税》	
1938－11－06	第 2 卷第 17 期	1.《第四期抗战的开始》 2.《广州陷落的教训》 3.《敌人死亡的自供》	
1938－11－13	第 2 卷第 18 期	1.《战局的近况》 2.《“保境安民”是汉奸思想》 3.《英美的接近》 4.《凯末尔总统的贡献》	
1938－11－20	第 2 卷第 19 期	1.《粤汉路的南北》 2.《英义协定实施》 3.《英国继续扩军》 4.《美国也继续扩军》	

续表

刊登日期	期数	篇名	当期备注
1938－11－27	第2卷第20期	1.《张伯伦外交政策的效验》 2.《不开放长江也好》 3.《长沙大劫的教训》 4.《积下的编辑后语》	
1938－12－04	第3卷第1期	1.《不知人间羞耻的丑剧》 2.《日德意军事同盟可能吗?》 3.《法国的政潮》	1.《中央周刊》重庆版第十五期要目
1938－12－11	第3卷第2期	1.《德法和平宣言签字》 2.《英国的表示不够》	1.《中央周刊》重庆版第十六期要目 2. 本刊优待订户启事
1938－12－18	第3卷第3期	1.《日寇不过是张学良的徒弟》 2.《张伯伦的外交演说》 3.《真难伺候》 4.《近卫为什么还不演说》	本刊优待订户启事
1938－12－25	第3卷第4期	1.《三千多也好》 2.《英美借款的真实重要性》 3.《欢迎中美白银协定的延长》 4.《一死一生的为国宣劳者》 5.《后方要像后方的样子》 6.《见犬而顾兔》	
1939－01－01	第3卷第5期	1.《诡谲的阴谋》 2.《严正的申诉》 3.《不要乱猜,乱猜易中敌计》 4.《法义间的危机》	

续表

刊登日期	期数	篇名	当期备注
1939－01－08	第3卷第6期	1.《敌近卫内阁崩溃的原因》 2.《平沼敌阁的动向》 3.《积极的美国态度》 4.《希望英国不要落后》 5.《感谢加拿大与菲律宾政府》 6.《可宝贵的学术界同情》	《民意》第五十五期要目
1939－01－16	第3卷第7期	1.《张伯伦在罗马》 2.《欧洲大战何时爆发》 3.《英国当迅速继美而起》 4.《英国维持我国币制》 5.《美国竟做到停止以飞机售暴日》 6.《山西的捷报》 7.《敌军侵华的损失》	
1939－01－23	第3卷第8期	1.《英国正式响应了》 2.《法国也正式响应了》 3.《英法海军联合大操》 4.《关税担保的债务》	
1939－01－30	第3卷第9期	1.《中国国民党的复兴》 2.《这才是实际的威胁》 3.《美国中立法搁浅了吗?》 4.《西班牙问题的严重性》 5.《感谢国际文化界的同情》 6.《大学对国际的表示》	国讯

续表

刊登日期	期数	篇名	当期备注
1939－02－06	第3卷第10期	1.《重大的敌军损失数字》 2.《围棋式的战局》 3.《希特勒演说中的动向》 4.《罗斯福总统态度愈趋积极》	《国是公论》第二十三期要目
1939－02－13	第3卷第11期	1.《欧洲所患的伤寒症》 2.《英法军事同盟的正式宣告》 3.《欢迎美国扩军预算通过》 4.《我空军又活跃》 5.《游击战的收获》	
1939－02－20	第3卷第12期	1.《暴日占海南岛的国际军事意义》 2.《德意日军事同盟》 3.《无所谓沦陷区,沦陷区就是战区》 4.《苏联对日的调侃》	
1939－02－27	第3卷第13期	1.《如何到达民主政治》 2.《飞将军天表立功》 3.《不可小视的胜利》 4.《回到祖国怀抱里来吧?》 5.《最近敌军反战哗变的数字》 6.《壮烈的锄奸》 7.《“让步时代已成过去”》 8.《看英国对日机炸英界让步否?》 9.《欢迎美国与国联合作》 10.《世界和平的支柱》	《新动向》半月刊

续表

刊登日期	期数	篇名	当期备注
1939－03－06	第3卷第14期	1.《西班牙事件的教训》 2.《竭泽而渔的日本军费》 3.《苏联究竟有多少兵力?》 4.《豫东之捷》 5.《不戢自焚》	
1939－03－13	第3卷第15期	1.《英国助我平衡外汇》 2.《英美的新动向》 3.《重要的教育会议》 4.《大战序幕前的敌军损失》 5.《“新生活就是战时生活”》	
1939－03－20	第3卷第16期	1.《战局的主客之势》 2.《史达林报告》 3.《颜李之学的光辉》 4.《敬谢美国的同情》 5.《学术的整个性与时代性》	
1939－03－27	第3卷第17期	1.《血肉淋漓的办法》 2.《我们最喜欢听希特勒演说》 3.《新战略的收获》 4.《国家民族高于一切》	
1939－04－03	第3卷第18期	1.《赣北战事与南昌》 2.《有关抗战的美国中立法修正案》 3.《大学校长的呼声与美国当局的回答》 4.《欧洲的新合纵连横》 5.《艾登是将来的鲁易乔治》 6.《玛德里陷落》	

续表

刊登日期	期数	篇名	当期备注
1939－04－10	第3卷第19期	1.《史汀生与中立法》 2.《克莱齐与卡尔的会见》 3.《一与五之比》 4.《这是消耗战》	
1939－04－17	第3卷第20期	1.《胜利的反攻》 2.《阿兄阿弟》 3.《墨索里尼可以罢手了!》 4.《世界大战会不会爆发?》	编辑后语
1939－04－24	第4卷第1期	1.《中国字典中无“降”字》 2.《反攻的伟大收获》 3.《白天使与黑天使》 4.《谢他们促成好事》 5.《为什么不提到远东?》 6.《英法采取攻势》 7.《中立法在美国国会》 8.《欧美动态对中国军事的影响》	
1939－05－01	第4卷第2期	1.《不断的胜利外交战》 2.《新伊索寓言》 3.《一倨一恭》 4.《想做蝙蝠的日本》 5.《纪念“五四”》 6.《文化汉奸》	

续表

刊登日期	期数	篇名	当期备注
1939－05－26	第 4 卷第 3 期	1.《英苏谈判的症结》 2.《苏联外交易长》 3.《这是敌军的反攻》 4.《火的洗礼》 5.《伟大同情的表现》	
1939－06－12	第 4 卷第 4 期	1.《过于台儿庄的胜利》 2.《津沪租界的危机》 3.《好事总可完成》 4.《汉奸榜》	

附录4:《新民族》撰稿人资料简表

序号	姓名	生卒年	职业及身份	出生地或籍贯	毕业院校(国内)	深造简况	代表作	备注(晚年去向)
1	罗家伦	1897—1969	时任国立中央大学校长 教育家,思想家,社会活动家	浙江绍兴	复旦公学、北京大学	1920年,赴美留学,入普林斯顿大学研究院学习文学、历史和哲学,兼及教育。1922年秋,转入哥伦比亚大学研究院。1923年冬,前往柏林大学听哲学和历史哲学方面的课程。1925年转入法国巴黎大学,仍主修哲学和历史。其间赴英国牛津大学搜集近代中国史料。未获学位	《科学与玄学》《新人生观》《新民族观》《逝者如斯集》等	后赴台,历任国民党中央党史编纂委员会主任委员、"国史馆"馆长
2	方东美	1899—1977	时任国立中央大学文学院哲学系教授 思想家,哲学家	安徽桐城	金陵大学	赴美留学,获威斯康星大学哲学硕士学位。1924年通过博士学位考试后回国,因仓促回国,未依规定将论文正式出版,没有取得正式博士学位证书	《中国人生哲学概要》《哲学三慧》《科学哲学与人生》等	台湾大学哲学系
3	朱偰	1907—1968	时任国立中央大学经济学系教授 经济学家,历史学家	浙江海盐	北京大学	赴德国柏林大学留学,为经济学博士	《金陵古迹名胜影集》《玄奘西游记》《建康兰陵六朝陵墓图考》《汗漫集》	南京江苏省文化局

续表

序号	姓名	生卒年	职业及身份	出生地或籍贯	毕业院校（国内）	深造简况	代表作	备注（晚年去向）
4	萧孝嵘	1897—1963	时任国立中央大学心理学系系主任 心理学家，教育家	湖南衡阳	上海圣约翰大学	1927年获美国哥伦比亚大学硕士学位；1930年获柏克莱加州大学心理学哲学博士；赴英、法、德等国心理研究所进行博士后的心理学调查研究工作	《实验儿童心理》《童心理学》《儿童心理学及其应用》《格式塔心理学原理》	上海华东师范大学
5	袁昌英	1894—1973	时任国立武汉大学外国文学系教授 作家，教育家，翻译家	湖南醴陵	上海教会学校中西女塾	到英国爱丁堡大学、法国巴黎大学学习，获文学硕士学位	《法国文学史》《山居散墨》《行年四十》《孔雀东南飞》	武汉大学
6	缪凤林	1899—1959	时任国立中央大学历史学系教授 史学家，教育家	浙江富阳	南京高等师范学校	—	《中国通史要略》《中国史论丛》《中国民族史》《中国民族文化》	南京大学
7	徐仲年	1904—1981	时任国立中央大学外国文学系教授	江苏无锡	上海同济大学德文班和基督教青年会中学	获里昂大学文学博士学位	《沙坪集》《流离集》《鬻儿记》《双尾蝎》	南京大学
8	黄正铭	1901—1975	时任国立中央大学国际法教授、国民政府外交部亚东司司长	浙江宁海	国立东南大学	毕业于伦敦大学政治经济学院，获政治经济学博士学位	《国际公法》《政治经济学》《中国外交史》《中国外交史论》《战时国际公法》	台湾大学政治系教授

续表

序号	姓名	生卒年	职业及身份	出生地或籍贯	毕业院校（国内）	深造简况	代表作	备注（晚年去向）
9	胡焕庸	1901—1998	时任国立中央大学地理系主任 地理学家、地理教育家	江苏宜兴	南京高等师范学校	于巴黎大学和法兰西学院进修	《中国8大区人口密度与人口政策》《中国人口之分布》《中国的农业区域》	上海华东师范大学
10	邹树文	1884—1980	时任国立中央大学农学院院长 昆虫学家	江苏吴县（今苏州市吴中区）	京师大学堂师范馆	于美国伊利诺伊大学获科学硕士学位	《中国昆虫学史》《昆虫》《浙江省稻作栽培概况》	南京
11	张贵永	1908—1965	时任国立中央大学历史学系教授 历史学家，世界史研究专家	浙江宁波	清华大学	赴德国留学，入柏林大学深造，获柏林大学博士学位，后再赴英国研究西洋历史	《西洋通史》《史学讲话》《文化的起源》《曼纳克及其思想史的研究》《德国曼尔斯丹的外交政策》	旅居国外
12	杜长明	1902—1947	时任国立中央大学化学工程系教授兼系主任 化学工程学家，教育家	四川蒲江	北平清华学校	于美国麻省理工学院获博士学位	《新型碳材料》	南京飞机失事
13	许恪士	1896—1967	时任国立中央大学教育学系教授、中央大学实验学校主任	安徽歙县	北京高等师范大学	赴德国留学，就读柏林大学和耶纳大学，获大学哲学博士学位	《中国教育思想史》《社会教育学》《教育哲学》，遗稿有《历史哲学》	台湾大学
14	吕炯	1902—1985	时任中央研究院气象研究所代理所长、中央大学兼职教授 气象学家，海洋气象与农业气象专家，教育家	江苏无锡	国立东南大学	赴德国深造，在柏林大学、汉堡大学攻读气候学、海洋学、地质学及农业气象学等	《渤海盐分之分布与海水之运行》 《中国沿海岛屿上雨量稀少之原因》	中国农业科学院

续表

序号	姓名	生卒年	职业及身份	出生地或籍贯	毕业院校（国内）	深造简况	代表作	备注（晚年去向）
15	陈岱础	1913—?	时任国民政府外交部专员	福建闽侯	燕京大学	赴欧美留学，获美国哥伦比亚大学政治学硕士、英国伦敦大学国际关系博士	《中国边疆外交史》	赴台，历任“驻外大使”及“国立”政治大学、东吴大学、淡江大学、中国文化学院教授
16	杨端六	1885—1966	时任国立武汉大学教授 经济学家	江苏苏州	湖南省师范学堂	赴日本留学，后赴伦敦大学政治经济学院攻读货币银行专业	《中国币制改革论》《关税问题概论》《财政上的防腐方法》	武汉大学
17	孙本文	1892—1979	时任国立中央大学社会学系主任 社会学家、社会心理学家	江苏吴江	北京大学	获美国伊利诺伊大学硕士学位，1925 年获纽约大学博士学位	《社会学上之文化论》《社会问题》《社会学ABC》《人口论 ABC》	南京大学
18	艾伟	1890—1955	时任国立中央大学教育学院院长 心理学家	湖北沙市	圣约翰大学	获哥伦比亚大学心理学硕士学位和华盛顿大学哲学博士学位	《高级统计学》《初级统计学》《初级教育心理学》《师范科教育心理学》《教育心理学》等	1950 年赴台，任国民政府考试委员
19	潘菽	1897—1988	时任国立中央大学心理学系教授兼系主任 心理学家、教育家	江苏宜兴	北京大学	获印第安纳大学硕士学位；后入芝加哥大学，获得了博士学位	《心理学简札》《心理学概论》	南京大学

续表

序号	姓名	生卒年	职业及身份	出生地或籍贯	毕业院校（国内）	深造简况	代表作	备注（晚年去向）
20	商承祖	1900—1975	时任国立中央大学文学院外文系教授 教育家，翻译家，评论家	广东广州	北京大学	汉堡大学留学生，民族学博士	《考验》，剧本《爱米丽雅·卡罗蒂》《马贩子》，《海涅散文选》《德国文学史》等	南京大学
21	常道直	1897—1975	时任国立中央大学教育学系系主任 教育家	江苏南京	金陵大学、北京高等师范大学	留学于美国哥伦比亚大学师范院、英国伦敦大学哲学系、德国柏林大学哲学系	《平民主义与教育》《教育行政大纲》《比较教育》《各国教育制度》	上海华东师范大学
22	金静庵	1887—1962	时任国立中央大学教授兼任行政院参议	辽宁辽阳	北京大学	—	《渤海国志长编》《辽海丛书总目提要》《中国史》《东北古印钩沉》《辽会要作法》《东北通史》《中国史学史》	中国科学院历史研究所第三所
23	黄厦千	1899—？	时任国立中央大学地理系教授 气象学家	（不详）	南京高等师范学堂	赴美深造，获得加州理工学院博士学位	《地学通论》《航空气象学》等	后经香港、台湾赴美
24	杨玉清	1906—1995	时任国立中央政治大学训导教授 政治家，法学专家，外交家，翻译家	湖北孝感	武昌中山大学	留学早稻田大学政治系，获政治学士学位，后为巴黎大学法学研究生，并继续攻读法学专业，获博士学位	《现代政治概论》《中国政治之路》《战时文化建设概论》《日本国情讲话》《中国青年之路》	北京

续表

序号	姓名	生卒年	职业及身份	出生地或籍贯	毕业院校（国内）	深造简况	代表作	备注（晚年去向）
25	赵敏学	1907—2009	时任国立中央大学教授 解剖学家	江苏南京	金陵大学	赴德国柏林大学医学院、梯平根大学医学院学习，获得医学博士学位	《实用运动生理学》《人体解剖实习指导》	安徽人大常委会
26	徐近之	1908—1981	时任国立中央大学地理学系讲师	四川江津	国立东南大学	赴爱丁堡大学攻读地形学，获哲学博士学位	《青藏高原自然地理资料》《南极洲地理概要》《中国历史气候资料》《长江流域河湖结冰年表》和《我国历史气候学概述》等	南京地理研究所
27	张庆桢	1904—2005	时任国立中央大学训导长、法学院教授兼司法组主任	安徽滁州	中国公学、东吴大学	赴美国留学，获美国芝加哥西北大学法学博士学位	《中国法制史》（英文）、《海商法论》《刑事政策》《刑法总论》《刑法分则》《中国历代法律思想史》《儒法合流论》《礼与法》《刑事诉讼法讲义》《美国对华政策的演变和展望》等	台湾
28	周鲠生	1889—1971	时任国立武汉大学教授兼教务长	湖南长沙	湖南第一师范	赴日本早稻田大学留学攻读政治、法律、经济等学科；后获英国爱丁堡大学政治硕士学位；后又赴法国深造，获得法国国际法学博士学位	《万国联盟》《国际法大纲》《现代国际法问题》《国际法新趋势》《国际政治概论》	北京

续表

序号	姓名	生卒年	职业及身份	出生地或籍贯	毕业院校（国内）	深造简况	代表作	备注（晚年去向）
29	袁翰青	1905—1994	时任国立中央大学化学系教授 化学家	江苏通州	清华大学	赴美国获伊利诺伊大学哲学博士学位	《中国化学史的研究概况与参考资料》《周易参同契——世界炼丹史上最古的著作》等	北京
30	丁骕	（不详）	时任国立中央大学理学院教授 地理学家	云南曲靖	燕京大学	赴英国格拉斯哥大学地理系学习获博士学位	《地形学》	洛杉矶
31	范存忠	1903—1987	时任国立中央大学外国文学系系主任	江苏崇明	国立东南大学	获美国伊利诺伊大学文学硕士学位；入哈佛大学英国语言文学系获哈佛大学英语系哲学博士学位	《英国语言文学论集》《英语学习讲座》译著《英国史提纲》《英国文学史提纲》等	南京大学
32	杨希震	1902—1987	时任国立中央大学实验学校校长 教育家	湖北枣阳	国立中央大学	赴日本东京大学研究院修读，后获美国哥伦比亚大学教育学院教育硕士学位	《西洋教育起源与发展》《国父思想纂辑》《国父教育概要》《国父思想集要》等	后赴台湾，任台湾大学三民主义研究所教授、文化学院院长等职
33	陈章	1900—1992	时任国立中央大学电机工程系系主任 电子学家，教育家	江苏苏州	上海交通大学	赴美国普渡大学电机系学习，获硕士学位	《无线电工程学》《电力工程概念·电力铁道·电子学浅论》《无线电基础》	南京

续表

序号	姓名	生卒年	职业及身份	出生地或籍贯	毕业院校（国内）	深造简况	代表作	备注（晚年去向）
34	崔敬伯	1897—1988	时任国民政府财政部川康直接税局局长，兼重庆大学及中央大学教授	天津汉沽	天津法政专门学校	赴英国伦敦大学经济学院深造	《财税存稿选》《中国财政简史》	北京
35	李寅恭	1884—1958	时任国立中央大学农学院森林系教授 林业教育家，林学家	安徽合肥	江苏宿迁钟吾书院	赴英国阿伯丁大学攻读农林课程	《英国森林之现状》《森林与农业之关系》《森林教育问题》	南京大学农学院
36	朱晓寰	1908—1994	时任国立中央大学理学院教授 气象学家，气候学家	江苏江阴	国立中央大学	—	《天气谚语》《气象学词典》等	南京大学
37	宗白华	1897—1986	时任国立中央大学哲学系教授 哲学家，美学家，诗人	江苏常熟	同济大学	赴德国留学，在法兰克福大学、柏林大学学习哲学、美学等课程	《宗白华全集》及美学论文集《美学散步》《艺境》	北京大学
38	曾昭抡	1899—1967	时任西南联合大学教授 中国化学家，教育家，社会活动家	湖南湘乡	清华大学	赴美国麻省理工学院攻读化学工程与化学，获科学博士学位	《炸药制备实验法》《原子及原子能》《元素有机化学》	武汉
39	原素欣	1900—1979	时任国立中央大学水工系系主任	辽宁宽甸	北京大学	赴美国威斯康星大学，改学土木水利工程，1928年获工学硕士学位	《鸳鸯池蓄水库工程计划概要》	北京国家水利电力部

续表

序号	姓名	生卒年	职业及身份	出生地或籍贯	毕业院校（国内）	深造简况	代表作	备注（晚年去向）
40	何维凝	1907—1959	时任国立编译馆编审	江苏淮安	国立中央大学	—	《立业刍言》《中国盐书目录》《中国盐业新论》	1949 年赴台，历任“中国盐业公司”总经理，“经济部”参事、主任秘书等职
41	王书林	1902—1983	时任国立中央大学心理系教授	浙江永嘉	清华预备学校	赴美深造，先后入威斯康星大学、俄亥俄大学、哥伦比亚大学等，获教育学士及硕士学位	《论语研讨与索引》《论语译著及异文校勘》	美国
42	潘重规	1907—2003	时任国立中央大学中文系助教	江西婺源	国立中央大学	获韩国岭南大学荣誉文学博士学位	《敦煌诗经卷子研究论文集》《唐写文心雕龙残本合校》《瀛涯敦煌韵辑新编》	台北
43	伍启元	1912—?	时任西南联合大学经济学教授	广东台山	沪江大学	留学英国，1937 年获英国伦敦经济学院经济学博士学位	《中国新文化运动概观》《当前的物价问题》《公共政策》《美国世纪：1901—1990》等	美国

续表

序号	姓名	生卒年	职业及身份	出生地或籍贯	毕业院校（国内）	深造简况	代表作	备注（晚年去向）
44	赵廷为	1900—2001	时任国立中央大学教育学院教授 教育家	浙江嘉善	1922 年毕业于北京高等师范学校，1924 年毕业于北京师范大学	—	《小学教学法通论》《教育心理学》《教育概论》《教材及教学法通论》等	华东师范大学
45	吴景超	1901—1968	时任国民政府行政院经济部参事 社会学家	安徽歙县	清华大学	赴美留学，先后在明尼苏达大学、芝加哥大学攻读社会学，并获得学士、硕士、博士学位	《都市社会学》《社会的生物基础》《第四种国家的出路》等	北京
46	吴学义	1902—1966	时任国立中央大学法学院教授 法学家	江西南城	—	东渡日本留学京都帝国大学，获法学硕士学位	《中国民法总论》《法学纲要》《司法建设与司法人才》等	南京
47	沈百先	1896—1990	国立中央大学工学院教授 水利工程专家，教育家	浙江湖州	河海工程专门学校（今河海大学）	赴美国艾奥瓦大学攻读防洪工程和水工设计，获得硕士学位	《论水利事业》《水资源工程概论》《中华水利史》	美国
48	曾世英	1899—1994	时任国民政府农商部地质调查所技师 地图学家，地名学家	江苏常熟	苏州工业专门学校	—	《中国分省新图》《中华民国地形挂图》《中国地名拼写法研究》	北京

续表

序号	姓名	生卒年	职业及身份	出生地或籍贯	毕业院校（国内）	深造简况	代表作	备注（晚年去向）
49	张知本	1881—1976	时任国民政府司法院秘书长、中央监察委员	湖北江陵	武昌两湖书院	—	《社会法律学》《宪法论》《宪法要论》《土地公有论》《民事证据法》等	台湾
50	徐苏恩	1907—2001	时任国立中央大学教育学院教授 卫生学家	江苏常熟	协和医学院	1933 年留学美国，1935 年获哈佛大学公共卫生学硕士学位	《半个世纪来我国儿童少年生长发育的研究》《120 对双生子身高体重等指标的调查》	上海
51	杨家瑜	1903—1984	时任国立中央大学工学院院长	江西新建	—	1929 年毕业于美国普渡大学，获机械工程学士学位	《工程人员手册》	台湾
52	欧阳翥	1898—1954	时任国立中央大学生物学系教授 生物学家，神经解剖学家，诗人，书法家	湖南望城	国立东南大学	赴法国巴黎大学研究神经解剖学，后入德国柏林大学攻读动物学、神经解剖学和人类学，1933 年获博士学位	《退思盦诗草》六卷，《退思盦文稿》两卷，《退思盦诗抄》十三卷，《退思盦杂缀》三十六卷	南京大学
53	孟云桥	1904—1988	时任国立中央大学法学院教授	河南章丘	北京大学	到英国伦敦大学哲学系读书，又入牛津大学攻读研究生，获硕士学位	《西洋政治思想史》《政治理论与经济理论之关系》等	山东
54	钱端升	1900—1990	时任西南联合大学法学院教授	上海	清华学校	赴美国北达科他州立大学留学，不久入哈佛大学研究院深造，24 岁获哲学博士学位	《中国政府与政治》《战后世界之改造》《政治与政治学》，译著《英国史》《法国的政府》《德国的政府》《法国的政治组织》	北京

续表

序号	姓名	生卒年	职业及身份	出生地或籍贯	毕业院校（国内）	深造简况	代表作	备注（晚年去向）
55	汪少伦	1902—1982	时任中央政治学校教授兼教务副主任	安徽桐城	—	毕业于苏联莫斯科中山大学，后赴早稻田大学、德国柏林大学攻读哲学与教育学	《青年修养》《中国命运和伦理学》《民族哲学大纲》《训练原理和实施》《伦理学体系》《多重宇宙与人生》等	台湾
56	陈之迈	1908—1978	时任国民政府行政院参事	广东番禺	清华大学	赴美国俄亥俄州立大学留学，后获哥伦比亚大学哲学博士学位	《中国政制建设的理论》《天主教流传中国史》	台湾
57	余仲奎	1903—1998	时任国立中央大学航空工程系教授 材料学家	广东台山	华南理工大学	赴麻省理工学院攻读航空工程、电机工程，先后获学士和硕士学位	1963年“硅化钨钼热电偶”获国家科技成果三等奖，1964年获国家科技发明三等奖	华南工学院机械系
58	吕斯百	1905—1973	时任国立中央大学艺术系教授 油画家	江苏江阴	国立东南大学	赴法国留学，初在里昂高等美术专科学校学习，1931年入巴黎高等美术专科学校，曾游历西欧各国，考察美术	《吕斯百画集》《吕斯百绘画作品集》	北京
59	凌叔华	1900—1990	时任国立武汉大学教师 作家，画家	北京	燕京大学	—	《凌叔华短篇小说选》《爱山庐梦影》	先后旅居英、美、加拿大、新加坡等国
60	孙醒东	1897—1969	时任国立中央大学农学院农艺系教授 农学家	江苏南京	—	从美国波士顿依曼纽尔大学毕业后，入美国普渡大学农学硕士学位，后又获美国伊利诺伊大学农学博士学位	《大豆》《重要牧草栽培》《国产牧草植物》《重要绿肥作物栽培》等	河北农业大学

续表

序号	姓名	生卒年	职业及身份	出生地或籍贯	毕业院校（国内）	深造简况	代表作	备注（晚年去向）
61	张昌圻	1903—？	时任四川省第三区行政督察专员公署民政科长	四川富顺	北京大学	1927 年考入清华国学研究院，1928 年毕业获硕士学位	《洙泗考信录评误》	（不详）
62	马新野	1909—1991	时任国立中央政治大学教授兼新闻系系主任	浙江温州	厦门大学	1927 年春，考入中央党校	《新闻学概论》《新闻事业》《新闻的重要》《新闻的采访与编辑》《言论研究》《新闻自由论》等	赴台，历任“中央日报”社社长、国民党中央设计委员会副主任、联合国大会“中国代表团”顾问等职
63	李寿同	1901—？	时任国立中央大学工学院教授	江苏淮安	北京大学	留学法国国立航空大学	《应用矩阵》《疲劳捷足先登及疲劳曲线的理论分析》《强度理论的微观分析》《金属疲劳的微观分析》	北京
64	顾一樵	1902—2002	时任西南联合大学工学院院长 科学家，教育家，文学家	江苏无锡	清华大学	赴美，在麻省理工学院以四年半时间获得科学学士、硕士、博士学位	《顾一樵全集》十二册，《项羽》《荆轲》《苏武》《西施》《电能变换》《瞬态电路分构》《线性系统分析与控制》	赴美

续表

序号	姓名	生卒年	职业及身份	出生地或籍贯	毕业院校（国内）	深造简况	代表作	备注（晚年去向）
65	褚葆一	1913—	时任国立中央大学经济系教授 经济学家	浙江嘉兴	国立上海商学院	分别于英国的伦敦政治经济学院，德国的法兰克福大学、柏林大学和柏林经济学院当研究生，主攻国际经济关系学、国际贸易学、银行学、国际金融学等	《当代美国经济》《世界经济学原理》《当代帝国主义经济》等	上海
66	李子欣	1901—?	时任国立中央大学法学院教授	湖南永兴	上海圣约翰大学	留美，1935 年毕业于美国纽约大学法学院，获法学博士学位	《美国宪法》，另有英文著作《中国废除领事裁判权》《中国宪法问题》等	赴台
67	李承三	1899—1967	时任国立中央大学地理系教授 地质学家，地理学家	河北涉县	河南大学	获德国柏林大学哲学博士学位	《地质学》	重庆大学
68	李长之	1910—1978	时任国立中央大学中国文学系讲师 现代作家，文学评论家，文学史家	山东利津	清华大学	—	《道教徒的诗人李白及其痛苦》《司马迁之人格与风格》《迎中国的文艺复兴》《苦雾集》《梦雨集》	北京
69	吕学海	（不详）	时任西南联合大学经济研究所教师	（不详）	岭南大学	毕业后在南开大学求学	《我们对于西化的态度》《全盘西化言论集》	赴美，任旧金山岭南学会会长

续表

序号	姓名	生卒年	职业及身份	出生地或籍贯	毕业院校（国内）	深造简况	代表作	备注（晚年去向）
70	郑鹤声	1901—1989	时任国民政府教育部编审处编审、教育部编译馆专任编译兼人文组主任 历史学家，文献学家	浙江诸暨	国立东南大学	—	《中国近世史》《近世中西史日对照表》《中华民国建国史》《汉隋间之史学》《中国史部目录学》等	山东
71	郑集	1900—2010	时任国立中央大学医学院教授 生物化学家，营养学家	四川南溪	国立东南大学	赴美国留学，入俄亥俄州立大学专攻生物化学，并于耶鲁大学、印第安纳大学学习，1936年获博士学位	图书《普通生物化学》《衰老与抗衰老》等；论文《健康长寿之路》奖	南京
72	张查理	1895—1970	时任国立中央大学医学院教授	山东蓬莱	奉天医科专门学校	1923年由校方派送英国爱丁堡大学深造	《外科实用解剖学》《解剖学实习指导》《现代化外科纲要》《外科学及野战外科》等	北京
73	刘乃诚	1901—1976	时任国立武汉大学政治学系教授兼系主任	安徽巢湖	—	1931年获得英国伦敦大学博士学位	《各国地方政治制度》《比较政治制度》《比较市政学》等	台湾
74	马文珍	1906—1997	时任西南联合大学图书馆馆员	湖北武昌	北京财政商业专科学校	—	《北望集》《清华园集——马文珍诗词选》	北京清华大学

续表

序号	姓名	生卒年	职业及身份	出生地或籍贯	毕业院校（国内）	深造简况	代表作	备注（晚年去向）
75	张月超	1911—1989	时任国立中央大学文学系教授 翻译家	江苏灌云	国立中央大学	—	《歌德评传》《西方文学批评简史》《外国文学研究中的新发展》《西欧经典作家与作品》等	南京
76	宓超群	1919—	时为中央大学法学院学生	上海	国立中央大学	1947年留学美国，在埃达荷大学研究院攻读国际政治，两年后获硕士学位	《国际私法》《新编法学辞典》《冲突法学》等	长春吉林大学
77	张沅长	1905—？	时任国立中央大学中文系教授	上海	复旦大学	赴美国霍普金斯大学攻读英国文学，后获该校哲学博士学位	《英国小品文的演进与艺术》，在台湾主办过《新闻天地》英文版半月刊	台湾
78	何景	1912—1978	时任国立中央大学理学院生物系教师	江苏泰兴	国立中央大学	—	《兰州植物志》《植物生态学》《中国植物志》（五加科）等	厦门
79	王季高	1904—？	时任国立中央大学政治系教授	湖南常德	清华学校	毕业后留学美国，获芝加哥大学硕士学位、哥伦比亚大学博士学位	《省县公职候选人考试制度概要》《北平市教育工作概况》	（不详）
80	朱启承	1909—？	时任中央大学生物学系助教	浙江义乌	国立中央大学	—	—	（不详）

续表

序号	姓名	生卒年	职业及身份	出生地或籍贯	毕业院校（国内）	深造简况	代表作	备注（晚年去向）
81	陈耀东	（不详）	时任国立中央大学法学院教授	（不详）	国立东南大学	入巴黎大学法学院就读，1931 年获得法国国家法学博士学位	《国民外交常识》	赴台
82	杭立武	1904—1991	时任国立中央大学政治系教授，兼任国民参政会参议员等职	安徽滁县	金陵大学	获美国威斯康星大学硕士、伦敦大学博士学位	英文版《今日台湾》	赴台
83	邵循恪	1911—1975	当时为芝加哥大学法学博士	福建闽侯	清华大学	获芝加哥大学法学博士学位	《美国修改中立法问题》	（不详）
84	刘南溟	1902—1976	时任国立中央大学经济学系教授	江西都昌	—	20 世纪 20 年代末至 30 年代初，自费赴法国巴黎留学 8 年，获巴黎大学统计和哲学博士学位	《统计学》	赴台
85	李学清	1892—1977	时任国立中央大学地质学系系主任 地质学家、矿物岩石学家	江苏吴江	北京工商部地质研究所	1922 年至 1924 年在美国密歇根大学地质系留学，获硕士学位	《黄土之化学及矿物成分》《中国寿山石之研究》《青岛海滨砂的研究》《四川含硫化物橄榄岩》等	南京

续表

序号	姓名	生卒年	职业及身份	出生地或籍贯	毕业院校（国内）	深造简况	代表作	备注（晚年去向）
86	张维桢	1898—1997	罗家伦夫人	上海	沪江大学	1926年进入美国密歇根大学政治系学习，1927年获硕士学位后回国	—	赴台，晚年定居美国
87	唐秋帆	（不详）	抗战时期曾任宜宾县国民党党部书记长	（不详）	（不详）	（不详）	—	（不详）
88	沈汝乾	（不详）	时为重庆联中教师	（不详）	（不详）	（不详）	《岷江峡谷的交通》论文一篇及零星文学作品	（不详）
89	施两仪	（不详）	（不详）	（不详）	（不详）	（不详）	《怎样学习英文》《学习讲座：你不要憎恨外国语文》及零星诗作	（不详）
90	唐诚	（不详）	时任国立中央大学文书主任	（不详）	（不详）	（不详）	—	（不详）
91	张觉盦	（不详）	（不详）	（不详）	（不详）	（不详）	—	齐鲁大学
92	王云路	（不详）	（不详）	（不详）	（不详）	（不详）	—	（不详）
93	肃公	（不详）	（不详）	（不详）	（不详）	（不详）	—	（不详）
94	商章孙	（不详）	（不详）	（不详）	（不详）	（不详）	—	（不详）
95	张弘伯	（不详）	（不详）	（不详）	（不详）	（不详）	—	（不详）

后　　记

在海边漫步时，看着我的每一个脚印不时地被海水冲刷掉，我的心境也随着海浪的脚步潮起潮落。平静，任由海水冲刷，走走停停，体验那种拍打的力量；伤感，因为我阻挡不了海浪，挽留不住我的脚印；悠远而澎湃，是对大海的敬畏，敬畏它对所热爱的事情不遗余力、目标清晰地执著前行。这时，我会想起那句话："如果有天我们湮没在人潮之中，庸碌一生，那是因为我们没有努力要活得丰盛。"

在我撰写此书的过程中，我深深体味到了那种"不易"。有时候，那种"不易"的感觉就像是一艘快要撞上冰山的船，掉头想把自己拯救出来。每到此时，《新民族》周刊的撰稿人——国立中央大学的教授们以学术服务于抗战建国、用语言文字来表述民族气魄和唤起民族责任感的可贵用心和爱国情怀，以及他们致力于"建设新民族"和复兴中华民族的积极性、进取心就鼓励着我，让我融入国立中央大学知识分子群体，去体验、领略在民族危亡的大背景下，《新民族》各位同人对于战争和国难的真切感受。他们通过《新民族》周刊这一阵地，期冀通过手中的笔、笔下的字来唤醒民众的爱国意识，持续不断地宣传和重塑国民的民族精神，构建建国蓝图，为赢得抗战胜利、延续民族文化血脉以及进行战后国家建设提供专业的方案，从而迎接一个新民族的到来，体现了抗战时期学术与政治之间的密切关系，以及知识分子的民族责任感和担当意识。

今天，我们再度聚焦《新民族》，目的就是发掘其对于"抗战建国"和"民族复兴"的重要意义，展示《新民族》周刊的知识精英们为"抗战建国"和"民族复兴"做出的不可磨灭的重要贡献，最终为接过《新民族》的创办者及其撰稿人等前贤手中的接力棒并为实现"新的中华民族降临"的伟大复兴而不懈努力。

由于我的时间和学识有限，《新民族》周刊的许多内容还没有被充分地整理和挖掘出来，因而本书存在不足在所难免，敬请谅解。

成书之际，感谢我的挚友和家人给予的支持，这让我更觉得这个世界是那么可爱，那么灿烂，那么值得珍惜，因为所有的努力与付出终究与“要活得丰盛”相互一致。

海边驻足，感受海浪舞动所带给我的踏实，举目远眺，感受蓝天白云所孕育着的无限希望，心境慢慢地平稳……

宁 波

2017 年 11 月 28 日于南海边